国家重点基础研究计划（973 计划）项目（编号：2012CB725300）成果
陕西师范大学“211 工程”与学科建设经费资助
敦煌研究院院级课题

敦煌与丝绸之路丛书

榆林窟第 25 窟

敦煌图像中的唐蕃关系

沙武田 著

商务印书馆
创于1897 The Commercial Press
2016 年·北京

图书在版编目（CIP）数据

榆林窟第25窟：敦煌图像中的唐蕃关系 / 沙武田著.
—北京：商务印书馆，2016
（敦煌与丝绸之路丛书）
ISBN 978-7-100-12359-4

Ⅰ.①榆…　Ⅱ.①沙…　Ⅲ.①石窟—研究—榆林市
Ⅳ.① K879.294

中国版本图书馆 CIP 数据核字（2016）第 156919 号

敦煌与丝绸之路丛书
榆林窟第25窟：敦煌图像中的唐蕃关系
沙武田　著

商 务 印 书 馆 出 版
（北京王府井大街 36 号　邮政编码 100710）
商 务 印 书 馆 发 行
北京新华印刷有限公司印刷
ISBN 978-7-100-12359-4

2016 年 7 月第 1 版　　开本 787×960　1/16
2016 年 7 月北京第 1 次印刷　　印张 18

定价：68.00 元

目　录

出版说明

敦煌乃“华戎所交一都会”，世界四大文明的交汇地。地处河西走廊西端，“据两关”，丝路三道“总凑敦煌”，“是其咽喉所在”，是丝绸之路重镇。敦煌学是国际“显学”，敦煌地区保存下来的丰富的长城、烽燧、关隘、古城、驿站、古道、佛寺等遗址和数量庞大的历代墓葬群，被誉20世纪考古“四大发现”之一的莫高窟藏经洞文献和敦煌石窟壁画、彩塑艺术，是敦煌学和丝绸之路研究珍贵的第一手考古资料。敦煌石窟被誉为“丝路明珠”，世界艺术长廊，是“形象”的历史，是记载丝路古道上敦煌千年历史的“碎片式”画面。因此，敦煌是丝路兴衰的见证，敦煌学是丝绸之路研究的“重镇”。

丝绸之路的研究一直以来是国际学术界的热门话题，也是国际汉学研究的重要课题，更是中古史研究的精彩篇章。随着“一带一路”国家战略的实施，丝绸之路的研究面临新的机遇和挑战，作为高校和科研机构，如何在新形势下把握丝路研究的方向，成为新的时代课题。

古长安是丝路起点，周秦汉唐十三朝古都，这里是历史研究的沃土，见证了汉唐时期丝绸之路最兴盛的历史风貌。因此，长安无疑是丝路研究的重镇。

陕西师范大学据长安地缘和历史优势，敦煌学和丝绸之路研究是陕西师范大学近年来历史学新的学科增长点。新成立的“陕西师范大学丝绸之路历史文化研究中心”，旨在结合包括敦煌学、吐鲁番学、西域研究、中东中亚研究、长安学等在内的各相关学科，共同推进丝绸之路研究。因此，我们适时推出“敦煌与丝绸之路丛书”计划，为我校的敦煌学和丝绸之路研究搭建学术平台，意在推陈出新，鼓励学术创新，繁荣学术。

序　言

我和沙武田共事近20年时间，可以说我是看着他成长起来的，他取得的每一项成绩，我或多或少都有所了解，我也常常为他的进步欣慰。因此，他请我给他的新作写序，我也就高兴地答应了。

沙武田1996年夏天从西北大学考古专业毕业后到莫高窟敦煌研究院考古所工作，当年就被安排参与莫高窟北区洞窟的考古资料整理，工作之需要，他对北区洞窟都考察过。后来又主持了莫高窟第72—76窟窟前殿堂遗址的发掘工作，独立撰写了考古报告，并第一时间发表。至于他在敦煌期间对莫高窟、榆林窟、西千佛洞和河西石窟的考察，用功之勤，因此他有一线考古工作的扎实基础。

他和我都是甘肃会宁人，我们家乡讲学生的“苦学”精神，确实他的吃苦精神，是年轻人中不多见的。付出一定有回报，可以从他的身上看到。

1999年他考入兰州大学敦煌学研究所，在该所所长郑炳林教授的指导下，先后完成了硕士、博士学习阶段和博士后研究阶段的学业。博士论文《敦煌画稿研究》和博士后研究报告《吐蕃统治时期敦煌石窟研究》先后得到国家社科基金青年项目的资助，结项后又分别作为“国家社科基金成果文库”和“国家哲学社会科学成果文库”资助出版，成绩斐然。即将面世的《瓜州榆林窟第25窟研究》是他的又一力作。

对于学术研究而言，某种意义上讲，选题的学术眼光可以决定研究的成功与否。榆林窟第25窟是敦煌吐蕃时期石窟的代表窟，也是敦煌石窟艺术中具有划时代意义的精品洞窟，历来得到学术界和美术界的高度重视与推崇。著名敦煌艺术专家段文杰先生曾出版过榆林窟第25窟艺术的专著，史苇湘先生等都做过深入研究。但前辈大家们的研究主要集中在美术方面，作为敦煌中唐吐蕃时代的艺术代表作，特别是弥勒经变中对社会生活场景的极富生活气息而又十分浪漫的和超乎想象力的描绘，让人叹为观止。至于将其营造和绘制时代定在吐蕃时期，主要的依据是画面上的吐蕃文榜书和出现的吐蕃装人物；而第25窟内容丰富，艺术精湛，需要做的工作还有很多。同时，吐蕃时代是敦煌历史上的转型期，对作为这一时期乃至整个敦煌石窟历史上的代表性洞窟榆林窟第25窟的研究，无论对敦煌石窟艺术和敦煌历史以及整个中华民族的发展历史，都具有十分重要的意义。我想沙武田正是看到这一点，选择该窟进行深入研究。

对一所洞窟个案的研究，看似集中，其实不然。因为一个洞窟的研究，往往要面临除图像解读之外的涉及历史、考古、宗教、艺术等复杂的问题，更何况像榆林窟第25窟这样学界关注度极高的洞窟。基本的图像问题是清楚的，略深的历史问题也是被研究过了的，因此给作者的任务肯定是如何挖掘更深层次的历史。如何提升单窟的研究水平，实际是不好把握的。但是我看到作者还是发前人未发之言，从不同的视角出发，咸有创见，多处闪现着作者敏锐而独到的学术火花，值得肯定。

本书在对榆林窟第25窟全面的综合考察基础上，首先，就洞窟营建的时代、功德主及其洞窟营建的思想与目的，提出营建于776—786年，推测窟主有可能是吐蕃攻陷瓜沙的总指挥尚乞心儿。其营建洞窟的思想与目的是为了处理汉藏关系。探讨洞窟营建的具体时间关系，以为敦煌吐蕃期洞窟在榆林窟的营建和莫高窟的发展建立一个参考和坐标。探讨洞窟的功德主，说明窟内图像的选择与功德主的民族关系、佛教信仰、政治目的之间的关系。其次，是对洞窟内容和艺术风格的专题研究，主要集中在洞窟中吐蕃样式八大菩萨曼荼罗造像缀合与复原研究、吐蕃密教艺术题材进入敦煌石窟尝试的研究、洞窟八大菩萨曼荼罗造像中出现的汉藏对照T形榜题框研究、婚嫁图与老人入墓图的对照研究和光化三年游人题记的研究。其中，T形榜题框运用于藏汉双语榜书的题写，为十分有意义的发现。第25窟八大菩萨曼荼罗中的题记框是分别写藏文和汉文的藏汉对照形式的T形榜题框，但有趣的是，在窟内仅此一铺如此表现，其他均为敦煌传统的书写汉文形式的竖榜题框，反映出八大菩萨图像粉本的吐蕃特色和洞窟营建者的复杂身份关系。作者探讨了这种现象出现的原因，回答了T形框未写汉文的原因，并简要联系洞窟功能作了分析说明。而作为吐蕃密教艺术题材的八大菩萨曼荼罗和吐蕃样式毗沙门天王像、库藏神题材，是吐蕃密教艺术进入敦煌石窟的尝试，而这些图像大多没有广泛流传开来，背后的历史原因与敦煌汉人对吐蕃密教艺术的选择和反蕃心理有关。作者认为，婚嫁图同时出现唐装和吐蕃装的人物，为敦煌石窟现存46幅婚嫁图中唯一一幅反映唐蕃通婚的历史图像；将婚嫁图与老人入墓图作为一个整体进行解读，得出二图是一位唐人画师以十分巧妙的手法并通过独具匠心的安排，融民族情感绘入壁画之中，进而通过其高超的绘画技法将陷蕃汉人的民族心理充分地表达在图像中。最后，特别注意到光化三年（900）晚唐张氏归义军时期悬泉镇镇使一行人到榆林窟巡礼的游人题记，由此看到了榆林窟较为独特的营建轨迹。洞窟中的古代游人题记现象近年渐为学界关注，有丰富的石窟历史信息暗含其中，属敦煌研究的新课题。

研究方法的不同，决定研究结果的不一样；研究视角的多样性，使得研究结果的可读性和学术价值完全不同。本书运用了近年较为热门的“原创性艺术”的研究理论和方法，通过对榆林第25窟典型吐蕃艺术风格特征图像的深入研究，探讨吐蕃统治瓜沙地区之后，佛教艺术的变化及其与吐蕃人的关系，瓜沙地区人们如何以佛教石窟艺术的图像选择来表达当地唐蕃藏汉两个民族之间的关系，吐蕃时期敦煌地区佛教思想与义理的变化及其表现情况，当时人们是如何把新的、带有吐蕃特色的佛教思想反映在洞窟图像当中的。对榆林窟第25窟从敦煌吐蕃佛教艺术的研究即吐蕃艺术史的角度进行研究，涉及早期藏传佛教艺术在敦煌地区的出现及其特色与发展关系，探讨洞窟功能敦煌吐蕃时期特殊背景下的唐蕃关系、汉藏关系的历史背景，诠释敦煌石窟艺术在中华民族发展史上的作用和意义。这样的研究，也启示我们如何认识敦煌石窟的意义和价值。

大概也是因为榆林窟第25窟内容丰富，艺术精湛，本书虽然做了大量工作，包括大部分属于开创性的工作，但需要进一步深入研究的问题还有很多。就本书而言，作者关于窟主和营建年代及历史背景等问题的看法，似乎还需要提出更多的证据。作者在这里专门收入一篇出自他本人所带硕士研究生撰写的不同观点的论文，不仅体现了作者的学术胸怀，也说明这个问题还有需要进一步研究的空间。另外，对于老人入墓图的藏文榜题的内容，作者采纳了目前大多数专家们的与画面完全无关的汉译文；之前也有专家认定为经文原文的藏译而还原为经文，因为作为壁画榜书框一般不会书写与壁画内容无关的文字；而译文的不同，导致研究结论的不同，或许还有做进一步探讨的余地。

沙武田正值盛年，是从事研究工作的黄金时期，客观地讲他在敦煌石窟考古与图像的研究上取得的成绩应该是比较突出的，可以说他是现今国内敦煌学界中青年群体中颇为优秀者。希望他日后的学术生涯中有更多更好的研究成果问世，为敦煌学大厦增砖添瓦。

是为序。

马德

2016 年元宵节于兰州

第一章

绪　　论

第一节　学术背景的思考

段文杰先生倡导石窟及其图像即是“形象的历史”①，告诉我们如何把握洞窟研究的方向，因为任何图像都不能脱离特定的时代与历史。史苇湘先生则以历史线索为轴心，以诗一样的语言和充满感情的笔触，把敦煌洞窟中的每一幅壁画融入到敦煌的历史长河之中，让我们在阅读过程中感受由石窟展示出来的鲜活的敦煌历史的一个个细微的脉动②。以他们为代表的研究，可以说是敦煌石窟老一辈研究者从美术到历史解读的典范。金维诺先生则以画史资料为基础来解读敦煌不同时期的壁画艺术，从佛教绘画样

① 段文杰:《形象的历史——谈敦煌壁画的历史价值》,《敦煌学辑刊》，第1集，1980年，第4—17页；段文杰:《敦煌石窟艺术论集》，甘肃人民出版社，1988年，第108—134页；段文杰:《段文杰敦煌石窟艺术论文集》，甘肃人民出版社，1994年，第108—134页；段文杰:《敦煌石窟艺术研究》，甘肃人民出版社，2007年，第269—293页。

② 史苇湘:《敦煌佛教艺术在历史上是反映现实的一种形式》,《敦煌研究》，1986年第2期，第1—14页；另见史苇湘《敦煌历史与莫高窟艺术研究》各文，甘肃教育出版社，2002年。对于史苇湘在敦煌石窟研究上的学术贡献，马德有系列的研究和总结，马德:《一代尊师，学界楷模——史苇湘的献身精神与学术成就》,《敦煌研究》，2000年第3期，第177—182页；马德:《史苇湘先生与敦煌学》,《敦煌吐鲁番研究》第5卷，北京大学出版社，2001年5月，第277—280页；马德:《敦煌学史上的丰碑——史苇湘〈敦煌历史与莫高窟艺术〉编校手记》,《敦煌学辑刊》，2002年第2期，第119—124页。

式的角度往往有重要的发现[①]，让我们看到敦煌艺术在中国绘画史长河中的重要地位和学术价值。

这样的图像史观在西方艺术史家和图像学界非常流行，因为在他们看来各类视觉作品才是真正意义上的历史。持此论者，以英国著名的艺术史和图像学专家哈斯克尔为代表，曹意强先生有总结性研究[②]。在这方面，汇通中西的著名艺术史家巫鸿先生则分别以敦煌石窟中的劳度叉斗圣变、莫高窟第172窟的两铺观无量寿经变、莫高窟第323窟及圣僧刘萨诃瑞像为研究切入点[③]，以独特的观察视角，把洞窟和壁画放在历史、宗教、美术的大框架中，具象地分析了所研究对象的阅读程序、历史故事和宗教背景。他

① 金维诺：《敦煌艺术在美术史研究上的地位》，载《中国石窟·敦煌莫高窟》（5），文物出版社、日本平凡社，1987年，第186—194页；氏著：《中国美术史论集》（下），台北南天书局有限公司，1995年，第328—337页；《中国敦煌学百年文库·艺术卷》（3），甘肃文化出版社，1999年，第1—9页；金维诺：《丰富的想象，卓越的创作——论敦煌莫高窟壁画的成就》，《美术》，1955年11月号，第37—41页；氏著：《中国美术史论集》，人民美术出版社，1981年，第296—308页；氏著：《中国美术史论集》（下），台北南天书局有限公司，1995年，第306—319页；《中国敦煌学百年文库·艺术卷》（1），甘肃文化出版社，1999年，第177—185页；金维诺：《智慧的花朵——谈敦煌图案的艺术成就》，《文物参考资料》，1956年第8期，第5—7页；氏著：《中国美术史论集》，人民美术出版社，1981年，第319—325页；氏著：《中国美术史论集》（下），台北南天书局有限公司，1995年，第325—327页；《中国敦煌学百年文库·艺术卷》（1），甘肃文化出版社，1999年，第210—214页。

② 曹意强：《历史与艺术》，中国美术学院出版社，2001年。

③ 巫鸿：《什么是变相——兼谈敦煌艺术与敦煌文学的关系》，载敦煌研究院编：《段文杰敦煌研究五十年纪念文集》，世界图书出版公司北京公司，1996年，第139—143页；《中国敦煌学百年文库·艺术卷》（3），甘肃文化出版社，1999年，第105—109页；巫鸿：《敦煌172窟〈观无量寿经变〉及其宗教、礼仪和美术的关系》，Orientations 23.5, 1992。巫鸿：《敦煌323窟与道宣》，载胡素馨主编：《佛教物质文化：寺院财富与世俗供养国际学术研讨会论文集》，上海书画出版社，2003年，第333—348页；Wu Hung.Rethinking Liu Sahe: The Creation of a Buddhist Saint and the Invention of a "Miraculous Image"（《再论刘萨诃——圣僧的创造与瑞像的发生》）. Orientations 27, 1996.

所提出来的“原创性”洞窟和图像研究的新视野[①]，为研究者广泛认同。

除图像历史之外，作为佛教礼仪空间的敦煌石窟必然是佛教的作品，是表达佛教义理、思想的载体，而洞窟的功能是不能绕过的话题。贺世哲先生以一生的精力来解析敦煌图像的思想，有非常重要的学术贡献，让我们看到了十六国北朝和隋代洞窟及其图像所表达出来的真正的佛教意义和思想，可以说部分还原了洞窟及其图像的本来面貌[②]。这方面的研究，也一直是台湾学者所关注的重点，李玉珉、颜娟英、潘亮文等先生均有用功[③]。台湾赖鹏举先生则从另一条路子出发，以高度浓缩的文字结构，给敦煌石窟造像的历史描绘出一条思想的脉络，力图勾勒出敦煌图像背后的佛学思想和义理的背景，试图为石窟用途和功能的探讨建立坐标[④]，该研究也得到赖文英、郭祐孟诸先生的接力[⑤]。但是我们必须明白，对每个洞窟这样的探讨工作仍在摸索的阶段，具体的洞窟可能需要作个性的分析。

对敦煌石窟的研究成就，总是离不开敦煌研究院从事石窟和图像研究的

---

① 巫鸿:《敦煌323窟与道宣》，载胡素馨主编:《佛教物质文化：寺院财富与世俗供养国际学术研讨会论文集》，上海书画出版社，2003年，第333—348页；巫鸿:《礼仪中的美术——巫鸿中国古代美术史文编》，生活·读书·新知三联书店，2005年，第418—430页。

② 贺世哲:《敦煌石窟论稿》，甘肃民族出版社，2004年；贺世哲:《敦煌图像研究——十六国北朝卷》，甘肃教育出版社，2006年。

③ 台湾学者对敦煌石窟研究的成果，集中参见郑炳林、郑阿财主编:《港台学者敦煌学论文集》，甘肃人民出版社，2015年。

④ 赖鹏举:《敦煌石窟造像思想研究》，文物出版社，2009年。

⑤ 赖文英研究见其2015年兰州大学敦煌学研究所博士学位论文《榆林25窟研究》；郭祐孟敦煌石窟系列论文:《晚唐观音法门的开展——以敦煌莫高窟161窟为中心的探讨》，《圆光佛学学报》，2003年第8期，第103—144页；《盛唐佛教造像所蕴含的法华思想——以敦煌莫高窟45窟为中心的探讨》，《圆光佛学学报》，2004年第9期，第269—298页；《妙法莲华净土行——敦煌莫高窟45窟的图像内涵与结构分析》，《历史文物》，2005年第3期，第22—33页；《永不褪色的容颜——敦煌莫高窟第三窟造像内涵赏析》，《历史文物》，2005年第5期，第14—33页；《敦煌隋代法华主题洞窟初探》，《兰州大学学报》，2006年第4期，第42—59页；《敦煌石窟“卢舍那佛并八大菩萨曼荼罗”初探》，《敦煌学辑刊》，2007年第1期，第45—63页；《敦煌密教石窟体用观初探——以莫高窟14窟为例看法华密教的开展》，《圆光佛学学报》，2006年第10期，第139—167页。

考古、美术、历史、文献诸方向的专家学者。他们长期驻守莫高窟阵地，有实地考察的便利，因此他们经年累月的研究成果往往是不能逾越的学术标尺，像常书鸿、段文杰、史苇湘、关友惠、李其琼、万庚育、欧阳琳、施萍婷、贺世哲等老一辈敦煌人对敦煌艺术、考古、历史、图像的全面解读，孙儒僩对敦煌建筑的研究，郑汝忠对敦煌音乐舞蹈的研究，谭蝉雪对敦煌民俗的研究，马德对石窟营建的研究，樊锦诗、马世长、关友惠、刘玉权、彭金章等对敦煌石窟考古及分期成果，王惠民对经变画的系列释读与考证，赵声良对敦煌美术史的系列研究，殷光明对北凉石塔、疑伪经、华严经变的研究，张先堂对供养人图像的研究，张元林对法华图像的研究，张小刚对瑞像图和史迹画的研究，赵晓星对吐蕃期密教图像和五台山图的研究，张景峰对大族窟的研究等等，以及以敦煌研究院和香港商务印书馆联合组织出版的《敦煌石窟全集》系列成果[①]，代表了敦煌石窟研究的美妙前景。

石窟皆史，一个个洞窟和一幅幅壁画，以历史形象资料的形式呈现在我们面前。正如其营建所展示的一样，最终的解读都是要还原到历史的层面，见物见人[②]。因此，本着马德提出来的“以史证窟”、“以窟证史”的研究理念与方法[③]，石窟研究必须是对相关历史进行精彩而有趣的诠释。

在前贤的启迪下，本着石窟与图像、历史与宗教、文本与美术互为参证的学术思想和观念，研究敦煌的石窟与图像，我们观察的视野就会更加宽阔。因此，有研究者指出，敦煌石窟的研究不仅要弄清“是什么”，更重

---

① 限于篇幅，以上相关成果恕不一一罗列，可参考樊锦诗、李国、杨富学编著：《中国敦煌学论著总目》，甘肃人民出版社，2010年。

② 马德：《敦煌莫高窟史研究》，甘肃教育出版社，1996年；马德：《敦煌莫高窟史研究》，《中国佛教学术论典·83》，台湾高雄佛光山文教基金会出版，2003年。

③ 马德：《以史论窟，以窟证史——谈敦煌石窟与敦煌文献的结合研究》，载敦煌研究院编：《2000年敦煌学国际学术讨论会文集——纪念敦煌藏经洞发现暨敦煌学百年》历史文化卷(上)，甘肃民族出版社，2003年9月，第492—512页。

要的是要回答“为什么”[①]。按笔者的理解，这种研究的思路即是探究石窟与图像背后的历史、政治、社会、信仰与观念。概而言之，即是图像与历史的关系，石窟功能、用途与社会政治、信仰观念的互动。这大概也是敦煌石窟研究更高层次的任务。

榆林窟第25窟是吐蕃统治时期敦煌的代表窟，以其精美的艺术和独特的题材为学界所关注。已有多位国内外专家学者从不同的角度咸有发表[②]，让我们看到石窟与图像研究过程中，特例与个案所带来的学术效应和反响，也启发我们思考该洞窟研究的未来课题。

学术的研究往往是随着研究本身的不断深入，问题会越来越多，未知的领域会更多，学术的旨趣也会不断得到扩张。敦煌石窟是学术的宝库，敦煌学的研究已有百年的时间，敦煌石窟内图像基本信息的解读也比较清楚了，但是当我们今天进入一所洞窟冷静地思考时，往往会不知所措，一片茫然，惊出一身的冷汗。因此，敦煌石窟的研究仍有巨大的未知领域需要开拓。本研究拟从敦煌吐蕃期代表窟榆林窟第25窟为个案，以图像解读入手，全面探讨一所洞窟所包含的历史信息。

第二节 洞窟内容

瓜州榆林窟是敦煌石窟群中规模仅次于莫高窟的第二大石窟（图1—1）。据藏经洞文献可知，榆林窟和敦煌莫高窟、西千佛洞共称为中古敦煌时期的“三所禅窟”（见敦煌写本S.1947va《咸通四年（863）敦煌管内寺窟算

---

① 樊锦诗：《敦煌石窟研究百年回顾与瞻望》，《敦煌研究》，2000年第2期，第40—51页。

② 沙武田：《吐蕃统治时期敦煌石窟研究》“导论”之“研究简史”，中国社会科学出版社，2013年。

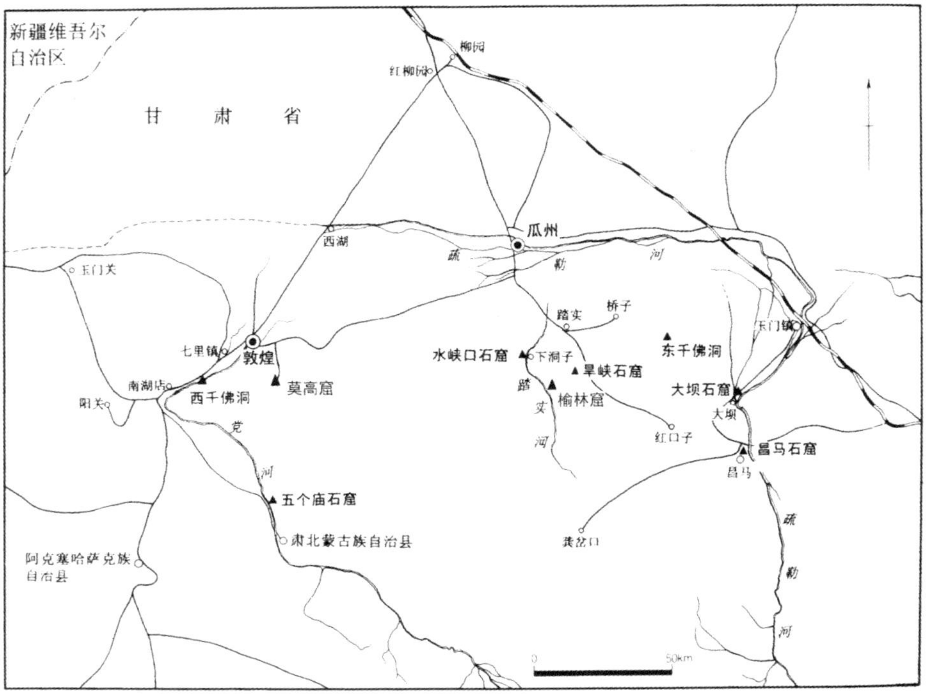

图1—1　敦煌石窟群分布

（敦煌研究院编：《中国石窟·安西榆林窟》，载段文杰：《榆林窟的壁画艺术》文图15，文物出版社，1997年，第176页）

会》)、“三窟”（见敦煌写本P.4660《敦煌管内僧政兼勾当三窟曹公邈真赞》)，分别为“东窟”（榆林窟)、“窟上”或“窟”（莫高窟)、“西窟”（西千佛洞窟）[①]。其中，榆林窟又名榆林寺、万佛峡。

榆林窟位于瓜州县（曾名安西县）南锁阳镇榆林河（又名踏实河）峡

① 土肥义和：《敦煌佛教教团大寺之增建》，载池田温主编：《敦煌讲座·3·敦煌的社会》，东京大东出版，1980年；马德：《敦煌莫高窟史研究》，甘肃教育出版社，1996年，第212—216页；马德：《10世纪敦煌寺历所记三窟活动》，《敦煌研究》，1998第2期，第80—88页；湛如：《论敦煌佛寺禅窟兰若的组织及其他》，载敦煌研究院编：《段文杰敦煌研究五十年纪念文集》，世界图书出版公司，1996年，第98—99页。袁德领：《归义军时期莫高窟与敦煌寺院的关系》，《敦煌研究》，2000年第3期，第169—176页。

图1—2　瓜州榆林窟外景
（敦煌研究院提供）

谷（图1—2）。榆林河自南而北穿峡谷而过，洞窟位于东西两岸的崖壁上。其中，东崖有两层洞窟（图1—3），上层有20窟，下层有11窟，西崖仅一层洞窟，11窟，榆林窟共计42窟。第25窟位于东崖上层北侧，坐东面西，由较长的前甬道、前室、后甬道和主室四部分组成。前室为长方形，主室为近似方形，中间设中心佛坛，前室和主室之间由短短的后甬道相连接（图1—4）。前室和前甬道大都为五代、宋重绘，前室东壁南北两侧、主室和后甬道为唐代壁画。

下面分别由前到后，依进入洞窟的观察次序介绍榆林窟第25窟的基本考古信息和壁画内容（图1—5）。

前甬道略呈券形近似平顶，顶部现不存壁画。前甬道南北两壁有后期宋代补绘的壁画残迹，大面积所见为后期补刷的白粉层表面。前甬道前部南北壁原有二小窟龛，后被南北向通道穿过破坏。现南北两壁东侧残存天王像，中间有曹元忠夫妇供养像残迹，本文不清楚。

图1—3a　榆林窟东崖洞窟分布

（敦煌研究院编：《中国石窟艺术 · 榆林窟》，载赵声良：《榆林窟艺术概观》文图4，江苏美术出版社，2014年，第24页）

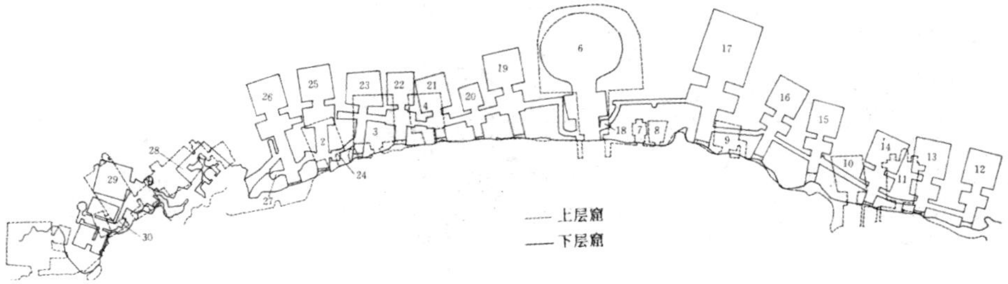

图1—3b　榆林窟东崖洞窟联合平面图

（敦煌研究院编：《中国石窟 · 安西榆林窟》，载段文杰：《榆林窟的壁画艺术》文图1，文物出版社，1997年）

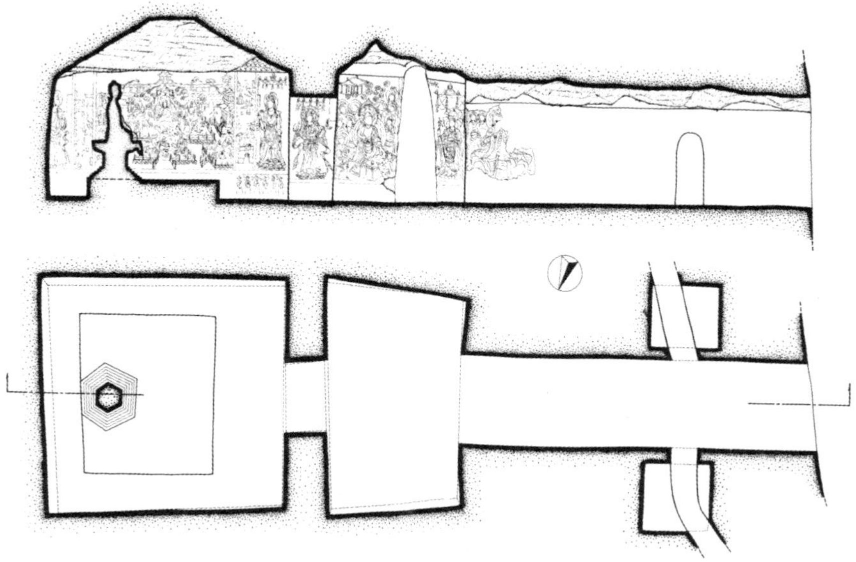

图1—4　榆林窟第25窟实测图

（敦煌研究院编：《中国石窟 · 安西榆林窟》，文物出版社，1997年，第270—271页）

前室为长方形一面坡顶，顶有宋绘说法图一幅。东壁门上有宋绘毗沙门天王赴哪吒会一幅，门北侧上部画说法图一铺。下部画北方毗沙门天王一身，门南侧上部画菩萨一身。下部画南方毗琉璃天王一身，存光化三年汉文墨书题记。西壁门顶部壁画已毁，门南北两侧为宋绘说法图各一幅。南北两壁分别为宋绘说法图一幅和菩萨一身，中间为南北向过道穿凿所毁，下部残毁。

后甬道为平顶，残存宝盖。南侧为一身三头六臂观音菩萨，北侧残存观音残迹。南北壁分别为宋画观音立像各一身。

主室为覆斗顶中心佛坛，窟藻井及四面坡壁画多毁，下层边缘间存少量中唐千佛壁画（图1—6）。中心佛坛上现仅存经清代装修的彩塑佛像一身，结跏趺坐于须弥山仰莲座上。四壁唐代壁画保存基本完好，甚是精美，是敦煌壁画的上乘之作。

主室东壁中间为一大铺八大菩萨曼荼罗，现存中央主尊为卢舍那佛，右侧四大菩萨。内侧上下分别

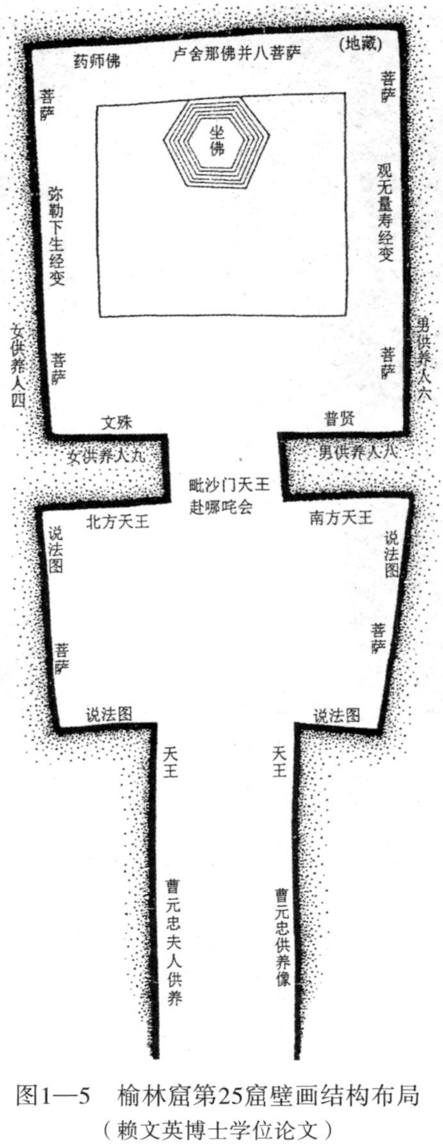

图1—5 榆林窟第25窟壁画结构布局
（赖文英博士学位论文）

图1—6　榆林窟第25窟主室内景
（敦煌研究院编：《敦煌石窟艺术·榆林窟第25窟附第15窟》，江苏美术出版社，1993年，图版22）

为虚空藏菩萨、弥勒菩萨，外侧上下分别为地藏菩萨、文殊师利菩萨。主尊左侧画面残不存。八大菩萨曼荼罗北侧为药师佛一躯，左侧已毁，但据考为地藏菩萨。

主室西壁门北侧文殊变，门南侧普贤变，下有宋代所画供养人。

主室南壁中间为一大铺观无量寿经变，中间为该经变的主体部分佛说法极乐世界，其东西两侧为该经的序分部分未生怨和十六观。经变画两侧分别二立菩萨像。下残存宋画男供养像六身。

主室北壁为弥勒经变，中间为弥勒初会，弥勒初会左右下角分别为弥勒二会和弥勒三会，其余画面主要表现阎浮提世界种种美好的事物。从弥勒初会左上角按逆时针算起，主要表现了迦叶献袈裟、弥勒世界一种七收的“耕获图”、老人入墓、路不拾遗、天龙八部、剃度图、七宝图、婚嫁图、树上生衣、树下写经、树下诵经、弥勒与弟子乞食翅头末城等画面。经变画两侧二大菩萨。下残存宋画女供养像四身。

第三节　洞窟形制

榆林窟第25窟洞窟建筑形制较为复杂，开创了敦煌石窟群新的窟形，之前未有见到。有一个较长的近似平顶前甬道，在甬道两壁又对称开凿了两个方形盝顶小禅室。由前甬道进入一面坡顶的小前室，再由一个平顶短甬道进入主室，主室为方形主室覆斗顶，设中心佛坛，坛较大①（图1—7），因此一般称为中心佛坛窟。榆林窟第25窟洞窟形制在榆林窟出现较早，榆林窟建筑形制基本是以这种洞窟形制为蓝本，其他洞窟形制少见，在榆林窟这种建筑形制到了晚唐归义军时期更为流行。

中心佛坛窟就是在主室中央设置佛坛的殿堂窟，其佛坛高低、形状不一，其形状主要有正方形、长方形、马蹄形、圆形等。莫高窟北魏第487窟是敦煌石窟最早出现中心佛坛的洞窟，接着西魏第285窟也出现过，但坛很低，上面的形制也不十分清楚，后来一直延续到隋代第305窟、盛唐第205窟、中唐第234、161窟。晚唐五代宋归义军时期的中心佛坛窟比较流行，且是系列大窟，

① 沙武田：《吐蕃统治时期敦煌石窟研究》，中国社会科学出版社，2013年，第172—173页。

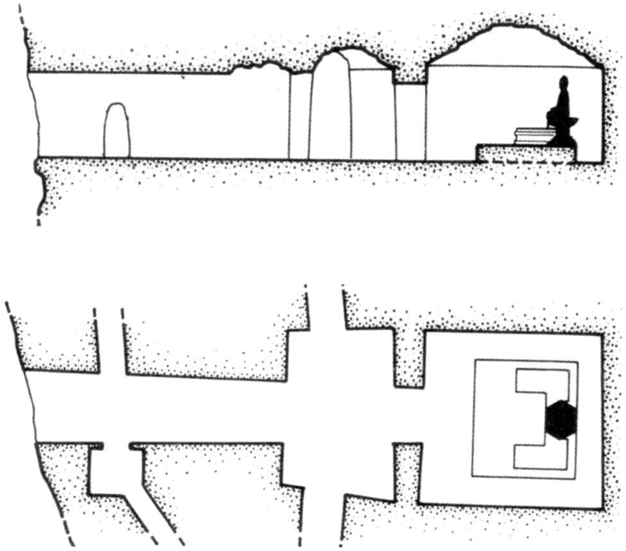

图1—7　榆林窟第25窟的平面和剖面
（张伯元：《安西榆林窟》，四川教育出版社，1995年，图6）

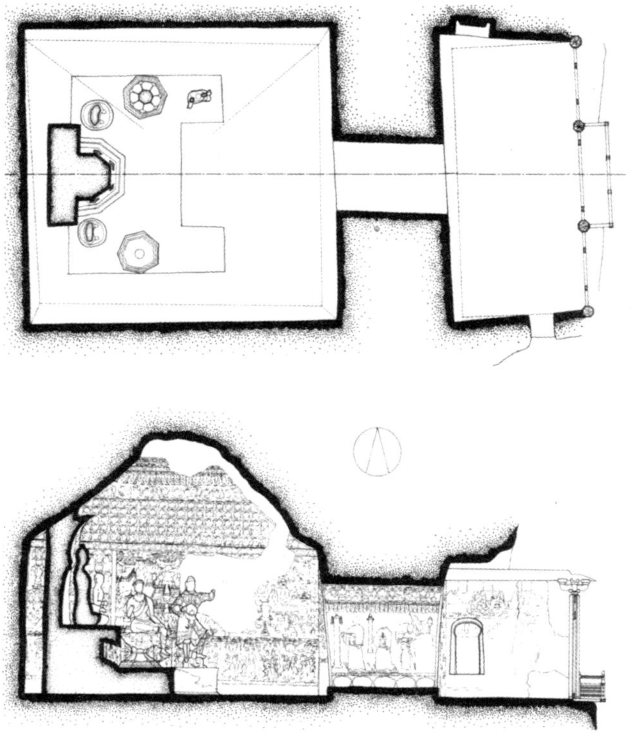

图1—8　莫高窟晚唐第196窟中心佛坛窟的平面和剖面
（敦煌文物研究所编：《中国石窟·敦煌莫高窟》（四），文物出版社、日本平凡社，1987年，第236页）

窟的地位也比较独特，如有莫高窟第16、85、138、196（图1—8）、61、98、108、146、152、233、55（图1—9）等窟。瓜州榆林窟最早出现的中心佛坛窟是吐蕃统治时期的第25窟，同时期的第15窟也是此形制。

榆林窟第25、15窟以后，榆林窟吐蕃统治时期没有再开凿洞窟，一直到曹氏归义军时期，中心佛坛窟又在榆林窟大量流行开来，代表窟有榆林窟第13（图1—10）、16、19、31、32、33等窟。可以认为，榆林窟中心佛坛窟基本上都是以榆林窟第25窟窟形为模式而开展的。但是若仔细比较可以发现，榆林窟的中心佛坛窟与莫高窟的中心佛坛窟在窟形上是有联系的，但也有明显的不同之处。莫高窟的中心佛坛窟没有前甬道、前室，但多有木结构窟檐或殿堂建筑，构成一个完整的建筑空间（图1—11）。而在榆林窟则有一个很长的前甬道，有完整的小型前室。到了洞窟主室，由于与窟外的距离较远，因此光线越来越暗，这种窟形设计就是始于第25、15二窟，似乎有某种特殊的意义或含义在其中，但仍缺少资料证明该种设计的具体原因。

赖文英认为榆林窟第25窟洞窟形窟的功能是和不空译《佛顶尊胜陀罗尼念诵仪轨》反映的思想相结合，洞窟正壁内容及中央方坛均符合修佛顶尊胜密法的道场，方坛是建立曼荼罗所用①。赖鹏举先生则指出榆林窟第25窟中心方坛作为密教的坛场，正壁是主尊及曼荼罗的固定造像，但中心方坛上一般没有固定造像，仪轨结束后，坛上之像随即撤去②。

因此，榆林窟第25窟具有以长前甬道为特点的中心佛坛窟形，该窟及其窟形表现出的秘密性、内修性特点，预示着一类全新洞窟形制的产生，对归义军时期榆林窟洞窟形制产生了重大影响。

---

① 赖文英：《唐代安西榆林25窟之卢舍那佛》，《圆光佛学学报》，1999年第4期，第343页。

② 赖鹏举：《中唐榆林25窟密法“卢舍那佛”与佛顶尊胜系造像的形成》，《中国藏学》，2007年第4期，第20页。

图1—9　莫高窟宋代曹氏归义军节度使曹元忠功德窟第55窟主室中心佛坛
（敦煌研究院编：《敦煌》图版20，朝华出版社，2000年）

图1—10　榆林窟第13窟窟形内景
（敦煌研究院提供）

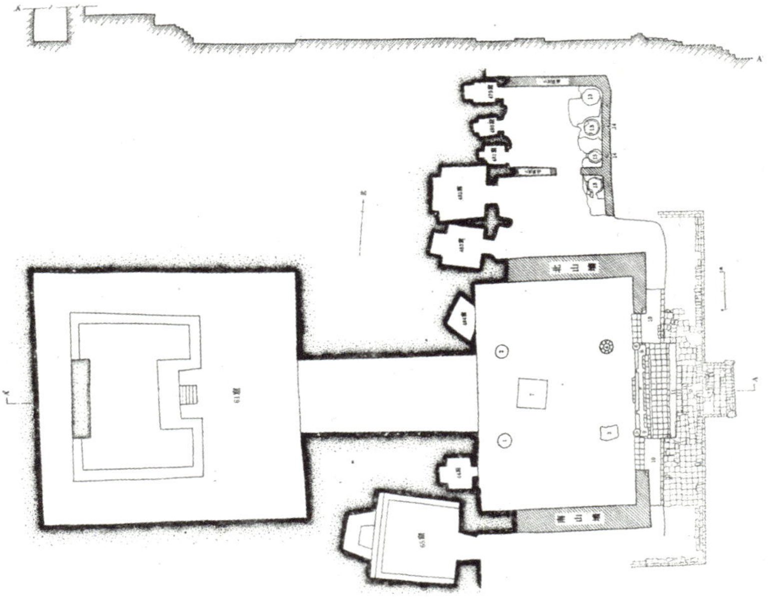

图1—11　莫高窟五代第61窟文殊堂窟前殿堂建筑遗址的平面和剖面
（潘玉闪、马世长：《莫高窟窟前殿堂遗址》图二一，文物出版社，1985年）

第四节　关于学术史

榆林窟第25窟是吐蕃统治瓜州时期营建的代表性洞窟，壁画内容独具特色，出现了像卢舍那并八大菩萨曼荼罗等全新的题材，具有明显的时代特征和吐蕃风格，有汉藏文化相互交流的明显图像印证。因此，长期以来引起学者们的广泛关注，其关注的焦点主要集中在洞窟的营建时代、洞窟营建的动机、思想和功德主、卢舍那并八大菩萨曼荼罗、藏文题记释读、T形榜题框、洞窟中体现出来的藏传密教特色、藏汉结合的婚嫁图、老人入墓图等方面[①]。总体而言，作为对一个单窟的研究，是敦煌石窟群中的特例，成果颇为丰富，也可以认为是敦煌石窟研究学术史上的有趣案例。具体的学术史研究会在相应的章节中逐一体现出来，不再集中作学术史的综述。

① 对于榆林窟第25窟的综合性研究，或研究成果的集大成者，参见谢继胜主编：《藏传佛教艺术发展史》（上、下），上海书画出版社，2010年；霍巍：《吐蕃时代考古新发现及其研究》，中国社会科学出版社，2012年；沙武田：《吐蕃统治时期敦煌石窟研究》，中国社会科学出版社，2013年；敦煌研究院编：《榆林窟研究论文集》，上海辞书出版社，2011年。

第二章

洞窟营建时代

第一节　前人研究

长期以来，关于榆林窟第25窟的营建时代，学界意见不一，主要观点大致可以分为三类。一是认为建于9—10世纪，以斯坦因、华尔纳、松本荣一、张广达等先生为代表。二是认为其建于吐蕃统治敦煌时期，向达、段文杰、谢继胜、黄维忠等先生及笔者本人主此说，但是对具体建窟年代仍有较大争议。三是认为榆林窟第25窟各壁绘制时间与建窟时间不一，最初营建是吐蕃时期，并画有部分壁画，但有相当一部分绘画可能为汉人恢复这一地区以后即晚唐时期所绘，今枝由郎、陈于柱、张福慧等先生持此观点。

最早斯坦因、华尔纳两位西方的探险家依据榆林窟第25窟前室后壁（东壁）甬道口南侧的“光化三年”墨书汉文题记（图2—1），判定建窟年代为9到10世纪[①]。“光化三年（900）”墨书汉文题记，实为一则游人题记，没有题记框，也与所在位置的壁画内容无关（图2—2），显然写作之初非作为建窟

① M.Aurel Stein, *Serindia-Detailed Report of Explorations in Central Asia and Westernmost China*, K.C.I.E.By Arrangement with Oxford University Press, London, First Edition: Oxford 1921.Reprint: Delhi, 1980. 中译本见社科院考古所巫新华等译：《西域考古图记》，广西师范大学出版社，1996年。Landon Warner: *Buddhist Wall-Paintings: A Study of a Ninth-Century Grotto at Wan Fo Hsia,* Harward University Press, 1938. 华尔纳：《万佛峡—— 一个九世纪石窟研究》，哈佛大学出版社，1938年。

图2—1　榆林窟第25窟前室东壁光化三年墨书题记（敦煌研究院提供）

图2—2　光化三年题记所在壁画位置（段文杰编著：《敦煌石窟艺术・榆林窟第二五窟附第一五窟（中唐）》图版149，江苏美术出版社，1993年）

年代的题记写于这个地方，是后人补写的，因此不能作为建窟年代的依据。

日本松本荣一则据此墨书题记而直接推断榆林窟第25窟建于光化三年[①]。对此观点，向达提出了不同意见，他在《莫高、榆林二窟杂考》一文

① 松本荣一：《敦煌畫の研究》，东方文化学院东京研究所，1937年，第420页。

中指出："十七号窟（榆林25窟）壁画作于中唐，实在光化三年以前，日本人松本荣一以为造于光化三年盖由误以巡礼人之题名为窟主之题记。"[①]向达独具慧眼，最早推断其建窟时间为中唐，显示出大家见识。后来，张伯元认为光化三年题记与洞窟开凿时间应该有一段距离，他断言此窟的开凿年代应该在光化三年以前的中唐或盛唐时期[②]。

张广达、荣新江在研究于阗历史时运用敦煌资料，引用了据他们认为是榆林窟第25窟洞口甬道北壁题记的"大朝大于阗金玉国皇帝的子天公[主]……"，并据此判断第25窟可能建于984年前后，属于曹氏归义军曹延禄时期营建[③]。但实际上二位先生文章中引用的该题记即"大朝大于阗金玉国皇帝的子天公[主] ……"，非第25窟的题记，实为榆林窟第35窟主室甬道北壁女供养人题名，所以就完全不能据此推断榆林窟第25窟的建窟时间。

以上研究，因为均是据简单的光化三年游人题记与不是该窟的供养人题记而引发的论断，显然有出入，不能作为洞窟断代的依据。对于敦煌石窟的准确断代，还是到了敦煌文物研究所和敦煌研究院时期，长期驻守莫高窟的一批老专家研究成果的发表，改变了之前的误导和错误。

学界对榆林窟第25窟作为吐蕃时期洞窟的认识，是基于段文杰的较早断代。早在1987年段文杰就发表了自己对该洞窟的全面研究成果[④]。1993年段文杰对榆林窟第25窟进行专题洞窟研究，断代为吐蕃占领瓜州初期的大历十一年（776）至建中二年（781）。证据有三。一是弥勒经变老人入墓下方的藏文墨书题记，由西北民族学院王沂暖教授翻译为："朱子之子愿成为圣者之眷属，请圣者开恩收留。"二是弥勒经变婚嫁图中出现的吐蕃装

① 向达：《莫高、榆林二窟杂考》，《文物参考资料》，1951年第5期，第83页。

② 张伯元：《安西榆林窟》，四川教育出版社，1995年，第14页。

③ 张广达、荣新江：《于阗史丛考》，上海书店出版社，1993年，第38—39页。

④ 段文杰：《榆林窟第25窟壁画艺术探讨》，《敦煌研究》，1987年第4期，第1—10页。

人形象。三是壁画内容布局与莫高窟初盛唐洞窟的一致性关系。[①]

1997年段文杰再次发表对此窟的时代断定，同样以洞窟弥勒经变老人入墓下墨书藏文题记和婚嫁图中出现的吐蕃装人物像，而断代此洞窟建于吐蕃占领瓜州（大历十一年，776）之后。在此基础上段先生结合与莫高窟盛唐第217、45、320、172、445等窟的比对，认为榆林窟第25窟似应建于吐蕃占领瓜州之初期的大历十一年（776）至建中二年（781）之间或稍晚[②]。段文杰在文中对其中藏文墨书题记的译意为："此人寿满一纪（八万四千岁），自诣墓茔。"

此译文不知据何而来，似完全据经文之臆断。因为据藏学专家最新的研究表明，完全是另一种意思。此时间的推断，段文杰把此洞窟归入中唐吐蕃期洞窟，显然他接受的是建中二年（781）为沙州正式陷蕃的时间关系。

同为敦煌艺术研究的专家，史苇湘对榆林窟第25窟作为吐蕃期洞窟另有更加精彩的时代断定。史苇湘通过亲自的临摹工作，看到在南壁观无量寿经变的殿堂中，画有一只奔跑的老鼠。史先生解释说，按照吐蕃的风俗，老鼠是财富的象征，同时唐蕃两族的纪年都用老鼠代表子年，又称鼠年，是十二属相之首。再结合弥勒经变中的吐蕃装人物像，以及对艺术风格的判断，他确认榆林窟第25窟壁画当作于784年的兴元元年（子年）[③]。因为史苇湘力主吐蕃占领沙州是在建中二年（781）[④]，因此他认为榆林窟第25窟当

① 段文杰：《藏于幽谷的艺术明珠——榆林窟第二五窟壁画研究》，载敦煌研究院编：《敦煌石窟艺术·榆林窟第二五窟附第一五窟》，江苏美术出版社，1993年，第11页。

② 段文杰：《榆林窟壁画艺术》，载敦煌研究院编：《中国石窟·安西榆林窟》，文物出版社，1997年，第163页。

③ 史苇湘：《地方因素是研究佛教艺术的起点和基础》，载氏著：《敦煌历史与莫高窟艺术研究》，甘肃教育出版社，2002年，第657页。

④ 史苇湘：《丝绸之路上的敦煌与莫高窟》，载敦煌文物研究所编：《敦煌研究文集》，甘肃人民出版社，1982年，第43—121页；史苇湘：《吐蕃王朝管辖沙州前后——敦煌遗书S1438背〈书仪〉残卷的研究》，《敦煌研究》创刊号，第131—141页；史苇湘：《河西节度使覆灭与吐蕃王朝管辖沙州前后》，载氏著：《敦煌历史与莫高窟艺术研究》，甘肃教育出版社，2002年，第137—161页。

属吐蕃统治初期洞窟。

也就是说两位敦煌艺术大家对榆林窟第25窟的时代断定，基本是一致的，是在吐蕃正式占领沙州（786）之前[①]。后来日本学者奥山直司和田中公明均明确指出榆林窟第25窟应是建于吐蕃占领瓜州的初期（776—781），只可惜未见他们的具体解释[②]。

对此时间断代，经过对洞窟中“八大菩萨曼陀罗”的研究，从艺术风格与造像的题材方面也得到张亚莎的认可。而且难能可贵的是，张教授从敦煌当地的历史背景出发，给出了非常合理的推断，与笔者的研究不谋而合[③]。

多年来法国巴黎高等研究实践学院和芝加哥大学神学院的马休·卡普斯坦（Matthew T.Kapstein）教授提出了独特之看法。在2002年北京“西藏考古与艺术研讨会”上，他发表了《德噶玉采的会盟寺：确认和图像阐释》一文[④]，利用敦煌藏文写本P.tie.16和IO.751所记德噶玉采寺，指出该寺系因庆祝唐、吐蕃、回鹘“三国会盟”而建于会盟之处，由大论尚结心儿和大尚腊藏修建，时间为823年或其后。他认为，德噶玉采（de ga g·yu tshal）就是安西的榆林窟，并特别引证了榆林第25窟浓郁的藏族文化特征，强调了此窟汉藏风格并存的情形是两个强大政权之间调和的象征与纪念。他因此认为榆林窟第25窟是为了纪念三家会盟而建的德噶玉采寺，时间当在公元823年或其后。

---

① 陈国灿：《唐朝吐蕃陷落沙州城的时间问题》，《敦煌学辑刊》，1985年第1期，第1—7页。

② 奥山直司：《敦煌の密教美术》，载立川武藏、赖富本宏编：《ツリーズ密教·3·中国密教》，春秋社，1999年，第210—222页。田中公明：《敦煌密教と美术》，法藏馆，2000年，第23页。

③ 张亚莎：《11世纪西藏的佛教艺术——从扎塘寺壁画研究出发》，中国藏学出版社，2008年，第119—124页。2009年10月去日研修途经北京，黄维忠兄给我一本刚刚出版的此书，读后发现在此问题上我们有完全相同的观点，只是由于讨论主题的限制，张教授没有对此进行详说。

④ Matthew T.Kapstein: *The Treaty Temple of De ga g·yu tshal: Identification and Iconography*, Beijing, August 10—12, 2002. 卡普斯坦：《德噶玉采的会盟寺：比定和图像阐释》，载霍巍、李永宪主编：《西藏考古与艺术国际学术讨论会论文集》，四川人民出版社，2004年，第98—127页。

但据黄维忠研究，他的考证还是难以令人信服的[①]。黄维忠指出之所以此说不能成立，其一，文书中明确指出德噶玉采位于雅摩塘境内（bkra shis dbyar mo thang de ga g·yu tshal），而且文中同样提到雅摩塘大节度使和瓜州大节度使都为建造此寺庙而发愿。雅摩塘和瓜州是两个行政区域，而我们知道，榆林寺在瓜州境内是无可辩驳的事实，因此黄维忠指出把归属两个地方的寺院生拉硬扯到一起，显然是难以令人信服的。其二，卡普斯坦认为藏文g·yu-tshal正好就是“榆林”的音义合璧之译，g·yu为“玉”，tshal为“林”，但无法解释de-ga的含义。事实上，吐蕃时期河西地名的藏译多用音译，如“瓜州”（kwa-cu）、“沙州”（sha cu）、“肃州”（sug cu）、“甘州”（gam bcu）、“廓州”（gog-cu），tshal更多译为“园”。[②]其三，两者修建性质不同，榆林第25窟为私人委托修建，而德噶玉采寺为官方修建，性质完全不同。

据谢继胜、黄维忠共同研究成果，认为榆林第25窟为私人委托修建，并据该窟藏文题记提供了佐证，榆林窟第25窟的藏文题记在北壁弥勒变左下角，系壁画题记，全文为：

// dzevu / devi cung gyis/ phags pav khor cig /bgyis pav vdi shang shevi/sku yon du / bsngas pav/ lags so/ /

译成汉文全句意思为：“曹氏幼弟施画此铺圣图，此乃回向“尚希”之功德，甚佳！”

此曹公约生活在803—833年，表明榆林第25窟为曹氏承建，施主为藏

① 黄维忠：《敦煌藏文发愿文研究概述》，《敦煌学辑刊》，2007年第1期，第29—39页。
② 黄维忠：《敦煌藏文发愿文研究概述》，《敦煌学辑刊》，2007年第1期，第29—39页。

人“尚希”，时间当在9世纪上半叶[①]，也否定了马休·卡普斯坦教授的观点。

这样就把榆林窟第25窟的营建年代推迟到吐蕃统治敦煌的晚期。因为此观点是以洞窟壁画中的藏文墨书题记为依据，结合壁画风格特征，较有说服力。

而法籍日本学者今枝由郎则认为，以洞窟中藏文题识框形式特征，表明洞窟中绘画的时代是不同时代的作品。其中，带有藏文题记特征的T形框的东壁八大菩萨曼荼罗应为中唐时期作品，而其他各壁内容则可能晚到848年以后[②]。

在中国学者大量研究成果的基础上，马休·卡普斯坦发表文章，反思了他自己研究的过程，认为自己之前把德噶玉采会盟寺与榆林窟混为一谈，结果证明是错误的观点。但同时，他又坚持榆林窟第25窟是仿德噶玉采寺而建的假设，而认为第25窟营建的时间可以追溯到赤德松赞时期（805—815年在位）[③]。

最近，陈于柱、张福慧发表新作，把榆林窟第25窟婚嫁图中的每一个人物身份及族属作了新的考订和详细说明。特别引起笔者注意的是，二位先生以文献中记载汉藏通婚的相关历史，认为该幅婚嫁图的绘制时间绝对不会出现在吐蕃统治时期，而应该在曹氏归义军时期，从而把洞窟的完成时间推到五代宋[④]。

---

① 关于榆林窟第25窟藏文题记的详细考证参见谢继胜、黄维忠：《榆林窟第25窟壁画藏文题记释读》，《文物》，2007年第4期，第70—78页。

② Yoshiro IMAEDA: *T-shaped Inscription Frames in Mogao (Dunhuang) and Yulin Caves*，《日本西藏学会会报》第53号，2007年6月，第88—99页。中译本见张长虹译《敦煌莫高窟和榆林窟的T形题记框》，《藏学学刊》第五辑，四川大学中国藏学研究所编，四川大学出版社，2009年。

③ Matthew T. Kapstein: *The Treaty Temple of De ga g·yu tshal: Reconsiderations*（《德噶玉采会盟寺的再思考》），卢素文译本，载《藏学学刊》第10辑，中国藏学出版社，2014年，第32—37页。

④ 陈于柱、张福慧：《榆林窟第25窟“藏汉婚礼图”的再研究》，《民族研究》，2014年第2期，第86—92页。

综合各家的研究，我个人以为段文杰、史苇湘二先生对榆林窟第25窟营建时间的推断似更接近事实。

因为有不同观点的存在，段文杰、史苇湘二先生断代证据的简单，和学者们对吐蕃统治下瓜、沙二州历史区别的忽略，以及榆林窟第25窟所表现出的诸多独特现象，因此似有更进一步研究的空间。以下从几个方面试作补充说明。

第二节　榆林窟第 25 窟之画风

段文杰一再强调榆林窟第25窟壁画内容及其布局格局与莫高窟初唐、盛唐的密切关系，认为是对前期传统的完全继承。又以画面中人物造像神韵、风格与技法等，与莫高窟盛唐第45、217、103、445等窟，以及与长安及吐鲁番初唐盛唐墓葬壁画、传世作品中的人物构图等比较，他认为当属盛唐风韵。史苇湘也持相似之观点。作为长期从事敦煌石窟艺术临摹与研究的艺术史专家，两位前贤的观点是有一定的道理的，应当引起我们的足够重视。的确，仔细观察榆林窟第25窟壁画艺术风格，从多方面表现出与莫高窟盛唐艺术相同或相类似的风格特点。以下分别说明。

一、洞窟经变画布局关系

莫高窟初唐和盛唐洞窟出现以经变画为主要题材内容的造像（图2—3a、b）。此时洞窟均为中小型，西壁开龛，南北两壁各构图一幅经变画，且为整壁一铺的形式。西方净土变（观无量寿经变、无量寿经变、阿弥陀净土变）和弥勒经变对称布局属最常见题材，代表洞窟有初唐第220（图2—4）、321、329、331、341等窟，盛唐第45（图2—5）、217、445等窟。这一特点正是榆林窟第25窟的基本经变画布局关系，主室南北两壁各自以整壁一铺的观无量寿经变与弥勒经变对称布局。毫无疑问，榆林窟第25窟的洞窟经变画布局关系基本上延续了莫高窟初唐和盛唐的传统与格局。

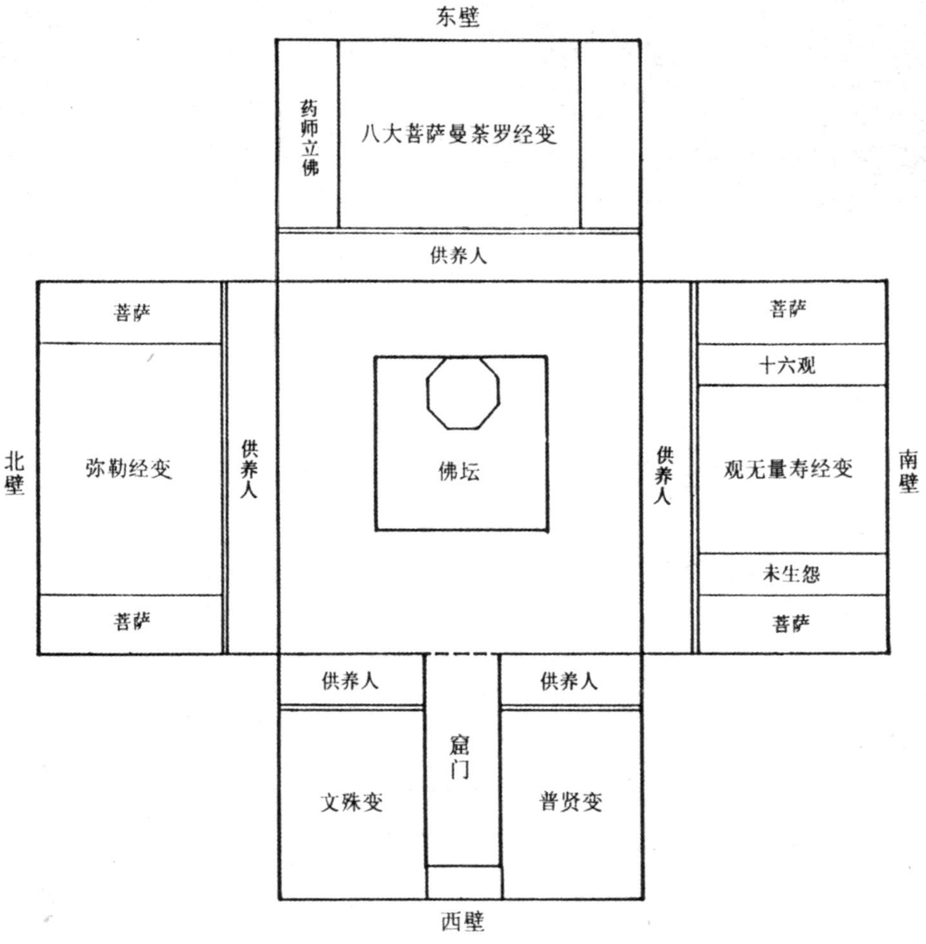

图2—3a　榆林窟第25窟主室壁画结构
（段文杰文）

图2—3b　榆林窟第25窟主室内景一侧
（敦煌研究院提供）

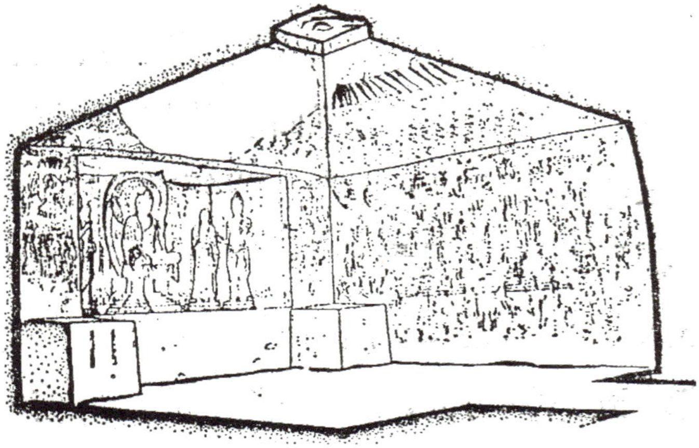

图2—4　莫高窟初唐第220窟立体图示
（敦煌研究院提供）

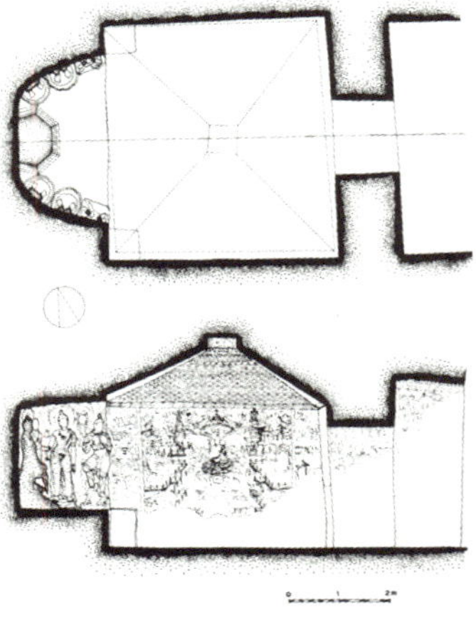

图2—5　莫高窟盛唐第45窟实测图
（敦煌文物研究所编：《中国石窟·敦煌莫高窟》（三），文物出版社、日本平凡社，1987年，第239页）

二、经变画结构特征

莫高窟初唐盛唐洞窟中出现的经变画，艺术风格与造像神韵均表现出唐前期恢宏博大的气象。画面构图宽广，疏朗有致，显得非常协调；人物造型丰润娴适，菩萨像普遍女性化。画面布局灵活，画法轻盈自如，富于艺术创造力；色调富丽，清爽明快，极富节奏韵律感，充分体现盛唐艺术的开放与活力。盛唐艺术继承了中原写实风格，登上了繁华富丽、金碧辉煌的顶峰。榆林窟第25窟经变画观无量寿经变（图2—6）和弥勒经变（图2—7）完全表现的是盛唐艺术风格特点，整个画面显得气势磅礴，色彩艳丽，人物与情节布局和谐紧凑，人物神情与姿态均显得格外丰满富贵。画面疏松有致，人物衣饰简约明快，整个画面和人物神情既有“吴家样”之

图2—6a　榆林窟第25窟主室南壁观无量寿经变说法会
（敦煌研究院编：《中国石窟艺术·榆林窟》图版25，江苏美术出版社，2014年）

图2—6b　榆林窟第25窟观经变主体说法会

图2—7　榆林窟第25窟北壁弥勒经变
（敦煌研究院编：《中国石窟·安西榆林窟》图版12，文物出版社，1997年）

图2—8　莫高窟第445窟主室北壁弥勒经变
（敦煌研究院编：《中国石窟·敦煌莫高窟》（三）图版175，文物出版社、日本平凡社，1987年）

"吴带当风"的神采，又有"周家样"之"面短而艳"的神韵，完全是盛唐时期的作品。

弥勒经变采取三会穿插式构图，正是初唐和盛唐莫高窟同类题材的基本构图特征，代表作如莫高窟盛唐第445窟弥勒经变（图2—8）。构图方式采用穿插式，即把"弥勒世界诸事"与主体"弥勒三会"合在一起绘制：画面中间为大型弥勒三会说法图；本尊下方绘香案供品、七宝，以及儴佉王、王妃、太子、大臣、婇女等剃度图；下部左侧是婚礼图，翅头末城罗刹鬼叶华扫除秽恶图；右侧绘婆罗门拆宝幢、自然树上生衣随意取用、弥勒佛及弟子入城乞食等；法会上部两侧画诸佛赴会、迦叶禅窟、一种七收等图；画现上部表现的是弥勒上生兜率天宫的情景弥勒菩萨居主宫说法，有诸天守护宫殿。榆林窟第25窟弥勒经变构图亦即如此表现。

另外，观无量寿经变的条幅式画面格局同样延续了莫高窟盛唐同期作品艺术风格特征，进一步表明了榆林窟第25窟艺术创作的时代面貌。

三、部分题材新样式

榆林窟第25窟主室西壁门两侧分别画普贤变（图2—9）与文殊变（图2—10），这是莫高窟唐前期和中唐吐蕃期较为常见的题材组合与构图方位关系。

但是需要注意的是，此两铺经变画与我们在莫高窟初唐、盛唐、中唐洞窟中见到的同类题材，在造像特征上有较为明显的区别。常见题材文殊

图2—9　榆林窟第25窟普贤变

图2—10　榆林窟第25窟文殊变

（二图均采自敦煌研究院编《中国石窟·安西榆林窟》图版40、41，文物出版社，1997年）

变与普贤变均有较多的眷属簇拥于前后左右，有的画面多达二十余人，使得画面显得非常紧密，如有莫高窟初唐第220窟西壁龛两侧、盛唐第180窟龛外两侧、中唐第231、159等窟龛外两侧（图2—11）。

而我们在榆林窟第25窟看到的此两类造像却非常简约，均为六身造像，分别为主尊与各自的坐骑、执缰者，主尊身后跟随一菩萨，两侧各一执幢菩萨像，别无他人。当属另一类新的文殊变与普贤变粉本样式。我们仅在莫高窟盛唐第148窟看到有类似造像。莫高窟第148窟内文殊变与普贤变比之更为简略，仅有四身：主尊、坐骑、执缰人、参礼童子像。

二地两所洞窟不同新样式的出现，或有相互之影响关系。

图2—11　莫高窟中唐第159窟文殊变、普贤变

（敦煌文物研究所编：《中国石窟·敦煌莫高窟》（四）图版80、81，文物出版社、日本平凡社，1987年）

四、人物造像服饰等

榆林窟第25窟观无量寿经变和弥勒经变中男女着世俗装，其中如弥勒经变中多见的男像头戴长脚幞头，身着圆领束革长袍，脚蹬长筒黑靴；女像束高髻，身着直袖衫，抹胸，长裙，或有披帛。弥勒经变老人入墓中的白衣老人（图2—12）与婚嫁图左侧第一位人物（图2—13），出现头戴透额罗现象，在莫高窟盛唐第130窟甬道都督夫人礼佛图后随从中有类似妆饰。

同在老人入墓图中，与老人话别的三位女眷，其装饰属盛唐壁画中所常见，最具比较意义的仍属莫高窟第130窟都督夫人礼佛图（图2—14）。结合画面中人物丰腻的面相，及富贵娴适的神情，当属盛唐画风。

图2—12　榆林窟第25窟弥勒经变老人入墓图

图2—13　榆林窟第25窟弥勒经变婚嫁图

（二图采自敦煌研究院编《中国石窟·安西榆林窟》图版23、24，文物出版社，1997年）

图2—14　莫高窟盛唐第130窟甬道南壁都督夫人礼佛图
（段文杰临本）

由此，从绘画艺术风格等方面分析表明，榆林窟第25窟所见绘画集中体现与莫高窟盛唐艺术相同的艺术特征。

第三节　与莫高窟中唐壁画艺术之比较

莫高窟中唐吐蕃期洞窟壁画艺术，较前发生了较大的变化，如洞窟建筑形制的规则化、一窟内经变画的大量增加、经变画新题材的涌现、维摩诘经变中的赞普礼佛图、屏风画与经变画的结合、供养人画像的变化等新现象，敦煌石窟历史发生巨变，以至于有“重构”敦煌石窟历史的意义①。

结合大量莫高窟中唐吐蕃时期洞窟壁画艺术诸多方面，在此若把榆林窟第25窟置于相同的历史背景，对二者进行比较，试看二者之异同，以期从一个独特的视角观察榆林窟第25窟的营建时代。试比较分析如下。

一、洞窟经变画布局模式

莫高窟中唐吐蕃时期洞窟经变画大量增加，洞窟均不大，但在一壁不再如初唐和盛唐一样仅布局一铺经变，而是一壁布局多铺经变画，如莫高窟第154、159、200、231、237、236、359、360、361（图2—15）等窟。如前所述，榆林窟第25窟在此方面仍延续的是盛唐洞窟的经变画布局模式。

图2—15　莫高窟中唐第361窟主室北壁经变画
（敦煌研究院提供）

① 沙武田：《敦煌石窟历史的重构——敦煌吐蕃期洞窟诸现象之省思》，《圆光佛学学报》，2007年第11期，第25—90页。

二、经变画构图特征

莫高窟中唐洞窟经变画若与初唐、盛唐经变画比较，从构图特征上分析，前期经变画注重画面建筑与风景的表现，突出了宫殿、楼阁、净水、莲花、水中景物的描绘（图2—16）。如莫高窟初唐第329、331、341等窟西方净土变和弥勒经变，初唐第172窟两铺观无量寿经变（图2—17），盛唐第45窟观无量寿经变，盛唐第217窟观无量寿经变等。整个画面疏而有

图2—16　印度新德里藏敦煌藏经洞出土初唐净土变白描图
（中村兴二:《日本的净土变相与敦煌》图1，载《中国石窟·敦煌莫高窟》（三），文物出版社、日本平凡社，1987年，第212页）

图2—17　莫高窟初唐第172窟北壁西方净土变建筑白描图
（萧默：《敦煌建筑研究》图35，文物出版社，1989年，第72页）

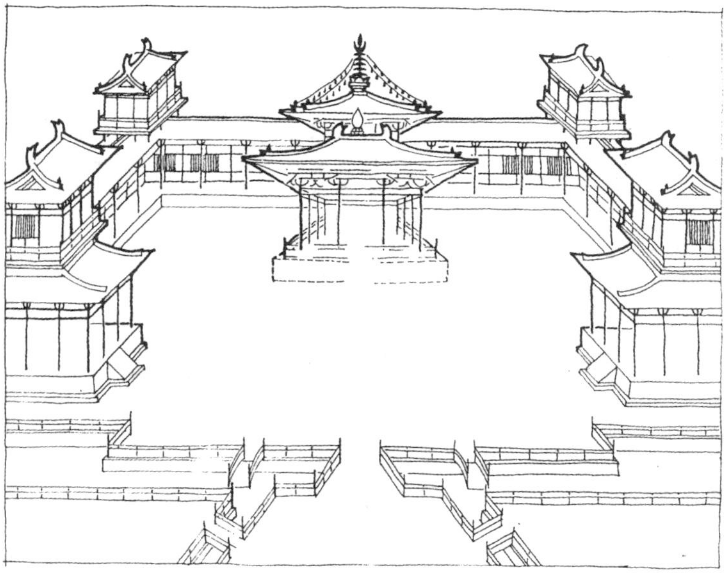

图2—18　西千佛洞中唐第15窟西方净土变建筑白描图
（萧默：《敦煌建筑研究》图38，文物出版社，1989年，第75页）

序，人物排列整齐，画面感觉清新宁静。而中唐洞窟经变画的描绘，更突出其中的人物，人物数量更加丰富，建筑等风景表现不再是主流，大部分甚至于完全淡化了建筑和净水的表现（图2—18），致使整个画面显得人物较为杂乱，画面繁复，整体感觉紧密无序。显而易见，榆林窟第25窟几铺经变画，均属莫高窟初唐、盛唐经变画构图特征，突出建筑风景的表现，人物较少，排列有序，画面整齐清新，宁静而优雅。

三、经变画的色彩运用

莫高窟初唐、盛唐经变画色彩均显得较为艳丽，多使用红绿等醒目的色彩，使得画面整体感觉富丽堂皇，如莫高窟第23窟（图2—19）、第444

图2—19　莫高窟盛唐第23窟法华经变画局部
（敦煌研究院编：《敦煌石窟全集·法华经画卷》图版64，香港商务印书馆，2000年）

图2—20　莫高窟中唐第158窟经变画局部

图2—21　莫高窟中唐第360窟经变画

窟等。而莫高窟中唐洞窟壁画色彩明显地发生了变化，主要使用黄色、浅红色、浅绿等色，洞窟壁画不再是那种艳丽富硕、重笔浓彩的特点，而显得单调清淡。另一方面，初唐和盛唐莫高窟壁画由于含铅颜料成分的大量使用，变色即发黑的现象很常见，但中唐壁画几乎没有变色发黑的现象，如莫高窟第158（图2—20）、159、200、231、237、359、360（图2—21）、361等窟经变画。榆林窟第25窟洞窟壁画仍以红绿为主的色彩运用，使得画面华贵富丽，仍属唐前期敦煌壁画的常见色彩。

比较的结果，表明榆林窟第25窟经变画当属盛唐敦煌洞窟壁画经变画的基本艺术作品。

第四节　弥勒经变中出现吐蕃装人物试析

榆林窟25窟学界一般认为是敦煌中唐吐蕃统治时期的洞窟，主要依据之一即是洞窟壁画弥勒经变婚嫁图中出现的新郎伴郎均着吐蕃装，另在宾客中同样有吐蕃装人物，侍从也有着吐蕃装（图2—22）。学界普遍认为，因为是处在吐蕃统治时期，因此经变画中出现吐蕃装人物，壁画艺术强烈反映社会历史政治，当属特殊时代的反映。对此现象和分析结果，我认为是合理的，亦是客观的。

但仔细考察洞窟经变画中的人物造像，却发现除弥勒经变婚嫁图以外，并无更多吐蕃装人物画像出现于洞窟壁画中，如一种七收图（图2—23）、

图2—22　榆林窟第25窟婚嫁图中人物像

图2—23　榆林窟第25窟弥勒经变一种七收图

树上生衣、路不拾遗、老人入墓中的人物，完全是盛唐装饰。另在观无量寿经变两则条幅式十六观与未生怨画面中，同样为盛唐装人物，没有吐蕃装人物。这一现象充分说明即使是出于世俗政治的考虑，婚嫁图中出现吐蕃装人物，但并不能说明世俗政治即吐蕃统治者要求在壁画中一定要画入吐蕃装人物像。这一点也反映在莫高窟中唐吐蕃期洞窟壁画中。莫高窟此时期洞窟壁画中人物像绝大多数仍为唐装，仅有部分经变画中可以看到零星的吐蕃装人物。说明洞窟壁画经变画绘制过程中，就是否需要画入吐蕃装人物像，并没有明确的命令或制度的约束，而仅是因为敦煌有大量的吐蕃人和大量汉人着吐蕃装这一历史现象，因此绘画者自然而然地就把现实中的所见画入壁画。但是壁画中仍以传统唐装人物占绝对比例的现象，表明了艺术家和一般信众和观看者对吐蕃人和吐蕃装的态度与文化认同，是吐蕃统治下汉人的正常心理反应。

史苇湘先生以为榆林窟第25窟婚嫁图中吐蕃装人物的出现，反映的是吐蕃的民族高压政治，并非反映汉藏两个民族友好的历史见证①。此说似可作进一步的讨论。因为仅就此幅小画面中出现几身吐蕃装人物，而在大量的壁画中均为唐装人物，似乎说明画家仅在表现现实生活中所见到的汉藏通婚的实例而已。因为有限的几身吐蕃装人物像和大量莫高窟中唐吐蕃期壁画的佐证，此类人物画纯属艺术家的一时兴趣所致。按黄维忠对壁画中藏文题记的识读，“曹氏幼弟施画此铺圣图，此乃回向‘尚希’之功德，甚佳”，作为汉人的洞窟功德主“曹氏幼弟”绘制此画，又回向于藏人“尚希”②，充分说明是汉藏两个民族的人共同营建了此洞窟的历史事实。这样经变画中出现吐蕃装人物也就不足为奇了。

① 史苇湘：《地方因素是研究佛教艺术的起点和基础》，载氏著：《敦煌历史与莫高窟艺术研究》，甘肃教育出版社，2002年。

② 谢继胜、黄维忠：《榆林窟第25窟壁画藏文题记释读》，《文物》，2007年第4期，第70—78页。

单纯的服饰时代特征以外，就此婚嫁图而言，也可佐证此一点。从画面可以看到，在服饰方面，有唐装也有吐蕃装，传统意见认为新郎与新娘均为蕃装。另据唐代婚嫁时“男拜女不拜”的风俗[①]，则其中着吐蕃装跪拜者即是新郎，旁边站立者为新娘。我之前接受研究敦煌民俗的专家谭蝉雪先生的观点，认为新郎旁边站立三身女像，均为唐装，为伴娘等人，而把另一位站立的吐蕃装人物释读为吐蕃的新娘，画面中则没有伴郎。这一观点应当改正，详细的画面释读和学术研究详见后面相应诸章节。另从新人行礼的前方看，入座者主要是唐装，其中有一身吐蕃装人物。那么，也就是说，当时至少在婚礼之时，人们是可以正常穿上唐装的。因为唐代婚礼时新人可以越礼，即“摄盛”，正所谓“婚礼三日大”。既然如此，则要对该幅图所反映的人物民族关系作一交代。

“男拜女不拜”反映的是男方到女方家成婚的习俗，而女方全为唐装形式，说明新娘为唐人，那么着吐蕃装的新郎则为吐蕃人无疑。在婚礼中会出现唐装人物，说明婚嫁图反映的风俗也为唐制。

合理的解释就是该幅婚嫁图反映的是作为吐蕃人的新郎，行“入夫婚”而嫁到作为唐人的新娘家。可能由于受吐蕃对唐人服饰的制度制约，必须要随新郎着吐蕃装出现的唐人伴郎[②]，则属唐人心理所普遍不能接受，因此也就没有被表现出来，只画了一身吐蕃装的伴郎。

经学者们研究认为，吐蕃对敦煌所施行的森严的民族统治，归纳为易服辫发、黥面文身、推行部落制、杀阎朝以儆叛心、推行吐蕃风俗、清

① 谭蝉雪:《敦煌民俗》，甘肃教育出版社，2006年。

② 因为吐蕃统治时期，对唐人服饰方面的限制，女性可自由一些，男性则必须着吐蕃装。详细参见沙武田《吐蕃统治时期敦煌石窟研究》上篇相关内容。

查户口等方面[①]。也就是说，着吐蕃装是特殊社会历史背景下政治的需要，但是这一政策是在吐蕃正式占有敦煌以后的产物，在786年吐蕃入主敦煌以前的情形并不明确。从上面的分析，似乎表明这一政策属吐蕃统治地区的基本制度。

第五节　洞窟藏文题记及相关问题

榆林窟第25窟因为有藏文题记和藏文题记框的出现，因此引起学者们长时间的讨论。在这里有必要就此问题再作一交代。

一、弥勒经变中的藏文题记

该洞窟藏文题记写在弥勒经变老人入墓与路不拾遗情节之间（图2—24），是一常见写汉字的竖形框。从具体画面位置关系看，原本应是写入画面表现路不拾遗情节的相应经文，不知出于什么原因，却被写上了藏文内容。根据学者们释读的意见，该题记具体记载的是绘画功德记。

谢继胜、黄维忠先生释读为："曹氏幼弟施画此铺圣图，此乃回向'尚希'之功德，甚佳！"

2008年8月笔者参加敦煌研究院主办的"敦煌吐蕃文化学术研讨会"，8月4日与会代表考察榆林窟，二十余位来自全国各地的藏族学者对此题记发生了浓厚的兴趣，都参加了洞窟现场的释读（图2—25），意见相当，其

① 史苇湘：《丝绸之路上的敦煌与莫高窟》，载敦煌文物研究所编：《敦煌研究文集》，甘肃人民出版社，1982年，第43—121页；邵文实：《尚乞心儿事迹考》，《敦煌学辑刊》，1993年第2期，第16—23页；邵文实：《沙州节儿考及其引申出来的几个问题——八至九世纪吐蕃对瓜沙地区的汉人的统治》，《西北师大学报》，1992年第5期，第63—68页。

图2—24　榆林窟第25窟弥勒经变中的藏文题记

中以西藏自治区社科院巴桑旺堆先生的释读最具权威。会后巴桑先生特意把自己的释读结果写成书面形式交给笔者（图2—26），具体内容为：“（曹德君？）作圣者一铺，此为（上师？）功德之祈愿！”和前面两位专家的释读结果是一致的。

这样就说明，该藏文题记主要说明的是该铺经变画的功德关系，属一位曹姓汉人为一位藏人所做的功德。另据与会藏文专家学者和巴桑旺堆先

图2—25　2008年8月4日参加“敦煌吐蕃文化学术研讨会”的专家学者在榆林窟第25窟门口讨论洞窟中的藏文题记（中：巴桑旺堆研究员，左二：霍巍教授，右二：笔者，右一：陆离博士，左一：杨清凡博士）

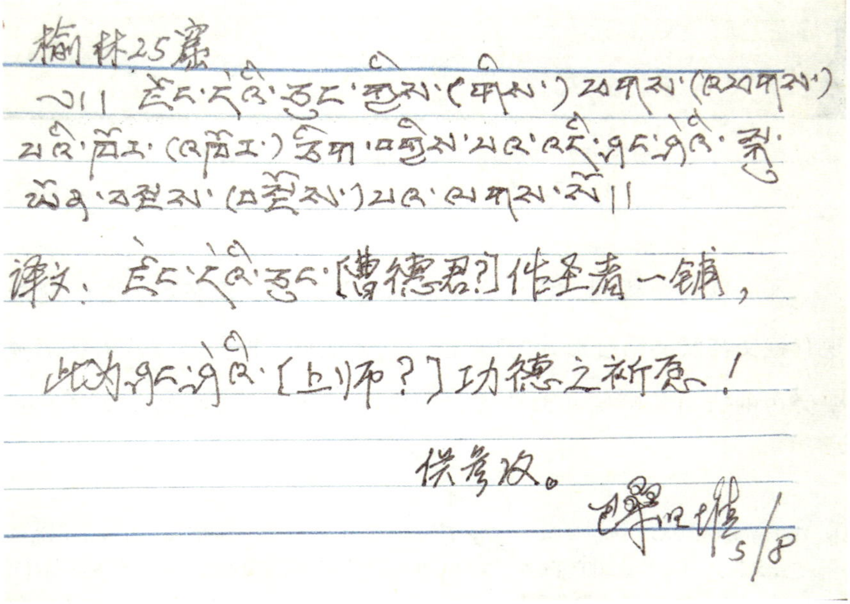

榆林25窟

༄། །ཛང་དེའི་ཙུང་གྲིས་(ཀྱིས་) ཕགས་(འཕགས་) པའི་ཁོར་(འཁོར་) ཅིག་བགྱིས་པའི་འདི་ཤང་ཤིའི་སྐུ་ཡོན་བསྔོས་(བསྔོས་) པའི་ལགས་སོ།།

译文：ཛང་དེའི་ཙུང་[曹德君?]作圣者一铺，此为ཤང་ཤིའི་[上师?]功德之祈愿！

供参考。

巴桑旺堆 5/8

图2—26　巴桑旺堆先生释读榆林窟第25窟藏文题记手稿

生的意见，该条藏文题记，从字体与书写特点等分析，其时代当属吐蕃时期无疑。这样也就为我们推断洞营建的时代关系提供了另一条有力的佐证。

二、八大菩萨曼荼罗中的T形框

作为吐蕃时期常见横式书写藏文的方式特点（图2—27），正如今枝由郎先生所注意到的那样，榆林窟第25窟正壁八大菩萨曼荼罗题记T形榜题框，正是该铺壁画绘于吐蕃时代的重要证据[①]。其中的横框为写藏文内容的地方，竖框为常见书写汉文题记的地方（图2—28）。对此黄文焕先生早年就注意到存在于敦煌石窟壁画中的此现象，如莫高窟第251、75窟藏文题记，只可惜的是他当时并没有注意到榆林窟第25窟同类题记框的存在[②]。

图2—27　敦煌市博物馆藏敦煌吐蕃时期藏文写经
（马德主编：《甘肃藏敦煌藏文文献叙录》彩图，甘肃民族出版社，2011年）

那么就有个疑问，为什么在榆林窟第25窟，仅在八大菩萨曼荼罗中出现有藏文与汉文结合形式的T形框，别无他见，即使是在八大菩萨曼荼罗同壁旁边的行道药师佛和地藏菩萨造像题记也仍为传统的汉文竖形框。今枝

① Yoshiro IMAEDA: *T-shaped Inscription Frames in Mogao (Dunhuang) and Yulin Caves*,《日本西藏学会会报》第53号，2007年6月，第88—99页。今枝由郎：《敦煌莫高窟和安西榆林窟的T形题记框》，张长虹译，《藏学学刊》第五辑，四川大学出版社，2009年，第79—104页。

② 黄文焕：《跋敦煌365窟藏文题记》，《文物》，1980年第7期，第47—49页。

图2—28 榆林窟第25窟主室东壁八大菩萨曼荼罗造像

先生认为第25窟带有藏文题记特征的T形框的东壁八大菩萨曼荼罗应为中唐时期作品，而其他各壁内容则可能晚到848年以后。对这一时代的推断笔者不能苟同，因为对于该洞窟壁画的同时代性，以及洞窟造像之间的整体性结构特征，学者们均有研究，不容怀疑。

事实上，八大曼荼罗独特的造像题材与风格特征，前文已有讨论，均属吐蕃统治时期传自藏地的内容，最早出现在敦煌地区即是榆林窟第25窟。因此，当时的画工非常严格而忠实地延续藏地传入的艺术粉本而保

图2—29　榆林窟第25窟八大菩萨曼荼罗中的菩萨像与同窟观经变中菩萨像的对比

留了写有藏文题记的横形框，同时又充分考虑到洞窟所在区域，及功德主或当地施主信众的汉人特征，而及时地加上书写汉文的竖形框。但是有趣的是，壁画中的汉文题记非常清楚地保留了下来，而横形框中却毫无书写迹象。作为同时期墨写的文字，出现这样的情形是不可理解的。合理的解释就是，当时就根本没有写上藏文题记。如此现象的存在，则说明绘画书写者不懂藏文，当属汉人。对此，我们仔细观察其中菩萨像的绘画特征，虽然其总体风格为波罗样式，但是从细节的绘画上仍有唐风的影子（图2—29），即属当地的画手按照传自藏地粉本画稿而作，在这样的情形下不写藏文题记也就好理解了。

而前述藏文题记表明的功德关系，正说明了以汉人为主的洞窟营建历史，是与我们对于绘画手属性的判断相一致的。

这一现象的存在，也从一个侧面说明该铺造像传入敦煌地区的时间较早，当地的艺术家们还没有过多地改造加工。而到了后来八大菩萨曼荼罗就发生了很大的变化，以至于出现了像吐蕃后期莫高窟第153窟类曼荼罗形式，汉传密教的特色非常浓厚，其中的地藏菩萨仍为比丘形造像。如此也就表明洞窟绘画时间当属吐蕃统治瓜州初期。

第六节　相关社会历史背景与洞窟营建时间之关系

以上从几个方面的分析，既反映出榆林窟第25窟壁画与盛唐艺术的密切关系，又表现出与吐蕃统治历史背景的关联。为什么会出现如此复杂的现象，当与独特的洞窟营建社会历史背景有关。

张亚莎敏锐地指出：“（榆林窟第25窟正壁的八大菩萨曼陀罗）从该壁画独特的表现风格看，显然与传统的敦煌经变题材有明显的差异，这一题材以及这种独特的艺术样式出现于敦煌榆林窟，与吐蕃对河西走廊的占领有直接的关联，而它最早出现在安西的榆林窟，而不是敦煌的莫高窟，是有其历史原因的。”①

传统研究敦煌石窟的历史，把吐蕃统治时期归入中唐阶段，这一历史阶段和洞窟分期的时间划分，是以沙州陷蕃的贞元二年（786）为起点，至张议潮大中二年（848）起义。虽然洞窟的划分没有非常严格的时间界线，但是作为吐蕃统治这样一个独特的历史时代的开启，仍然在莫高窟“重构”了一个全新的石窟历史。

① 张亚莎：《11世纪西藏佛教的艺术——从扎塘寺壁画研究出发》，中国藏学出版社，2008年，第120页。

广德二年（764）吐蕃陷凉州，然后依次于永泰二年（766）、大历元年（766）、大历十一年（776）由东而西攻克甘州、肃州、瓜州[①]。在河西诸州中最后陷于吐蕃的是沙州，河西节度使杨志烈死后，杨休明继任河西节度使，并于大历元年（766）徙镇沙州，开始了长期的抗蕃斗争。后杨休明死，据《新唐书·吐蕃传》记大约于大历十二年（777）的九、十月间，沙州刺史周鼎因在吐蕃围沙州时欲弃城东奔而被都知兵马使阎朝所杀。此后阎朝领州人保城抵抗，又坚持了十年。在“粮械皆竭”的情况下，以“勿徙它境”为条件而开城降蕃，其时应在唐德宗贞元二年（786）[②]。也就是说阎朝抗蕃是从大历十二年（777）起至贞元二年，在此前又有周鼎守城的一年，共计为十一年，因此正如《新唐书·吐蕃传》所记“自攻城至是凡十一年”。

历史资料表明吐蕃于776年陷瓜州后，十年之后沙州才正式陷蕃。也就是说，作为石窟营建史，瓜州榆林窟在吐蕃统治时期的营建，比莫高窟中唐吐蕃期洞窟的营建，从时间上要早十年。虽然二地均为吐蕃统治时期，开始的时间是有区别的。传统对包括榆林窟在内的敦煌石窟营建在吐蕃统治时期的历史时间划分，均以沙州在吐蕃统治下的时间为标准，却没考虑到两地在陷蕃时间上的差异。段文杰、史苇湘把榆林窟第25窟的营建时代归入敦煌石窟的中唐吐蕃期，却没有说明与莫高窟吐蕃期洞窟的时间差异性关系。

正因为有这种历史时间的差异性，因此使传统对榆林窟第25窟时代的划分人为地设置了一个时间误区。因为按我们在前面的研究，显然该洞窟的营建是在莫高窟的盛唐时期，此时间正是瓜州陷蕃后、沙州陷蕃前的十年时间，即大致应在776—786年间。正因为在此十年间敦煌地区佛教石窟

①（唐）李吉甫：《元和郡县图志》卷40《陇右道》，中华书局，1983年，第1017—1027页。
② 陈国灿：《唐朝吐蕃陷落沙州城的时间问题》，《敦煌学辑刊》，1985年第1期，第1—7页。

艺术所流行的画稿与造像样式，以及洞窟营建的基本模式仍属盛唐风格，故而榆林窟第25窟的营建所表现的造像主体仍属盛唐样式。

但毕竟作为历史大环境，瓜州地区处在吐蕃的占领之下，因此会在洞窟壁画艺术中有所反映。其中，最明显的就是主室正壁卢舍那并八大菩萨曼荼罗造像，该铺造像是从吐蕃本土引入的新题材与粉本画稿，代表了一个独特时代与社会历史背景关系。另在弥勒经变经变婚嫁图中出现的吐蕃装人物形象，也从另一个侧面说明了瓜州地区吐蕃人统治与吐蕃人生活的历史事实。

这样，榆林窟第25窟的营建时代就比较明确了，可以确认其为吐蕃期洞窟，但与莫高窟的吐蕃期洞窟在具体时间上有区别。在艺术风格上，主要仍受莫高窟盛唐艺术的影响，加入了新的样式与题材。如果简单地与莫高窟吐蕃期洞窟一道并称为敦煌中唐洞窟，显然是不准确的。鉴于该洞窟在时间上属敦煌地区的盛唐时期，而实际却是在瓜州属于吐蕃统治时期所营建，因此可以称其为“盛唐吐蕃期”洞窟。这一断代，正与长期从事敦煌壁画临摹研究的欧阳琳对榆林窟第25窟的时代划分是一致的。欧阳先生在《敦煌壁画解读》一书中，虽然没有就此问题作专论，但是通篇把榆林窟第25窟划为“盛唐晚期”洞窟①，可谓不谋而合。

第七节　吐蕃时期榆林窟洞窟营建状况

通过历史的考察，可以把瓜州榆林窟在吐蕃统治时期的历史划分为两个时间段，前期属盛唐吐蕃期（776—786），后期与沙州莫高窟中唐吐蕃期一致（786—848）。榆林窟吐蕃期代表洞窟第25窟，是在瓜州吐蕃期前

① 欧阳琳：《敦煌壁画解读》，甘肃文化出版社，2006年。

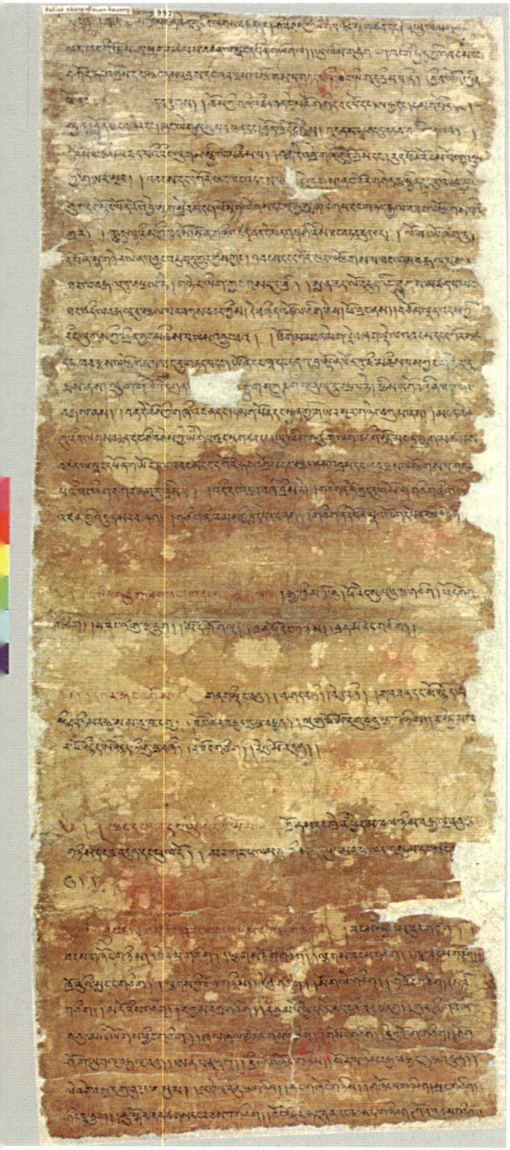

图2—30　P.tib.997榆林寺庙产牒

期即“盛唐吐蕃期”营建，代表榆林窟盛唐艺术。

一个有趣的现象是，榆林窟在整个吐蕃统治时期，除第25窟和第15窟以外，没有其他洞窟的营建。也就是说，榆林窟只是在吐蕃占领瓜州后，与沙州进行时断时续的战争的十年间营建了一两所洞窟。沙州陷蕃以后，榆林窟洞窟营建中止，莫高窟吐蕃统治期洞窟多达56所，加上补绘盛唐未完工的洞窟，因此在莫高窟吐蕃统治时期平均每一年营建一所洞窟，可以说数量可观。

这种现象的出现，从一个方面表明了沙州陷蕃后，洞窟营建中心从榆林窟的西移，莫高窟成了吐蕃统治时期河西地区佛教石窟的中心，当与莫高窟传统洞窟营建的延续有关。也说明了莫高窟一直以来是历代河西地区，特别是瓜沙地区佛教界和地方统治者经营与发展佛教和佛教艺术的重地与中心。

但此现象的存在并不能表明榆林窟在吐蕃统治时期的逐渐衰退，因为据藏经洞藏文文书记载，吐蕃统治时期榆林窟之“榆林寺”是相当兴盛的。P.tib.997榆林寺庙产牒记载（图2—30）：“瓜州榆林寺之寺户、奴仆、牲畜、公产物品之清册……属榆林寺之民户共计：唐人三十家，独居男子三十一人，老汉一人，独居女子二十六人，老妪五人，单身男奴二人，单身女奴一人……”①

榆林寺当即为今天的榆林窟所在地，寺院有如此之多的民户，表明了该处当为一较大规模的寺院。第25窟极有可能即属该寺院所有，至少在当时第25窟作为为数不多的洞窟，又是一处僧人修行尊胜密法的坛场②，因此必有较为重要的地位与意义，受到僧界和信众的供养礼拜。

即使如此，榆林寺兴盛的香火并没有改变榆林窟在吐蕃统治时期营建的中落。更有意味的是，直到晚唐张氏归义军时期，榆林窟仍然没有受到敦煌僧团的重视，洞窟的营建工作仍处在停止状态。在五代曹氏归义军时期，榆林窟成为曹氏统治者在莫高窟和西千佛洞以外的另一处兴佛中心，大量的曹氏功德窟被不断营建成功。

中唐吐蕃统治时期（786—848）榆林窟洞窟营建的停止，以至于晚唐这种停止状态的延续，似从另一个方面再次佐证了榆林窟第25窟当为吐蕃早期、沙州陷蕃前营建的可能性。因此，第25窟作为瓜州榆林窟“盛唐吐蕃期”洞窟，应是比较客观和准确的洞窟营建时代的推断，即榆林窟第25窟应当营建于776—786年。

---

① 王尧、陈践：《敦煌吐蕃文书论文集》，四川民族出版社，1988年；王尧、陈践：《敦煌古藏文文献探索集》，上海古籍出版社，2008年，第249页。

② 赖文英：《唐代安西榆林25窟之卢舍那佛》，《圆光佛学学报》，1999年第4期，第340—345页；赖鹏举：《中唐榆林25窟密法“毗卢遮那”与佛顶尊胜系造像的形成》，《中国藏学》，2007年第4期，第18—23页。

第八节 结　　语

作为瓜州榆林窟“盛唐吐蕃期”营建的洞窟第25窟，776—786年这个相对较为准确时间的推定，或许为长期以来学术界对该洞窟艺术表现形式盛唐化的疑问找到一个答案，也回应了两位敦煌艺术史研究大家段文杰、史苇湘先生早年的精辟论断。同时也对奥山直司、张亚莎两位先生的推断作了详细的补充说明。但是为什么到了中唐吐蕃统治时期的莫高窟艺术中，却没有完全继承早年的这一艺术传统，实属敦煌吐蕃统治时期石窟艺术研究的一大疑惑，尚需作更进一步的深入研究。

第三章

洞窟营建的动机、思想与功德主

第一节 提出问题

综观前人研究，对榆林窟第25窟的研究主要集中在艺术风格、建窟时代、八大菩萨曼荼罗、洞窟藏文题记、毗沙门天王像等问题上。而对于洞窟营建历史背景和社会功能相结合的研究，则要数马休·凯普斯坦（Matthew T. Kapstein）教授《德噶玉采的会盟寺：确认和图像阐释》一文，他以敦煌古藏文写本P.tib.16和IOL TIB J 750 I所记为了纪念821年唐蕃会盟而建在德噶玉采（de-ga g-yu-tshal）的“会盟寺”（gtsigs-kyi-gtsug-lag-khang）为切入点。经过他的考察认定后指出，该文献所记会盟地就是瓜州榆林窟所在地，因此他在文章中认为德噶玉采会盟寺（de ga g·yu tshal gtsigs kyi gtsug lag khang）就是安西的榆林窟，具体反映在榆林窟第25窟图像中。该窟明确的汉藏风格并存的图像，按他的理解，即具有“纪念”和“调和”两个强大政权之间政治关系的意味[①]。当然对于马休的这一观点，中国学者多不同意，且有数文反驳。首先，谢继胜、黄维忠提出反

① 霍巍、李永宪主编：《西藏考古与艺术国际学术讨论会论文集》，四川人民出版社，2004年，第98—127页。

驳意见，认为榆林第25窟与藏文文献所记因唐蕃会盟而建之德噶玉采会盟寺无关[①]。之后，马休・凯普斯坦先生又撰长文，仍然坚持他自己原来的观点，并对谢、黄文提出质疑[②]。紧接着黄维忠先生再发文章，考定了德噶玉采寺所在的具体位置，是在河州大夏川[③]，也就再次否定马休之观点。最后，在中国学者丰富的证据提示下，马休先生本人也承认之前观点的不妥之处，否定了榆林窟第25窟作为敦煌古藏文写本P.tib.16和IOL TIB J 750 I所记为了纪念821年唐蕃会盟而建在德噶玉采（de-ga g-yu-tshal）的“会盟寺”（gtsigs-kyi-gtsug-lag-khang）的观点，但他同时指出榆林第25窟显然不可能是德噶玉采会盟寺，但很有可能是仿德噶玉采会盟寺而建，也很有可能它比会盟寺早建数年，其修建年代可追溯到赤德松赞时期（805—815年在位）[④]。

现在看来，德噶玉采会盟寺在瓜州榆林窟的可能性不大，我们赞同谢继胜、黄维忠等国内学者的意见。但是马休・凯普斯坦先生的研究思路值得重视，他的研究思路对我们有极大的启示意义。的确，榆林第25窟汉藏内容与风格的壁画艺术，在敦煌石窟中是个特例，当是特定历史背景下的产物，有可深入探讨的渊源关系，或确为马休先生注意到的汉藏关系史上的某件事情，有“纪念”唐蕃会盟、唐蕃友好的意义，此一点也得到杨铭先生的赞同[⑤]。

---

① 谢继胜、黄维忠：《榆林窟第25窟壁画藏文题记释读》，《文物》，2007年第4期，第70—78页。

② Matthew T. Kapstein: *The Treaty Temple of the Turquoise Grove,Buddhism Between Tibet and China*, Edited by Matthew T. Kapstein, Wisdom Publication, Boston, 2009, pp. 1—20.

③ 黄维忠：《德噶玉采会盟寺（de ga g·yu tshal gtsigs kyi gtsug lag khang）考——再论该寺非榆林》，《敦煌研究》，2009年第3期，第93—99页。

④ 马休・凯普斯坦（Matthew T. Kapstein）：《德噶玉采会盟寺的再思考》，卢素文译，《藏学学刊》第十辑，中国藏学出版社，2014年，第35—37页。

⑤ 杨铭：《敦煌藏文写本岱噶玉园会盟寺愿文研究》，周伟洲主编：《西北民族论丛》第六辑，中国社会科学出版社，2008年，第230—251页。

后来，陆离发表了对第25窟的研究新作，通过对壁画中出现的藏文题记的再释读，认为该窟的营建是“将其用来纪念及赞颂吐蕃大相兼东道节度使尚乞心儿（zhang khri sum rje）或尚腊藏（zhang lha bzang）使唐蕃和好的功德。当然，此窟壁画的最终完成时间也有可能是在822年之前，藏文题记中的尚书（shang shevi）则为当时的某位吐蕃东道节度使，绘制此窟壁画的目的在于纪念并赞颂该人治理河陇地区的功绩”。[①]如果把榆林窟第25窟的营建和822年的唐蕃会盟结合起来，则和马休教授的观点殊途同归。总之，通过该藏文题记的释读，陆离同样表达了第25窟营建的“纪念”功德。

以上几位学者对榆林第25窟建成时间的推断，笔者不能苟同[②]。但是他们把该窟的营建与唐蕃关系联系起来，并赋予洞窟以独特的历史“纪念”性质，颇有见地。故觉得有必要在前人的基础上，就此问题再作探讨，或许对榆林窟第25窟的研究有一定的意义。

另一方面，作为学术研究，第25窟作为如此特别的一所洞窟，我们就必然首先会思考其功德主的身份关系，同时也必然要探讨洞窟营建的目的、意义、功能等最基本的问题。只有当这些问题有了初步的答案，可以说对一所洞窟的理解才显得有历史“趣味”，而不仅仅是对一个窟图像的简单解读。

---

① 陆离：《关于榆林窟第25窟壁画藏文题记释读的两个问题》，《西北民族大学学报》（哲社版），2010年第4期，第56页。

② 沙武田：《关于榆林窟第25窟营建时代的几个问题》，《藏学学刊》第五辑，四川大学出版社，2009年，第79—104页；《榆林窟第二五窟の造營年代に關する諸問題》，日本早稲田大学文学研究科奈良美术研究所《奈良美术研究》第九号，2010年2月，第23—40页。

第二节 吐蕃时期佛教建筑的营建与唐蕃关系之“纪念”意义传统

吐蕃在青藏高原崛起后，为了扩张生存空间，积极向外发展。青藏高原独特的地理位置关系决定了向南部的印度、尼泊尔一带有自然天险，不易进入，最可取的是向东通过青海的吐谷浑进入当时的国际中心唐帝国。咸亨元年（670）四月，吐蕃人经过长时间的浸透，尽占唐西域安西四镇。而河西又成为吐蕃必取之地，因为“吐蕃一旦占领河西，则不仅威胁唐在西域的统治，还可获得丰厚的商旅税收。因而河湟、河西一带吐蕃与唐朝间历来连年征战”[①]。同年八月薛仁贵十万唐军在大非川被吐蕃全军歼灭，吐蕃与唐正式接壤，唐蕃战争拉开了大幕[②]。

但总的来说，唐蕃的关系是和战并行。吐蕃人在军事实力占下风时，立即向唐求和通好，因此上演了一幕幕外交戏，出使、和亲不断，各种可能的所谓“假和平”手段频频出手，互派使节之多，有时一年几次。大大小小的会盟经常举行，但多数起不到任何作用，且往往是会盟期间吐蕃人就反目，掠杀唐朝的会盟官员。吐蕃人使用了各种可能的计谋对付唐帝国，也确实让唐朝上上下下尝到了不少苦头[③]。

即便如此，我们仍注意到一个有趣的现象。在唐蕃和战关系中多少与佛教和寺院有这样那样的关系，这大概与唐蕃均在当时大力推行佛教与民

---

① 才让：《吐蕃史稿》，甘肃人民出版社，2007年，第111页。

② 铃木隆一著，钟美珠译：《吐谷浑与吐蕃之河西九曲》，《民族译丛》，1985年第3期，第47—51页；林冠群：《唐代前期唐蕃竞逐青海地区之研究》，载林冠群：《唐代吐蕃史论集》，中国藏学出版社，2006年，第264—295页。

③ 林冠群：《论唐代吐蕃之对外扩张》，载林冠群：《唐代吐蕃史论集》，中国藏学出版社，2006年，第220—263页。

众信仰有关。

据敦煌吐蕃文献P.tib.1287《赞普传记》、P.tib.1288《大事纪年》[①]及汉文史籍《资治通鉴》、《旧唐书》等记载，开元十五年（727）九月，吐蕃进入河西，攻下瓜州城，俘虏唐刺史田元献和陇右节度使王君㚟的父亲，毁瓜州城。旋又攻下常乐、玉门、安西等地而回。值得注意的是，这次由墀德祖赞亲自出征，攻陷瓜州后俘虏了大量人口（以僧人占多数）。回到吐蕃后，依照瓜州寺院的形制，在札玛建“瓜州寺”，从瓜州带回的僧人成为该寺的主要力量。这种做法是与吐蕃人为了兴佛，大量从汉地取经求僧的措施相一致的[②]。“瓜州寺”的兴建，也是吐蕃人对攻取唐河西重镇瓜州胜利的纪念。正如藏文文献P.tib.1287所记，“彼时唐朝国威远震，北境突厥等亦归聚于唐，西直至大食国以下，均为唐廷辖土。唐地财富丰饶，于西部上各地聚集之财宝，贮之于瓜州者，均在吐蕃攻陷之后截获”[③]。因此，攻下瓜州后“赞普得以获大量财物，民庶、黔首普遍均能穿上唐人上好绢帛矣”。“瓜州寺”之所以不建在瓜州本地，是因为当时的河西其他地方仍为唐所有，瓜州孤城难保，由此说明吐蕃人俘虏瓜州僧人入藏是有计划的。札玛建寺并取名“瓜州寺”，其所寓意对瓜州战争之“纪念”意义不言而喻，大概也有炫耀的意思吧。

另据《旧唐书·吐蕃传》记载，代宗宝应元年（762）吐蕃遣使入唐，与唐会盟。唐朝本来打算在“光宅寺”盟誓，但吐蕃人有异议，要求改在鸿胪寺。到了765年3月，吐蕃与唐朝在长安的“兴唐寺”举行了一次会盟，767年的2月又在“兴唐寺”会盟。政治性的两国会盟却选择在佛教寺

---

① 王尧、陈践译注：《敦煌本吐蕃历史文书》，民族出版社，1992年，第166、152页。

② 王森：《西藏佛教发展史略》第一部分“吐蕃时期的西藏佛教”，中国藏学出版社，2002年，第1—23页。

③ 王尧、陈践译注：《敦煌本吐蕃历史文书》，民族出版社，1992年；王尧、陈践译注：《敦煌古藏文文献探索集》，上海古籍出版社，2008年，第114页。

院进行，显示出佛教在政治外交中的作用。对于唐蕃会盟，尽管吐蕃人出尔反尔，但至少在形式上得到了唐蕃共同的认可，佛教在当时构成唐蕃友好的纽带。

汉地的佛教也是吐蕃人取法的重要途径。自松赞干布以来，吐蕃就派大量的人来唐朝学习汉文化和佛教。这也让我们想起文成公主入藏时所带去的包括供于大昭寺的释迦12岁等身像和大量的佛经、僧人，以及公主在入藏的路途所留下的一系列造像，《西藏王统记》记述文成公主进藏时经过丹玛扎："彼时，汉妃公主与吐蕃使臣一行已到了丹玛扎前，在这石岩上刻了七肘高的弥勒像一尊，《普贤行愿品》经文两部。"《柱间史》则记载："（公主）在康地丹玛青白岩，勒石刻写《广论首卷》和《普贤行愿品》，在恰杜朗纳造八十肘高的释迦牟尼佛像一尊。"《贤者喜宴》记载："之后，公主和主仆在康地等候噶尔时，将《普贤行愿品》卷首及八十肘的佛像刻于岩石上。"①

虽然公主入藏年代较早（641），当地也没有留下如此早的造像可供佐证。但谢继胜先生认为"众多藏汉文史料及民间传说并非空穴来风，藏东藏汉之间的文化交往由于公主入藏而得以加强"②。很有可能，公主在入藏的漫长路途中，留下一些规模不大的佛教造像足迹则是可能的。只是由于时间关系，今已无迹可循，因为这种做法是符合吐蕃人表达藏汉友好的意愿与方式方法的。

以上是较早记载的吐蕃人寺院与佛教遗存，反映或记载唐蕃关系的"纪念碑"式的史迹，榆林窟第25窟营建的时代也属吐蕃较早营建的唐蕃关系

① 谢继胜：《川青藏交界地区藏传摩崖石刻造像与题记分析——兼论吐蕃时期大日如来与八大菩萨造像渊源》，《中国藏学》，2009年第1期，第133页。

② 谢继胜：《川青藏交界地区藏传摩崖石刻造像与题记分析——兼论吐蕃时期大日如来与八大菩萨造像渊源》，《中国藏学》，2009年第1期，第133页。

“纪念碑”之一。

西藏藏东察雅丹玛扎仁达石刻造像大日如来八大菩萨下的藏文题记（图3—1）：

图3—1 察雅丹玛扎仁达吐蕃石刻造像大日如来八大菩萨
（谢继胜主编：《藏传佛教艺术发展史》（上）彩图版1—2—12，上海书画出版社，2010年）

猴年夏，赞普赤德松赞时，封比丘为政教大诏令，赐给金以下告身，王妃琛萨勒姆赞等，众君民入解脱之道。诏令比丘禅卡云丹及洛顿当，大论尚没庐赤书昂夏，内论论赤孙新多赞等参政，初与唐会盟时，亲教师郭益西央，比丘达洛添德，格朗嘎宁波央等，为愿赞普之功德与众生之福泽，书此佛像与祷文。安居总执事为窝额比丘朗却热，色桑布贝等，工头为比丘西舍，比丘松巴辛和恩当艾等，勒石者为乌色涅哲与及雪拉公，顿玛岗和汉人黄有增父子，华豪景等。日后对此赞同者，也同获福泽。益西央在玉、隆、蚌、勒、堡乌等地亦广写口，口者为比丘仁多吉。

若对此体神及誓言顶礼供养者，无论祈愿何事，皆可如愿，后世也往生于天界；若恶语戏骂，即得疾病等诸恶果，永坠恶途；法律也对反佛者，从其祖先亲属起施行。故无论任何人均不得詈骂讥讽。[1]

---

① 恰白·次旦平措：《简析新发现的吐蕃摩崖石文》，《中国藏学》（藏文版），1988年第1期，第44—53页；马林：《仁达摩崖石刻考证》，《青海民族学院学报》，1988年第1期，第105页。

图3—2　玉树结古镇巴塘乡贝沟文成公主寺大日如来八大菩萨像
（《藏传佛教艺术发展史》（上）彩图版1—2—3）

图3—3　玉树结古镇巴塘乡贝沟文成公主寺大日如来八大菩萨像藏文题记
（《藏传佛教艺术发展史》（上）彩图版1—2—2）

藏文题记记载非常清楚，该造像与经文是在“初与唐会盟时”，由“亲教师郭益西央，比丘达洛添德，格朗嘎宁波央等，为愿赞普之功德与众生之福泽，书此佛像与祷文”。此猴年学者们断为赤德松赞在位的804年。两年后，即赤德松赞之狗年（806年），由“比丘大译师益西央”主持，在玉树结古镇巴塘乡贝沟文成公主寺的石壁上，雕刻大日如来与八大菩萨像（图3—2），据造像一起的藏文题记（图3—3），王尧先生以为其营建的时代背景，正是吐蕃上下“力主与唐朝和盟交往、安民乐业之时，故此后不久，乃有唐蕃会盟碑的树立”[①]。因此，其修建的用意也是一致的。

821年的“长庆会盟”是唐蕃关系史上里程碑式的事件，唐蕃关系揭开新篇章，拉萨大昭寺门前矗立的“唐蕃会盟碑”即是历史的见证（图3—4）。这一政治事件在吐蕃本

① 王尧：《青海玉树地区贝考石窟摩崖吐蕃碑文释读》，《唐研究》第10卷，北京大学出版社，2004年，第493—500页。

图3—4　拉萨大昭寺唐蕃会盟碑

土引起很大的反响，后期藏文史料对唐蕃长庆会盟有这样一段记载：

墀祖德赞年十二岁于阴火鸡年执政。其时因与唐朝皇甥舅之间未能协调一致，于是从吐蕃每个茹中共（集合成）十八个千户所的兵力，并携带各部旗帜，击杀了唐朝之诸首领，战败了唐军，（唐朝）官员献出他们所珍爱的物品。其时吐蕃所供养的诸译师班哲达及唐朝的诸和尚作为盟证人，以汉地一个名曰孔古梅如的地方作为唐蕃边界，并在该地建造了一座吐蕃赞普寺院及一座唐王寺院，此即天有日月一双，地有赞普甥舅，除此之外别无它有。和议之后，遂于磐石之上（刻以）日月之形。此后吐蕃在吐蕃地区安居乐业，唐朝于唐境安居乐业，吐蕃之军不至边界梅如以东，如果万一至此，则（唐人）可三读唐王皇宫前之碑文，如是将全歼吐蕃；唐朝军队不至梅如以西，万一至此，则（吐蕃人）可三读逻些之碑文，如是将尽毁唐境。上述即为赞普甥舅之真诚盟誓。为此，并在吐蕃、唐朝皇宫前以及边界梅如等三处逐一立碑。在石碑之正反两面刻写赞普甥舅之盟文与誓词；在石碑之左右侧面则刻写吐蕃与唐朝之诸大臣盟文与誓词。为此，以三宝、天神、龙、星辰及一切诸神为证，赞普甥舅盟誓。其时赞普年十七岁，唐穆宗执政，时年十四岁，亦即阳水虎年盟誓。吐蕃盟誓是在阳水虎年仲夏六日，当时吐蕃登坛盟誓。所能录写之逻些碑文即置于此。①

此处所记在唐蕃边界建吐蕃和唐朝寺院各一座，除有唐蕃和好之象征意义外，也有明显的记载吐蕃对唐王朝战争胜利的“纪念”意义。

---

① 巴卧·祖拉陈瓦：《贤者喜宴》，民族出版社，1986年，第415—416页；黄颢译注：《贤者喜宴》摘译（十三），《西藏民族学院学报》，1984年第1期，第96—97页。

敦煌藏文文献P.tib.16和IOL TIB J 751 I记载唐蕃会盟后在“德噶玉采和谐川上建会盟经堂，此为三王两年一轮的会盟处”。明确德噶玉采会盟寺位于雅摩塘境内的系IOL TIB J 751 I的41 A [4]至B [1]:

> 神王圣臣之功德赐予如此之大恩惠，遂使全体蕃民安乐，如日出东方，鲜花盛开，大论尚绮心儿与大尚腊藏、眷属及其吾辈等于扎西雅摩塘德噶玉采修建祖拉康，并成立僧伽部落等。[①]

“孔古梅如”、“雅摩塘”，经黄维忠先生考证即是藏文文献P.tib.16和IO TIB J 751 I所记唐蕃会盟后建的德噶玉采会盟寺所在地河州大夏川，德噶玉采会盟寺应为文献中提及的“吐蕃赞普寺院”[②]。

为了纪念唐蕃长庆会盟，立“唐蕃会盟碑”，建藏式和汉式寺院各一处。P.tib.16和IOL TIB J 751 I又载，寺庙建成后致敬的官员“瓜州大‘冲木’向德噶玉采经堂致敬”（de ge y-ul tshal gtsigs kyi gtsug lag khang tu kwa cu khrom chen po nas smon lam tu gsol ba）[③]。这说明瓜州的吐蕃官员也深知这一传统观念及其意义，因为本境内榆林寺相关建筑早已出现。

尚乞心儿在沙州城内建有圣光寺一所，花费了不少人力财力，P.2765V

---

① 托马斯：《西域古藏文社会历史文献》（F. W. Thomas, *Tibetan Literary Texts and Documents Concerning Chinese Turkestan*，刘忠、杨铭译注，民族出版社，2003年，第427—432页；黄维忠：《关于P.T.16、IOL TIB J 751 I的初步研究》，载王尧主编：《贤者新宴》5，上海辞书出版社，2007年，第63—89页。

② 黄维忠：《德噶玉采会盟寺（de ga g·yu tshal gtsigs kyi gtsug lag khang）考——再论该寺非榆林窟》，《敦煌研究》，2009年第3期，第93—99页。

③ 托马斯：《西域古藏文社会历史文献》（F. W. Thomas, *Tibetan Literary Texts and Documents Concerning Chinese Turkestan*），刘忠、杨铭译注，民族出版社，2003年，第427—432页；黄维忠《关于P.T.16、IOL TIB J 751 I的初步研究》，载王尧主编：《贤者新宴》5，上海辞书出版社，2007年，第63—89页。

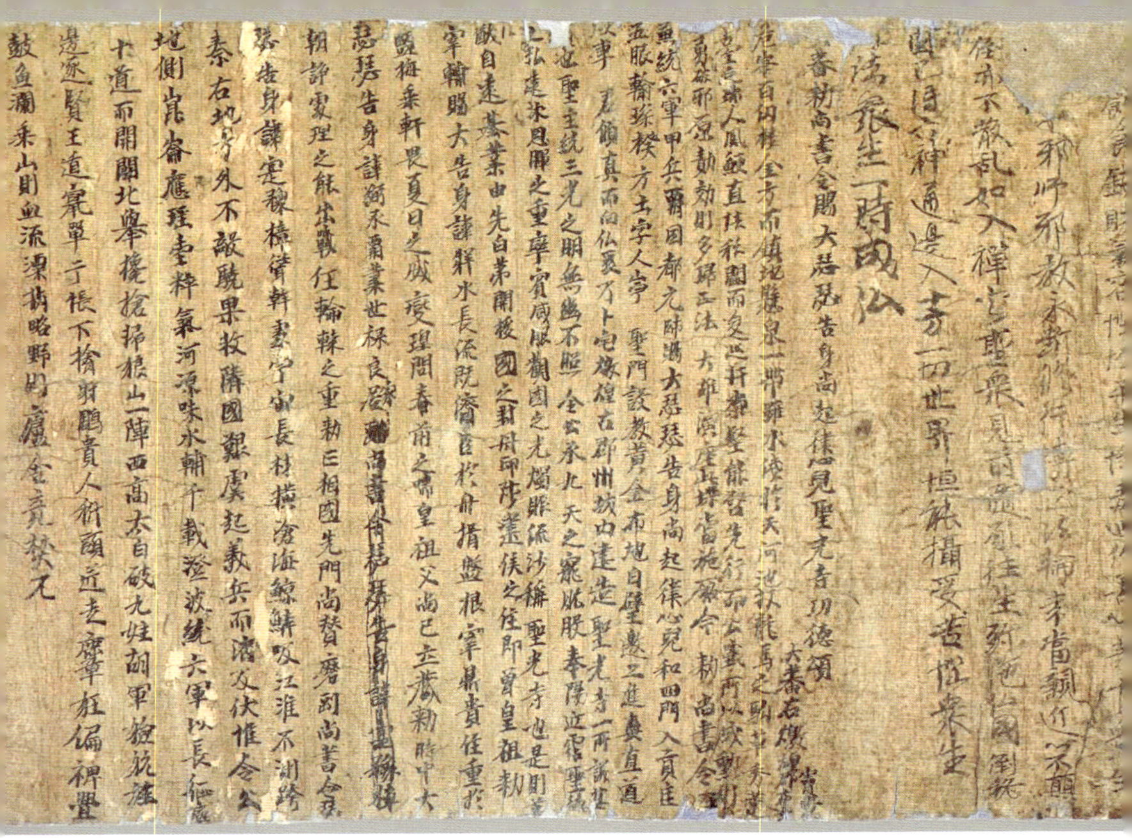

图3—5　P.2765V（P.tib.1070）《大蕃敕尚书令赐大瑟瑟告身尚起律心儿圣光寺功德颂》

（P.tib.1070）《大蕃敕尚书令赐大瑟瑟告身尚起律心儿圣光寺功德颂》（图3—5）：

> 黄金布地，白壁邀工，进直道以事君，倾真口而向佛。爰乃卜宅敦煌郡，州城内建造圣光寺一所。议其口也：圣主统三光之明，无幽不照；令公承九天之宠，肱股奉国。近沾圣德之弘，远沐恩晖之重。率宾咸服，观国之光，烛赈流沙，称圣光寺也。①

圣光寺是敦煌尼寺，简称“圣”，以“圣主（赞普）统三光之明、无幽不照……率宾咸服，观国之光”，故名圣光寺。

① 戴密微：《吐蕃僧诤记》，甘肃人民出版社，1984年，第388—401页；姜伯勤：《唐五代敦煌寺户制度》，中华书局，1987年，第100页；马德：《吐蕃国相尚纥心儿事迹补述——以敦煌本羽77号为中心》，《敦煌研究》，2011年第4期，第36—44页。

圣光寺修建的具体年代不清，但《功德颂》中提到尚乞心儿此时的职衔是“大蕃敕尚书令赐大瑟瑟告身”。根据对其生平的考订，邵文实先生认为圣光寺建在819年前后[①]，马德先生则认为823年以后尚乞心儿第三次回到敦煌安享晚年期间所为[②]。笔者从马德说。因为据黄维忠先生研究，尚乞心儿卒年最晚可到832年[③]。据《新唐书·吐蕃传》记:“始，沙州刺史周鼎为唐固守，赞普徙帐南山，使尚绮心儿攻之。”沙州经过十一年的坚守，最后以“勿徙他境”为条件沙州陷蕃，尚乞心儿是沙州陷蕃后瓜沙地区的最高军政首领瓜州节度使，也是沙州陷蕃后（786）的第一任长官——赞普令他“代守沙州”，后任宰相兼东道节度使。敦煌写本有尚乞心儿在敦煌的佛教活动，除去建寺，还为沙州寺院广为布施，P.2583背《布施帐》载：“二月五日宰相上乞心儿福田入僧□□拾伍两，金花拾两、银瓶壹、上锦壹张。”“□月九日宰相尚乞心儿及论勃藏福田，捌头牛，价□、掬尘绢两匹、绊绢叁匹、紫绫一匹。”

笔者以为，身为吐蕃重臣“尚书令兼统六军甲兵霸国都元帅赐大瑟瑟告身”（P.2765V）的尚乞心儿，在沙州建圣光尼寺，除他本人的佛教信仰、吐蕃在瓜沙地区的兴佛举措外，另一个重要的意义即是对吐蕃占领沙州永久的纪念意义。这一意义也可以从尚乞心儿主导下完成的唐蕃长庆会盟时在河州大夏川建成的两座汉藏寺院得到佐证，说明这是他和吐蕃人在处理唐蕃关系时，对有重要纪念意义的事件所赋予的带有政治、宗教等多重含义的永久“纪念碑”。

我们推测吐蕃人在727年之后，时隔49年再度于776年正式占领瓜州，定会受上述吐蕃人传统心理和做法的影响而有所为。49年前只是攻破瓜州

① 邵文实:《尚乞心儿事迹考》,《敦煌学辑刊》，1993年第2期，第16—23页。

② 马德:《吐蕃国相尚纥心儿事迹补述——以敦煌本羽77号为中心》,《敦煌研究》，2011年第4期，第36—44页。

③ 黄维忠:《8—9世纪藏文发愿文研究——以敦煌藏文发愿文为中心》，民族出版社，2007年，第119页。

而没有长久占领，即使如此仍在藏地建“瓜州寺”以作对此次军事胜利重大意义的纪念，想必在这次正式占领瓜州后，更应该建寺以为纪念。更何况此时瓜州西边的近邻沙州仍在唐朝军队的有效控制中，直到十年之后才最终攻陷。面对这样的境况，作为瓜州地方吐蕃统治者，于是建寺修窟。通过佛教这一中介，对“善国神乡”的沙州示好，诱其投降，或许是非常有必要的做法，于是像P.tib.997年所记榆林寺的兴建，以及榆林寺内第25窟、15窟的营建，都有可能构成吐蕃正式占领瓜州后所立的“纪念碑”。

第三节　第 25 窟壁画中的藏文题记与洞窟功德主

榆林窟第25窟主室北壁《弥勒经变》中的墨书藏文榜题一直是学界对该窟断代的重要依据（图3—6）。对该藏文题记专门的研究，首推谢继胜、黄维忠二先生的大作[①]，陆离则在前文的基础上再作补充，有重要发现[②]。由此使我们对该题记的认识渐渐清晰起来。对于这则藏文题记，谢继胜、黄维忠转写并释读如下：

> //dzevu/devi cung gyis/phags pav khor cig/ bgyis pav
> vdi shang shevi/ sku yon du/bsngas pav/lags so//
> 曹氏幼弟施画此铺圣图，此乃回向“尚希”之功德，甚佳！

题记中需要重点讨论的是人名shang-she，二位先生认为有可能是《巴

① 谢继胜、黄维忠：《榆林窟第25窟壁画藏文题记释读》，《文物》，2007年第4期，第70—78页。
② 陆离：《关于榆林窟第25窟壁画藏文题记释读的两个问题》，《西北民族大学学报》（哲社版），2010年第4期，第54—57页。

图3—6　榆林窟第25窟弥勒经变中的藏文题记

协》提到的“桑喜”（vbav/ sang-shi）。同时二先生又指出，sheng-she的另一种可能是汉字“尚书”的译音，敦煌藏文写本有类似现象，如与钦陵大战的唐将王尚书，藏文为vwang-shang-shu（“王尚书”），shang-shu即为“尚书”①。shang-she作为“尚书”的音译，二位先生之所以没有坚持，是因为与其讨论的题记中另一位曹姓人出现的时代不合。但是这种推断是有一定道理的。

著名的藏文文献专家今枝由郎先生基本同意以上释读，只是出于谨慎，在具体的人名上没有给出确定的意见：

① 王尧：《敦煌本吐蕃历史文书》，民族出版社，1992年，第18页。

> Dze'u Dei'-cung 施画此圣图，此乃回向 Shang she 之功德。[①]

但今枝先生把该题记归入后来的“胡写乱画”，并认为其不能构成洞窟与壁画的断代证据，我们觉得不妥。

藏学专家巴桑旺堆先生曾如此释读该题记：

> （曹德君？）作圣者一铺，此为（上师？）功德之祈愿！[②]

三种译文表明，其反映的主体意思是一致的，大概是一位曹姓人为一位藏人所做的功德。巴桑先生将shang-she释读为“上师”，但是打了个问号，表明他有疑问，并不确定。因为是在现场直接释读，当时时间有限，手头没有更多可供参考的资料，所以先生为了慎重起见，表示疑问。如果按谢、黄二先生文之“尚书”音译解释，则与巴桑先生之译可谓不谋而合。

陆离则坚持认为，shang-she即是“尚书”一词的音译，并引敦煌藏文写本P.tib.2204《没收叛乱者粮食支出账》记载为证:

> 尚书（Zhang shevi）诏令：……余粮给马夫张达子（chibs rdzi cang stag tshe）作为鼠年冬十二月至牛年春二月三十日，三个月之口粮，每月以八升计，共一克四升。驴夫卦索（bong rdzi gwag sog ）三个月之口粮，每月以五升计共十五升。

---

① Yoshiro IMAEDA:T-shaped Inscription Frames in Mogao（Dunhuang）and Yulin Caves,《日本西藏学会会报》第53号，2007年6月，第88—99页。张长虹中译本见《藏学学刊》第五辑，四川大学出版社，2009年，第286—290页。

② 此系2008年敦煌研究院举办“敦煌吐蕃文化学术会议”期间，巴桑旺堆先生在洞窟中现场释读后的结果，先生当即手书他的抄录和释读结果赠给笔者，并注明“供参考”。感谢先生好意！

陆文认为该文书应该是驻节河州总制河陇的吐蕃东道节度使衙府文书。东道节度使（隶属于吐蕃东境五道节度使[①]）在文书中被称为Zhang shevi，即汉文文书中的尚书，这是吐蕃东道节度使的又一称号。该职由吐蕃大尚论（即宰相）兼任，唐人将宰相称为尚书令，吐蕃人采用了这一称呼。在P.2765V《大蕃敕尚书令赐大瑟瑟告身尚起律心儿圣光寺功德颂》中曾以宰相身份担任吐蕃东道节度使的尚乞心儿（尚起律心儿）即被称为尚书令，而尚书令又可以简称为尚书。另据P.tib.1081《关于吐谷浑莫贺延部落奴隶李央贝事诉状》开头部分“尚书大节度衙会议，子年秋八月初，由河州城发出之盖印文书。/Zhang shes/ khrom chen po vi（vdun nas）/ ga cu kun gi kun nas/byi ba lo vi ston sla vbring po vi ngo la bkav rtags kyi phyag rgya phog ste/”。其中“zhang shes”即为“尚书”的吐蕃文音译，而“khrom chen po”则为学界公认译为“大节度衙”，是指吐蕃在河陇地区设置的最高机构。榆林窟第25窟壁画藏文题记中的“shang shevi”与文书中的“zhang shes（尚书）”写法相近，所以“shang shevi”即为尚书的藏文拼写。因此，陆文结论认为，榆林窟第25窟题记表明该窟是曹姓人士为尚书（吐蕃东道节度使）开凿的功德窟，建窟的目的是为了颂扬藏文文献P.tib.16、IOL TIB J 751 I东道节度使尚乞心儿或尚腊藏治理河陇的功绩，具体则和822年长庆会盟有关联，如此则洞窟营建于822年前后。

以上谢继胜、黄维忠和陆离二文的释读、推论、结论，颇多新意，给我们重要启示。但是有几点疑问需要在这里作些澄清。

要完全以该藏文题记进行洞窟断代或讨论洞窟营建的功德主等问题，

---

① 林冠群：《唐代吐蕃军事占领区建制之研究》，《中国藏学》，2007年第4期，第3—17页；金滢坤：《吐蕃节度使考述》，《厦门大学学报》（哲社版），2001年第1期，第97—104页；黄维忠：《关于唐代吐蕃军事占领区建制的几个问题》，《西北民族大学学报》（哲社版），2010年第4期，第58—65页。

首先则需要对题记本身作出判断。该题记由于书写位置、书写方式、保存状况等均较特别，有违常规，因此存在需要辨别的诸多问题。

第一，题记所在位置与文字反映内容性质不合。由专家们对题记的释读可知，题记有功德记的性质，讲述该铺经变画（弥勒经变）的功德主及其相互之关系，所以，有功德愿文之性质。我们知道，敦煌洞窟壁画中的功德记、发愿文是书写在特定的位置，或龛下，或东壁门上，或前室门上，或有专门的碑记树立在洞窟特定位置，而断不会写在经变画中间。即使是考虑到该题记或仅说明的是单铺经变功德性质，结合敦煌壁画先例，也应写在壁画下部正中特意留下的榜子中，而不会出现在经变画中的任意位置。更何况该题记所写榜子位置本来是画工为该铺弥勒经变“路不拾遗”情节而预留的“榜子”[①]（图3—7），是和经变中其他各榜子的性质一样，显然是要书写经文的。这是洞窟经变画榜题与愿文书写的基本常识与规范，不知道为什么却写上了功德愿文性质的文字。这样违反常规的现象，让我们对此条藏文题记产生诸多的疑问。

第二，榜题形式与文字书写习惯不合。该文字是藏文，根据藏文的书写方式，本应该写在横形的榜子内，像大量的敦煌吐蕃藏文写经一样。本窟东壁的卢舍那并八大菩萨曼荼罗之T形榜题（图3—8），即是汉藏文合璧的书写方式，其中竖写汉文文字仍清晰可见。另有同类形式的莫高窟第365、251、75、331、93等窟藏汉文合璧T形榜子，均可为证。对此，黄文

① 壁画中书写榜题文字的题框，古人有专用名称，谓之“榜子”。《历代名画记》卷3记“净域寺”：“三阶院东壁张孝师画地狱变，杜怀亮书牓子。院门内外神鬼，王韶应画，王什书牓子。据裴画录，此寺有孙尚子画，今不见。王什、杜怀亮书人罕知。有书迹甚高，似钟书。”又《六艺之一录》卷261载：“札子，移牍也。唐人奏事非表非状者，谓之札子，亦谓之录子，又谓之榜子。陆贽有榜子集，苏轼有进陆贽奏议札子。”感谢施萍婷先生指教并告诉笔者相关资料。

焕先生[①]、今枝由郎先生[②]已作过研究。

第三，榜题文字保存完好程度与窟内其他题记不合。我们在洞窟现场考察可以清楚地看到，该条藏文题记的文字保存非常好，墨色很浓，没有脱落淡色等现象。但是在同窟中其他题记的保存情况就完全不同了，除东壁卢舍那并八大菩萨造像题记中的竖写汉文题记可读外，其他题记中的文字均已完全看不到，即使是卢舍那并八大菩萨造像题记中的竖写汉文题记，也因掉色、脱落而只能勉强释读。更为有趣的是，藏汉合璧的T形榜子中，汉文仍可辨识，藏文无迹可寻，如果当初有藏文书写，则与理不通。因此，该藏文题记的保存完好现象，似乎告诉我们其书写的时间当与八大菩萨曼陀罗中仍存在的汉文题记的书写时间不同，应该晚一些，用墨也不一样。

综合考虑以上几个方面的因素，我们认为该藏文题记书写的时间不会与洞窟的营建时代相一致，而应晚于洞窟最终建成的时间，即属后人补写。只有这样，才可以解释以上诸多的疑问。事实上，谢继胜、黄维忠释读内容中最后出现“甚佳”二字，正可解释其为补写之证据，因为此二字显系对画面的赞美之词，非功德记、愿文类文字所应有的要素，在这里或有追记之意，不太像是当初设计功德记文的用词。否则会有“王婆卖瓜”之嫌，但是作为后人补写，则入情入理。

另一方面，我们从两种释文可知，题记所书绘画功德重在此铺，即弥勒经变本身，而非整个洞窟的营建功德，也从另一个侧面告诉我们该题记为后人补写的事实。因为榆林窟第25窟作为同时整体营建的一处功德窟是没有疑问的，故功德对象是整体洞窟，而非单一的画面。即使有可能属于

---

① 黄文焕：《跋敦煌365窟藏文题记》，《文物》，1980年第7期，第47—49页。

② Yoshiro IMAEDA: T-shaped Inscription Frames in Mogao（Dunhuang）and Yulin Caves,《日本西藏学会会报》第53号，2007年6月，第88—99页。张长虹中译本见《藏学学刊》第五辑，四川大学出版社，2009年，第286—290页。

图3—7　榆林窟第25窟弥勒经变中藏文题记所在位置
（《中国石窟·安西榆林窟》图版18）

图3—8　榆林窟第25窟八大菩萨曼荼罗中汉藏文合壁T形榜题

不同的功德主集体作为，各自负责一铺经变画，最后形成整个洞窟，但却不能得到任何包括供养人在内的资料证明。事实上，按赖文英女士①、赖鹏举先生②从思想义理角度的研究，表明窟内绘画各铺之间有统一的设计，相互之间思想与功能的关联性非常强，不可分隔开来。

作为补写，在洞窟建成之初，要让人在不恰当的位置随意涂写，不大可能。因此，至少要在洞窟建成相当一段时间后才可能发生。如此，就不能以该条题记为依据来为洞窟断代，只能勉强说明该洞窟营建的时代下限。事实上，洞窟营建的年代远早于该题记书写的年代。因此，前述二文之断代也就需要再作考察。但是题记本身所反映的历史信息及其对整个洞窟研究的意义，仍然有效。它集中在通过题记的释读对洞窟功德主的考察上。

既然题记中的shang-she是为“尚书”之音译，该题记又是后来人们为了追记而写，它表达的意思是：某位曹氏人（曹氏幼弟或曹德君）为尚书作祈愿或回向功德而画此铺佛教圣画。从题记表达的意思来看，系后人追记随手而写的，反映的内容是真实的。但由于写在本来应写弥勒经变“路不拾遗”画面的汉字竖条形框中，因此把原本要反映整个洞窟营建功德的文字，写成仅针对该铺经变画的内容了。

接下来的问题，是要讨论功德主即该“尚书”具体所指。

题记既为追记性质，则当距洞窟营建时间不会太遥远，至少不出吐蕃统治瓜沙的下限848年。在吐蕃统治瓜沙期间，与瓜沙有关系、能够在榆林窟或莫高窟营建功德窟的“尚书”大概非尚乞心儿莫属。这和他在瓜沙长期活动密不可分：瓜沙二地是在他的领导下攻陷的，又是瓜沙二地陷蕃

---

① 赖文英：《唐代安西榆林25窟之卢舍那佛》，《圆光佛学学报》，1999年第4期，第325—349页。

② 赖鹏举：《中唐榆林25窟密法“毗卢遮那佛”与佛顶尊胜系造像的形成》，《中国藏学》，2007年第4期，第18—23页。

后的第一任军政首脑瓜州节度使[①]。在沙州的莫高窟有无他的功德窟，不可考，但是后来由他施舍建成的圣光寺（尼寺），即是他在沙州的“纪念碑”、“功德寺”。想必在吐蕃人心目中的“河西重镇”瓜州再度顺利攻下，吐蕃人梦寐以求的河西除沙州孤悬走廊西端，其他尽收囊中，吐蕃人基本上打通了丝路国际商道。这时候陇右、河西、安西四镇也已基本上被吐蕃人所控制，唐蕃力量和政治关系均发生了变化。于是，为了纪念这次军事胜利，以及所产生的独特的政治意义，按照吐蕃人处理此类事件的传统做法，当会有所举措。榆林窟第25窟及其所在地，在敦煌藏文文献P.tib.997《榆林寺庙产牒》所记“榆林寺”很有可能即是他在瓜州的“纪念窟”、“功德寺”。王尧、陈践先生考证P.tib.997所记“榆林寺”即今榆林窟所在地，所记当时的榆林寺寺户情况如下：

属榆林寺之民户共计：唐人三十家，独居男子三十一人，老汉一人，独居女子二十六人，老妪五人，单身男奴二人，单身女奴一人。[②]

寺户人口构成出现如此独特的现象，以独居男子、老汉、独居女子、老妪、单身男女奴婢为主，很有可能正是瓜州沦陷不久，又面临和沙州的战争，因此完整的家庭多被战争破坏，人口稀少。这一情况也反映在同一写本中：

瓜州地面寺庙顺缘诸寺户，往昔由住持沙门文殊师利登记入册。此后，多年间，长官更迭频繁，寺属民户与财物、粮食等清册上，未再更改，兹乃下令更改，重立清册。今后，每七年重新登记一次。超越此规

① 金滢坤：《吐蕃瓜州节度使初探》，《敦煌研究》，2001年第2期，第20—25页。
② 王尧、陈践：《敦煌吐蕃文书论文集》，四川民族出版社，1988年，第5页。

定，给予惩处，照此执行。[①]

此处明确记载了当时“瓜州地面”“多年间长官更迭频繁”，大概也与当时的战争有关。果如此，则说明榆林寺建寺也在瓜州陷蕃之初。那么榆林窟第25窟的营建也在瓜州陷蕃（776）后不久，不会超出沙州陷蕃的786年[②]，正是笔者所论榆林窟第25窟营建的时代[③]。

也就是说，瓜州陷蕃后，以当地最高地方长官瓜州节度使尚乞心儿为代表的吐蕃统治者，以吐蕃人处理唐蕃关系的一贯风格，为了表示对攻陷瓜州的纪念，借佛教统治当地人民，并以佛教为名，表示唐蕃亲和的态度，在瓜州建榆林寺及第25窟。第25窟内所画汉藏风格并存的壁画和表现唐蕃联姻的“婚嫁图”，其用意非常明确——最终构成了吐蕃正式占领瓜州后所立的“纪念碑”。尚乞心儿在和沙州长达十余年的对抗中，瓜州必是他的后方基地，其间他主持营建了第25窟，这对他处理沙州关系大有好处。更何况其间有唐蕃战战和和，影响较大者有建中四年唐蕃清水会盟（783年），其后为表示其诚意和友好姿态，“夏四月，吐蕃将先没蕃将士僧尼等，至自沙州，凡八百人，报（建中）元年之德”[④]。在这种和平氛围下营建像榆林寺及第25窟也是合理的。如果我们的推测能够成立，则距第25窟有10余米的第15窟也是同时营建，具体的建窟背景是相同的，或可与第25窟构成一组洞窟，如同后来唐蕃长庆会盟后在大夏川建吐蕃式和汉式双寺性质一样，共同表达独特的“纪

① 王尧、陈践：《敦煌吐蕃文书论文集》，四川民族出版社，1988年，第4页。

② 陈国灿：《唐朝吐蕃陷落沙州城的时间问题》，《敦煌学辑刊》，1985年第1期，第1—7页；《中国敦煌学百年文库 · 历史卷》1，甘肃文化出版社，1999年，第527—535页；《敦煌学史事新证》，甘肃教育出版社，2002年9月，第472—485页。

③ 沙武田：《关于榆林窟第25窟营建时代的几个问题》，《藏学学刊》第五辑，四川大学出版社，2009年，第79—104页；日文版见沙武田：《榆林窟第二五窟の造營年代に關する諸問題》，日本早稲田大学文学研究科奈良美术研究所《奈良美术研究》第九号，2010年2月，第23—40页。

④《唐会要》卷97《吐蕃》条，《旧唐书 · 德宗纪》载：“先陷蕃僧尼将士八百人自吐蕃而还。”

念”意义。从第15窟完全吐蕃化“库藏神”（黄财神）的出现，似乎表明第15窟的造像比第25窟更具吐蕃特色。无论是第25窟，还是第15窟，吐蕃特色天王造像的出现，强调了二窟的营建多少与唐蕃会盟有关系。《寺塔记》记唐净域寺中“佛殿内，西番神甚古质，贞元已前西番两度盟，皆载此神立于坛而誓，相传当时颇有灵”[①]。对此记载，谢继胜先生有详考，所言“番神”即吐蕃坐式天王像；而“西番两度盟”则是唐蕃于开元二十二年（734）赤岭会盟和建中四年（783）清水会盟，这是两次真正的会盟，时间恰好在贞元（785—804）以前[②]。唐蕃会盟时祭祀的吐蕃式天王像，象征吐蕃赞普。故也出现在具有同样意义的瓜州榆林寺二窟中。因此，776—786年营建的瓜州节度使尚乞心儿的功德窟，到了822年长庆会盟时，当地人为了纪念和歌颂当时身为“宰相兼尚书令东道节度使”尚乞心儿的功德，洞窟中的空白榜题中信手写上追记尚书的功德题记，则显得较好理解。

后来补记的题记中称尚乞心儿为“尚书”，并不是说洞窟营建时他已为尚书，只能说明题记书写时或书写之前他已经成为“尚书”。尚乞心儿该结衔也可得到大量敦煌汉文和藏文写本的印证，P.2765V（P.tib.1070）《功德颂》“大蕃敕尚书令”，P.3256《愿文》“东军尚相禄秩永安”，此处“尚相”当是“尚书”“宰相”的合称。P.2974《为宰相病患开道场文》“颁令普天，建期福会者，则为东军口（宰）相令公尚乞心儿台阶益峻，神寿无疆之所为也。伏愿令[公]尚乞心儿位佐万机，功高三杰；应星辰之秀气，含岳续（渎）之奇精”[③]。P.2915、S.6315《祈愿文》中称他“东军宰相令公”[④]。邵文实先生推论，大历十一年（776）八月以后[⑤]，尚乞心儿指挥的吐

① （唐）段成式：《寺塔记》，人民美术出版社，1964年，第24 页

② 谢继胜：《榆林窟15窟天王像与吐蕃天王图像演变分析》，《装饰》，2008年第6期，第54—59页。

③ 杨富学、李吉和辑校：《敦煌汉文吐蕃史料辑校》，甘肃人民出版社 ，1999年，第269、270页。

④ 邵文实：《敦煌边塞文学研究》，甘肃教育出版社，2007年，第274、275页。

⑤ 邵文实：《尚乞心儿事迹考》，《敦煌学辑刊》，1993年第2期，第16—23页。

蕃大军开始进攻沙州，历时十一年至贞元二年（786）攻下沙州，尚乞心儿和沙州守将都知兵马使阎朝定下“城下之盟”，沙州陷蕃，赞普以他“代守沙州”。尚乞心儿在791年前已身为吐蕃宰相，一直到元和五年（810）时仍在宰相位上，这一年他又接任吐蕃东道节度使，在东线和唐朝作战。《新唐书·吐蕃传》记元和十四年（819）“中书令尚绮心儿”，这里的“中书令”实为“尚书令”之误，《旧唐书·吐蕃传》记载长庆二年（822）唐使刘元鼎于河州会见了“都元帅、尚书令尚绮心儿”。敦煌写本所记均为“尚书令”，就是说819年以前他已任“尚书令”之职。822年刘元鼎自逻些返朝，路过河州时，受到尚乞心儿的款待[①]。这也是文献所见较晚的记载，因此，邵文实先生认为作为一位年近七十的耄耋老人，不久即谢绝人世了。但是黄维忠先生据藏文文献考证，他应死于832年[②]。因此，榆林窟第25窟为他补记的功德文字也不会晚于此时，至迟不会晚于吐蕃统治敦煌的最后时间即848年。既然大量敦煌文献中称他为“尚书令”、“令公”、“尚书”[③]，因此在榆林第25窟出现以音译的形式在藏文中也称他为“尚书”，当是吐蕃人纪念这位功高盖世英雄所为。该题记补写的时间，有可能到822年长庆会盟前后，大概是身在瓜州的汉藏人民为表达尚乞心儿对唐蕃和好所做出的功德所做的纪念、颂扬和回向、祈愿，选择以文字的形式出现在他早年的功德窟中，再合适不过了。这种心情也记载在敦煌汉文愿文当中，S.6315《愿文》：

---

① 刘元鼎：《使吐蕃经见纪略》，载《全唐文》卷716，第11页下；西藏社会科学院汉文文献编辑室：《全唐文全唐诗吐蕃史料》，西藏人民出版社，1988年，第236—240页。

② 黄维忠：《8—9世纪藏文发愿文研究——以敦煌藏文发愿文为中心》，民族出版社，2007年，第119页。

③ 杨铭：《吐蕃统治敦煌与吐蕃文书研究》之“吐蕃宰相尚绮心儿事迹”，中国藏学出版社，2008年，第95—106页。

又将功德，奉福庄严东军宰相大论，盐梅大鼎，舟楫巨川，泉石先以贞其心，松篁然后方其寿，使两国还好，重圆舅生（甥），四方艾安，保无征战。[①]

这里的“东军宰相”应是尚乞心儿，“使两国还好，重圆舅甥”，当是唐蕃长庆会盟，可见其功德受到瓜沙一带人的深切怀念和感恩。

榆林窟第25窟作为尚乞心儿的功德窟，也可得到洞窟本身内容历史信息的佐证。

本窟弥勒经变“婚嫁图”中出现唐装和蕃装人物，其中新郎和新娘均为蕃装，宾客中有唐装有蕃装，三位伴娘均为唐装，一侍者为蕃装。笔者在讨论该窟时代时，已就这一现象所反映的人物身份关系及其民族属性作了分析[②]，不再重复。在这里补充一点新的想法。

我们知道，唐蕃关系最为重要的事件大概非文成公主和金城公主入藏莫属。两位李唐王朝的公主肩负着唐王朝国家安危的重担，以“和亲”的名义入藏，为唐蕃关系谱写了一曲曲和平之歌。两次和亲成为汉藏历史和文化交流史上的美谈，他们从唐王朝带来了先进的文明，其中包括佛教经典、佛教造像艺术，对藏地佛教的发展起到重要的推动作用。而后来在藏地流传的与文成公主有关的无数故事，其中包括各地佛教造像的制作，让我们看到两位公主入藏对吐蕃本土的深刻影响。至于在唐人的观念中，也应当是处理唐蕃关系时永久的话题。这种情况对于刚陷蕃不久瓜州的吐蕃人、汉人也不例外。作为吐蕃贵族出身，身为瓜州地方官及攻打沙州总统帅的尚乞儿心，唐蕃和亲、会盟的历史及其影响意义，必当是他所重视的，

---

① 杨富学、李吉和辑校：《敦煌汉文吐蕃史料辑校》，甘肃人民出版社，1999年，第185页。

② 沙武田：《关于榆林窟第25窟营建时代的几个问题》，《藏学学刊》第五辑，四川大学出版社，2009年，第79—104页。

这也可从他后来主导唐蕃长庆会盟得到说明。

在这样的历史背景和心理作用下，能与和亲联姻联系起来的弥勒经变“婚嫁图”中，特意画上了唐装和蕃装共同出现的场面。因为和亲即是联姻，联姻则会有婚嫁，如此则合情合理地在佛教经变画表现结婚场面中出现蕃装人物。实是设计者、功德主为了强调唐蕃和亲联姻的友好历史及其意义，无疑有重要的现实意义。这种现象到了吐蕃占领沙州后，处在吐蕃统治下的沙州，在莫高窟大量的中唐弥勒经变婚嫁图中居然完全没有出现，颇值得思考。似乎进一步强调了该铺婚嫁图绘画强烈的目的性，实属功德主最想表达的意愿，这样的功德主非吐蕃统治者莫属。

在自己的功德窟中表现如此强烈的政治意义和现实意义情节，不大可能是一般的老百姓或中下层人士，更不会是陷蕃后的瓜州汉人，只能是吐蕃统治者。而当时的瓜州，身为吐蕃瓜州节度使的尚乞心儿为最高军政长官[①]，即是最合适、也是唯一可能的人选。他也是为数不多有能力、有意愿、有必要营建这样一所功德窟的人。尚乞心儿功德窟的营建，由于他独特的身份地位关系，不仅仅是他个人的功德窟，更是吐蕃在瓜沙地区树立的一座“纪念碑”。

第四节　第 25 窟图像的藏汉风格及其思想、模式

清楚洞窟功德主的身份关系之后，以此为线索再对洞窟及其图像作些分析，会有不同的认识，也会产生新的疑问。因此，需要作进一步的澄清。

① 金滢坤：《吐蕃瓜州节度使初探》，《敦煌研究》，2001年第2期，第20—25页。

一、一种新的洞窟形制及其功能

榆林窟第25窟洞窟基本的形制由前到后依次为（图3—9a、b）：长甬道、一面坡前室、平顶后甬道，最后进入后室（主室）。主室为方形，覆斗顶，中心佛坛。

该洞窟形制和莫高窟早期及同时期前后的洞窟比较，出现以下几个新的现象。

首先，首次出现连接前室的长甬道，长达7米余，因此形成完全封闭的前室。但在莫高窟除初唐第371窟、盛唐第384窟外，均没有完整的前室，半敞开式，敦煌写本中称其为“窟厂”，更没有前甬道。

其次，属于敦煌石窟中较早出现主室为中心佛坛的洞窟。之前的莫高窟北朝第487、285窟虽然主室有一方坛，但是由于正壁西壁设像，因此非洞窟造像思想所含摄的中心位置。而隋代第305窟的坛更像是中心柱的一半，其上设像情况不明。唯与时代接近的第205窟相类似，但是第205窟一则没有完工，二则没有完整的图像体系，三则没有完整的前室和前甬道，表现的空间概念不同。

以上情况说明，榆林第25窟代表一类全新洞窟形制。新形制的产生，结合窟内新的图像及其搭配关系，应该反映功德主及参与营建者独特的信仰观念，最终说明洞窟功能的需要。这方面的问题已经为学界所关注。台湾学者赖文英认为第25窟正壁八大菩萨曼荼罗可能是尊胜曼荼罗，是结合八大菩萨来开展卢舍那佛于密法中的作用，整个洞窟即是修行尊胜密法的空间，意在禳灾、祈福，窟内中心佛坛即是仪轨曼荼罗所在空间①。该观点也得到了赖鹏举先生的认同，并就窟内中心佛坛与密法仪轨之关系作了更具体的阐释，认为方形主室地面中的方坛上，“开窟时坛上无像，随窟内法事进行而临时设

① 赖文英：《唐代安西榆林25窟之卢舍那佛》，《圆光佛学学报》，1999年第4期，第340—345页。

图3—9a　榆林窟第25窟内景

（《中国石窟艺术·榆林窟》图版9）

图3—9b　榆林窟第25窟
洞窟形制

像，事毕撤去”。因为“显教的中心坛场形成后，正壁的主尊造像即移至坛场上成为全窟造像及对应关系的中心，而原有的正壁造像退化与侧壁的功能相同。中心坛场所形成的石窟内活动路线成为显教礼仪行道的空间，后世寺院大殿的佛坛供像还维持相同的形制与功能。密教的坛场则不同，其正壁乃是主尊及其曼荼罗的固定造像，而中心坛上一般并无固定的造像，而是依修法的需要，再设上特定的主尊及其所形成的曼陀罗”①。窟内中心佛坛上最初是否有像，现不得而知。但是两位从密法实践的角度，给我们还原了第25窟建窟的思想和义理功能，让我们明白了第25窟的设计者们在窟形方面独出新意的原因和背景。否则要经过长甬道、前室、后甬道而后才能到达的主室空间，在没有光线的情况下漆黑一团，即使点上油灯或蜡烛，也还是不方便礼拜、观瞻。因此，无法正常礼拜观瞻的洞窟，作为表达其信仰功德的开窟造像活动，对功德主而言，会有多大的现实意义？但是如果是为了个别高僧法师进行密法实践活动，则疑问冰释。后甬道门两侧的天王像正是密法结界之护法功用，说明该洞窟的主要功能强调的是“内修”，而非一般礼拜窟的“外弘”观念。显示出以窟主尚乞心儿为代表的吐蕃人，为了禳灾、祈福之意愿，在瓜州营建了一处密法的坛场，反映出吐蕃人占领瓜州后吐蕃本地流行密法的传入和影响。当然按赖鹏举和赖文英的研究，事实上仍以中原和河西本地自开元三大士以来所流行的密法及其实践密切相关，正是榆林窟第25窟浓厚汉风的原因所在。

榆林窟第25窟这种洞窟在形制方面表现出的“秘密性”特点，或许可以在吐蕃本土找到一点线索。位于拉萨的查拉路甫石窟，是吐蕃时期为数不多的石窟之一，有完整的前室，主室为中心塔柱②，整体结构隐秘。

---

① 赖鹏举：《中唐榆林25窟密法“毗卢遮那佛”与佛顶尊胜系造像的形成》，《中国藏学》，2007年第4期；氏著：《敦煌石窟造像思想研究》，文物出版社，2009年，第250、255页。

② 宿白：《藏传佛教寺院考古》，文物出版社，1982年，第23、24页。

对于中心佛坛窟形，榆林窟第25窟也是较早者，应该有一定的渊源关系。这让我们极易联想到建于8世纪中叶的吐蕃第一座寺院桑耶寺及其后的大昭寺、小昭寺，大殿均为中心佛坛。当然这些建筑也受到印度、中原、吐蕃多种建筑风格的影响[①]。或许到尚乞心儿营建第25窟时，这种在吐蕃本土较为流行的建筑形制，在一定程度上也影响到第25窟的窟形设计，且为藏人、汉人所接受。

二、造像风格及其组合的吐蕃特色

作为瓜州节度使尚乞心儿的功德窟，在洞窟内除画受吐蕃文化影响的八大菩萨[②]和受吐蕃武士装束影响的毗沙门天王像[③]以外，大量的图像如东壁两侧的药师佛、地藏菩萨[④]，南北壁的观无量寿经变、弥勒经变及两侧的立菩萨，西壁门两侧的文殊变、普贤变，窟顶的千佛，以及前室其他造像，总体上是敦煌传统的题材与风格的图像（图3—10）。甚至于窟内造像的总体思想，也都来自北传佛教，相互之间关系密切，思想的脉络也是清楚的[⑤]，应是出自敦煌本土的高僧之手。

这种吐蕃人作为功德主，在瓜沙地区营建带有浓厚本地传统造像特色的洞窟，与历史实际情形并不矛盾，正是吐蕃佛教建筑和造像独特的现象。

---

① 宿白：《藏传佛教寺院考古》，文物出版社，1982年，第1—58页。

② 张亚莎：《11世纪西藏的佛教艺术——从扎塘寺壁画研究出发》，中国藏学出版社，2008年，第119—121页。

③ 谢继胜：《榆林窟15窟天王像与吐蕃天王图像演变分析》，《装饰》，2008年第6期，第54—59页。

④ 沙武田：《榆林窟第25窟八大菩萨曼荼罗图像补遗》，《敦煌研究》，2009年第5期，第18—24页。

⑤ 赖文英：《唐代安西榆林25窟之卢舍那佛》，《圆光佛学学报》，1999年第4期，第340—345页；赖鹏举：《中唐榆林25窟密法“毗卢遮那佛”与佛顶尊胜系造像的形成》，《中国藏学》，2007年第4期；氏著：《敦煌石窟造像思想研究》，文物出版社，2009年；赖文英：《榆林25窟药师佛及其相关问题——兼论正壁的卢舍那佛与八菩萨》，载敦煌研究院编：《敦煌吐蕃统治时期石窟与藏传佛教艺术研究》，甘肃教育出版社，2012年。

图3—10　榆林窟第25窟北壁弥勒经变局部

按照藏文文献《拔协》(即《桑耶寺志》)、《西藏王统记》等记载，8世纪中期建造的西藏第一座佛教寺院桑耶寺的三层楼殿，分别是按照藏族、汉族、印度三种不同的艺术风格修建的，殿内的造像有毗卢遮那(大日如来)或释迦并八大菩萨，也分别为藏、汉、印三种风格①。另据《五部遗教》之《国王遗教》记载，赤德松赞修建九层的噶穷寺时，从周围召来了许多的木工，底层楼殿是按藏族风格修建的，二三层是由于阗人按于阗风格修建的，四五六三层是来自白曲地区的汉人按照汉族风格修建的，最顶上的三层楼殿则是印度木工按照印度风格修建的。他的儿子热巴坚赤祖德赞在温江岛为自己修建了白美扎西格沛寺。据传，这座寺院也有九层之高。为建造该寺，从印度、唐朝、尼泊尔和克什米尔、于阗以及吐蕃本土召集大批能工

① 宿白:《藏传佛教寺院考古》，文物出版社，1982年，第58—67页。

图3—11　敦煌绢画Stein painting32
（《西域美术·大英博物馆藏斯坦因收集品》图版16）

巧匠。因此，于小冬先生认为："吐蕃绘画的面貌和特点概括地说来是来自不同地域，多元文化的风格在同一地区并生（拉萨），在同一寺院并立（桑耶寺），在同一绘画作品中并存（如斯坦因第32号作品）。"[①]敦煌绢画Stein painting32是藏汉风格绘画的代表（图3—11），作者是藏族人白央，据海瑟·噶尔美的研究，成作于836年[②]（晚于榆林窟第25窟的时代）。吐蕃艺术的这一特色在诸多佛寺与绘画中得到表现[③]，并一直延续到后弘期大量的艺术当中，尤以扎塘寺为代表[④]。

在这样的艺术传统与历史背景下，吐蕃人统治下的瓜州出现藏汉风格并存的洞窟，正说明窟主为吐蕃人的事实。我们从中可以看到，他们即使是到了汉传佛教文化与艺术非常成熟的瓜沙地区，虽然总体上受到敦煌本地艺术的影响，但仍不失吐蕃特色。

三、八大菩萨造像对吐蕃本土的影响

作为尚乞心儿功德窟，营建于776—786年，出现了吐蕃人热衷的八大菩萨。但是从主尊题铭"清净法身卢舍那佛"的称号可知，其所延续的思

① 于小冬：《藏传佛教绘画史》，江苏美术出版社，2003年，第43页。
② 海瑟·噶尔美著，熊文彬译：《早期汉藏艺术》，河北教育出版社，2001年，第19—23页。
③ 海瑟·噶尔美著，熊文彬译：《早期汉藏艺术》，河北教育出版社，2001年。
④ 张亚莎：《11世纪西藏的佛教艺术——从扎塘寺壁画研究出发》，中国藏学出版社，2008年。

想脉络一定程度上受到北传华严思想的影响，可以认为是敦煌本地密教大师受吐蕃人传统题材影响下的产物。从藏文题名的缺失可以认为所雇用的画工也是本地汉人，而不是藏人。金申先生认为其粉本可能传自唐长安或洛阳①，或许有一定的道理。但并不否定洞窟整体设计的吐蕃特色与观念。

有学者认为，敦煌的大日如来八大菩萨造像影响到吐蕃本土，如玉树结古镇文成公主寺的造像："（文成公主寺）大日如来与八大菩萨的排列方式并非藏传样式，除了个别菩萨的顺序外，反而与榆林窟第25窟的排列方式相同。这种排列透露出的图像传播线索令人关注，因为榆林窟的大日如来与八大菩萨造像仅仅是以新近的波罗样式表达原有的宗教内容，即图像呈现的意蕴属于汉地卢舍那造像系统。贝沟大日如来佛堂的排列同样采用如此构图，我们如何确定其风格的演进顺序，依据大日如来佛堂附近造像的古藏文题记，可以推定佛堂造像的年代略早于榆林窟第25窟，或者两者同时，但卢舍那系统在敦煌早已形成，玉树造像同样以藏传样式呈现汉地密教寓意，传播路线倾向于敦煌传向川边。"②文成公主寺有藏文造像题记：

> 于狗年，凸雄佛像并众壮士刻写愿文等，赞普赤德松赞在位之时，为君臣施主与一切众生之利，比丘大译师益西央所施。工匠比丘仁钦朗玛载、杰桑、班丹及众监工皆善德回满。缘（岩）顶，其有无比力之众壮士于岩石雕刻佛像与诸壮士并三宝所依之身像，一切众生见之，触之，膜拜之，思念之，则福泽与彻悟，用祝赞普父子及一切众成无上菩提。

① 金申：《佛教美术上的仁兽》，《敦煌学辑刊》，2007年第1期，第113—119页。

② 谢继胜：《川青藏交界地区藏传摩崖石刻造像与题记分析——兼论吐蕃时期大日如来与八大菩萨造像渊源》，《中国藏学》，2009年第1期，第128—129页。

据王尧等先生的研究，此狗年是赤松德赞时期的806年[①]。其时间确比第25窟晚。另与益西央有关的察雅丹玛扎仁达石刻大日如来八大菩萨像，有相同的组合关系，时间为赤德松赞在位的藏历木猴年即804年[②]。霍巍教授认为："昌都仁达摩崖造像以及新发现的芒康邦达乡朗巴朗则拉康等地石刻造像中，以大日如来为主尊，周边配置以八大菩萨，显然与青海玉树摩崖造像、甘肃安西榆林窟第25 窟一样，是共同经典基础的艺术形象……从理论上来说，存在着两种可能性：一种是由西藏腹地藏传佛教的密教系统直接传来，另一种是通过其他途径传播的。"[③]现在看来，所谓的"其他途径"，事实上和敦煌密切相关，具体则落实到榆林窟第25窟，显示出榆林第25窟八大菩萨像的重要意义。

如果把这种影响意义和功德主尚乞心儿联系起来，则比较容易理解。沙州陷蕃之后，尚乞心儿不久便离开瓜沙。据考证，他于791年前已担任吐蕃宰相，元和五年（810）起担任吐蕃东道节度使，在东线与唐朝作战，大大小小战争十余次，攻城略地，为吐蕃立下汗马功劳。包括敦煌写本在内的汉藏文献中经常称他为"尚书令"、"令公"、"东军宰相令公"、"天下兵马都元帅同平章事"[④]等。在唐蕃历史上具有划时代意义的长庆会盟，就是在尚乞心儿的努力下促成的。大概一直到823年唐蕃长庆会盟后仍任吐蕃宰相兼东道节度使或总统帅，刘元鼎出使吐蕃回朝途中路过河州，受到尚乞

① 聂贡·贡却次旦、白马奔：《玉树吐蕃时期的摩崖造像》，《中国藏学》（藏文版），1988年第4期，第52—75页；豆格才让：《论玉树贝沟大日如来庙吐蕃摩崖造像及石刻》，载陈庆英主编：《藏族历史宗教研究》（第一辑），中国藏学出版社，1996年；王尧：《青海玉树地区贝考石窟摩崖吐蕃碑文释读》，载《唐研究》第10卷，北京大学出版社，2004年，第493—500页。

② 恰白·次旦平措著，郑堆、丹增汉译：《简析新发现的吐蕃摩崖石文》，《中国藏学》，1988年第1期，第76—81页；马林：《仁达摩崖石刻考证》，《青海民族学院学报》，1988年第1期，第97—105页。

③ 霍巍：《试析西藏东部新发现的两处早期石刻造像》，《敦煌研究》，2003年第5期，第9—15页。

④ 823年所立《唐蕃会盟碑》，载王尧编：《吐蕃金石录》，文物出版社，1982年。

心儿的热情款待[①]。因此，可以看到尚乞心儿在唐蕃历史和吐蕃对外扩张历史上均有重要的地位，P.2765V《功德颂》中赞他：

> 统六军以长征，广十道而开辟。北举搀枪，扫旅山一阵；西高太白，破九姓胡军。猃狁旌边，逐贤王遁窜；单于帐下，擒射雕贵人。

P.2915《祈愿文》中称赞他:

> 又持胜福，此用庄严将相大论，盐梅大鼎，舟楫巨川，泉石先以贞其心，松笙然后方其受〔寿〕。使两国和好，重圆舅生（甥），四方艾安，保元征口。

对尚乞心儿的贡献作了客观的记载和评价。因此，尚乞心儿在瓜州榆林窟功德窟中选择了吐蕃第一座佛教寺院自桑耶寺建寺之初供奉的主要尊像毗卢遮那并八大菩萨像。在他个人身份地位的影响下，之后吐蕃本土及沿青藏、川藏一线出现大量的同类造像，也就不足为奇了。

如果此说能够成立，受到马休·凯普斯坦先生一再强调的藏文文献P.tib.16和IOL TIB J 750 I所记，为了纪念821年唐蕃会盟而建在德噶玉采（de-ga g-yu-tshal）的“会盟寺”（gtsigs-kyi-gtsug-lag-khang）内可能的造像内容与榆林窟第25窟理当相类似的原因[②]，也就不言自明了。唐蕃长庆会盟吐蕃一方是由尚乞心儿主导，其时他身为“天下兵马都元帅同平章事”，驻守河州，会盟寺的营建也是在他主持下完成的，因为这是由他主导下整

① 邵文实:《尚乞心儿事迹考》,《敦煌学辑刊》，1993年第2期，第16—23页。

② 黄维忠:《关于P.T.16、IOL TIB J 751 I的初步研究》，载王尧主编:《贤者新宴》5，上海辞书出版社，2007年，第63—89页。

个唐蕃会盟活动的一部分。于是，早年同样由他主导完成的、又同样是为了纪念唐蕃友好而在瓜州榆林寺营建的第25窟窟内所画内容，在相同营建动机的促使下，再次被画在了德噶玉采的会盟寺中。但二者在时间上至少相差三十余年，不能混为一谈。至此，或许可为马休先生所坚持的观点作个注脚。这也从一个侧面告诉我们榆林窟第25窟整体设计的思想性，必有其独特的考虑。

而吐蕃系统八大菩萨的传播及其路线，其中以张亚莎先生、谢继胜先生最具代表。瑞士藏学专家阿梅·海勒曾经指出："在8世纪晚期的康区中部存在尼泊尔风格，如何解释这一点呢？当然，已经发现的受尼泊尔影响的艺术在丝路沿线不乏其例……整个8世纪尼泊尔的艺术家不断地进入西藏，参与了桑耶寺的修建。"并疑问敦煌受到的8世纪的"印度—尼泊尔式"影响能否确定为是7世纪前后的尼泊尔风格，还是早期的东印度波罗风格尚待探究。康区早期的"尼泊尔样式"是穿越藏区腹地进入，还是经由敦煌河西一线，借鉴二手的"尼泊尔风格"[①]。现在看来，这个问题可以得到一个比较圆满的答案，因此敦煌艺术对吐蕃藏地艺术的影响越来越大。

四、两个疑问

在回答以上诸问题的同时，尚乞心儿作为榆林窟第25窟的功德主，还有两个疑问需要交代。

1. 供养人画像

在榆林窟第25窟现今保存的壁画中，没有出现最初的供养人画像，是

① Amy Heller: *Buddhist images and rock inscription from Eastern Tibet*, Part IV in E.Steinkellner, ed. *Tibtan Studies*, Austrian Academy of Science, Vienna, 1997, pp. 385—403. 汉译文见杨莉：《公元8—11世纪东藏的佛教造像及摩崖刻石》，载《国外藏学研究译文集》第15辑，第189—210页。

图3–12　榆林窟第25窟南壁下层五代宋曹氏男供养像
（敦煌研究院提供）

最初就没有画还是被后期重绘的供养人像所覆盖，则不好判断。因为前甬道有大量的空间可供绘画供养人画像，另在后期五代宋曹氏男供养像（图3—12）下面有可能会有吐蕃初期的作品，需考古发现。但是考虑到功德主尚乞心儿的身份关系，推测应该有相关的吐蕃人供养像。也有可能为了表示汉藏友好，出于需要没有画上供养像，因此才有后来人们为了对尚乞心儿的追念而在空白的经变画榜题书写藏文题记的动机。如此，则和洞窟显示出的“秘密性”特点、“纪念性”意义及“内修”功能相一致。在这样的洞窟中，不出现相关的供养人画像也是可以理解的。

2．为什么在榆林窟没有出现更多类似的中唐洞窟？

按照莫高窟洞窟营建的惯例，一个时代最初营建的、窟主身份独特的

“原创性”[①]洞窟，往往会成为一个时代普遍的模式，而被广泛模仿，最终形成该时代的共性，产生一批相类似的洞窟。但是作为吐蕃早期代表窟，榆林第25窟是个例外。这种例外表现在两个方面，一是在榆林窟，第25窟之后洞窟营建完全停止，不只是中唐吐蕃统治时期，即使是晚唐归义军时期，基本上没有再建洞窟，一直到宋代再次繁荣，曹氏晚期建了一批洞窟。二是晚于榆林第25窟的莫高窟中唐吐蕃统治时期，先后营建60余所洞窟，无论是窟形、壁画题材、结构布局、艺术风格等均没有延续第25窟的形式特征，而出现较大的变化[②]。

合理解释该现象的原因，大概仍要回到洞窟的功能与功德主的身份关系上来。作为吐蕃瓜州节度使的尚乞心儿，在瓜州营建一所（或两所）带有浓厚纪念意义的洞窟，是出于当时的历史现实和强烈的政治需要，有极强的时代特色，更具独特的吐蕃背景与特色。这样作为“纪念碑”式的“秘密性”的“内修”洞窟，大概没有人会再愿意效仿营建第二座，或者说没有人有这样的资格营建如此政治性极强的佛教洞窟，而更愿意以“家窟”或一般功德窟的形式营建可供正常礼拜观瞻的洞窟，就像莫高窟大量的中唐洞窟所展示给我们的那样。

但是以上现象，并不否定榆林第25窟对晚唐五代宋敦煌石窟的影响意义[③]。事实上，尚乞心儿功德窟的营建，所释放出来的吐蕃统治者对佛教、对石窟营建的态度，集中反映在沙州陷蕃后莫高窟大量洞窟的营建中来。

① 巫鸿：《敦煌323窟与道宣》，载氏著：《礼仪中的美术——巫鸿中国古代美术史文编》，生活·读书·新知三联书店，2005年，第418—430页；胡素馨主编：《佛教物质文化：寺院财富与世俗供养国际学术研讨会论文集》，上海书画出版社，2003年，第333—348页。

② 沙武田：《敦煌石窟历史的“重构”——敦煌吐蕃期洞窟诸现象之省思》，《圆光佛学学报》，2007年第11期，第25—90页。

③ 沙武田：《吐蕃统治时期敦煌石窟研究》上篇第七章第二节“榆林第25窟窟形对归义军时期洞窟的影响意义”，中国社会科学出版社，2013年，第172—173页。

以上三个方面的疑问，从一个侧面加强了我们对第25窟功德主尚乞心儿的推断。

第五节　结　　语

著名的艺术史家巫鸿先生以富于思索的笔触，揭示了中国古代艺术与建筑中的“纪念碑性”。虽然他并没有把佛教寺院和石窟建筑纳入他的研究体系当中，但是我想对此课题的研究会有相同的意义。巫鸿先生在书中强调了艺术品“原境”分析在研究中国古代艺术和建筑中的“纪念碑性”时的重要性，具体是“通过审视一件艺术品的物质、礼制、宗教、思想和政治环境，（以便使）我们能够更准确地确定它在某一特定社会中的地位、意义和功能”[①]。本文的研究正是对榆林窟第25窟“原境”的分析，通过对洞窟相关“物质、礼制、宗教、思想和政治环境”的探讨，最终确定该洞窟在吐蕃占领瓜州后、沙州前这一“特定社会中的地位、意义和功能”，其所体现出来的“纪念性”意义，正是巫鸿先生所论“纪念碑性”。由此，让我们看到佛教石窟艺术强烈“社会性”的性质[②]，也启示我们对敦煌石窟功能研究的新视角，或许有更多的洞窟有此功能。而作为尚乞心儿的功德窟，也回应了马德先生所论敦煌石窟崖面上的“王公窟”现象[③]。

---

① 巫鸿:《中国古代艺术与建筑中的“纪念碑性”》，世纪出版集团，上海人民出版社，2009年，第17页。

② 沙武田:《敦煌佛教艺术之社会性表现》,《普门学报》，2007年第42期，第49—84页。

③ 马德:《论敦煌石窟崖面上的“王公窟”现象》，载郑炳林、花平宁主编:《麦积山石窟艺术论文集》上，兰州大学出版社，2004年，第13—21页。

第四章

八大菩萨曼荼罗图像补遗

第一节 引　　言

榆林窟第25窟主室正壁卢舍那并八大菩萨曼荼罗造像（图4—1）以其独特的题材与艺术风格而引起学界广泛关注，代表了一类全新造像题材与样式在敦煌的引入并开展，反映出特殊社会历史背景下敦煌艺术新元素的变化与创新，构成了敦煌美术发展历史长河中非常亮丽的一笔。

但美中不足、令人感到非常惋惜的是，如此精美的壁画艺术和重要的美术史资料，现在在洞窟中仅存多半。曼荼罗主尊及其右侧壁画完整地保留了下来，画面颜色鲜艳，人物造像清晰可辨，用笔线描和着色均犹如新作。而主尊左侧部分地仗层全部脱落，露出砂岩崖体，壁画早已荡然无存。

长期以来学界对榆林窟第25窟和该铺八大菩萨曼荼罗的研究，都是以现有残存画面为主要对象。但是事实上，我们会有一个疑问，综观整个洞窟的壁画，会发现窟内特别是主室内的壁画整体保存非常完好，南北壁的观无量寿经变和弥勒经变，西壁门两侧的文殊变与普贤变，以及甬道和前室的壁画都保存较为完好，色彩鲜艳。既然如此，为什么唯独正壁的八大菩萨曼荼罗造像仅存多半，另半部分又缘何连地仗层都全部脱落不存呢（窟顶亦如此）？并非常见壁画脱落现象，也不像长期自然剥离结果，而似

图4—1　榆林窟第25窟主室正壁八大菩萨曼荼罗及药师佛立像壁画现状
（敦煌研究院提供）

突然因素所导致。因此我们有疑问，究竟是历史时期所毁，还是更近时代的偶然因素所导致？

第二节　学术史考察

一、华尔纳资料

据现有资料记载，20世纪初最早考察过榆林窟的西方探险家是英人斯坦因。1907年他到过榆林窟，可是他的记录中没有记载第25窟正壁八大菩萨曼荼罗的相关资料①。

之后，1925年美国人华尔纳在莫高窟的考察受到当地官府和老百姓的阻挡后转道安西，对榆林窟进行了几天集中的考察，其中最为详细的即是对第25窟的记录，并在后来的专著中就榆林窟第25窟（他自己编号第5窟）进行专门研究。但非常遗憾的是，书中对被他误认为是“北壁”的八大菩萨曼荼罗没有进行详细的解说，仅提到有中间的主尊佛和八大菩萨像，根据题记仅认出了其中的“地藏菩萨”和“文殊师利菩萨”，其他的却没有进行详细辨认。其公布的图版中也没有八大菩萨曼荼罗全图或整壁图像，仅见中间的主尊卢舍那佛和现仍有存的行道药师佛一侧的地藏菩萨与文殊菩萨，相邻的另两身仅见局部。另从主尊像南侧也可见另两身菩萨像局部，

① *Serindia-Detailed Report of Explorations in Central Asia and Westernmost China*, by Aurel Stein, K.C.I.E.By arrangement with Oxford University Press, London, First Edition: Oxford 1921.Reprint: Delhi, 1980. 中译本《西域考古图记》（又译作《塞林迪亚——在中亚和中国西陲考察的详细报告》），由中国社会科学院考古研究所组织翻译，广西师范大学出版社，1998年出版，卷三，第634—637页。

图4—2　1925年华尔纳所拍榆林窟第25窟主室正壁的两张图片
（Landon Warner: *Buddhist Wall-Paintings: A Study of a Ninth-Century Grotto at Wan Fo Hsia*, Harward University Press, 1938）

但可以看到在当时均保存完好，似没有受损的现象（图4—2）[①]。总体而言，我们从其所公布的图片可以推断，当时整壁的壁画是完整的。

二、谢稚柳资料

华尔纳之后，1942年谢稚柳应张大千的邀请到敦煌进行临摹与研究工作，对敦煌莫高窟与榆林窟都进行了调查，写成《敦煌艺术叙录》一书。书中记载有当时调查所得资料，其中对榆林窟第25窟主室正壁即东壁壁画

① Landon Warner: *Buddhist Wall-Paintings*: *A Study of a Ninth-Century Grotto at Wan Fo Hsia*, Harward University Press, 1938. 感谢兰州大学敦煌学研究所张善庆博士为我从美国复印该资料。

内容的详细记录，非常珍贵。为便于研究，现摘录如下：

> （东壁）诸菩萨一铺，残毁。
>
> 诸菩萨一区，残毁壁 右角。
>
> 释迦行道像，高五尺四寸壁 左角。
>
> 清净法身卢那舍佛一铺，左上左，地藏菩萨，左上右，虚空藏菩萨，左下左，文殊师利菩萨，左下右弥勒菩萨，右上左一区，残毁，右上右，金刚藏菩萨，右下左，无障碍菩萨，右下右，观世音菩萨。①

据此记载可以描画出该八大菩萨曼荼罗的大致布局关系（图4—3）。

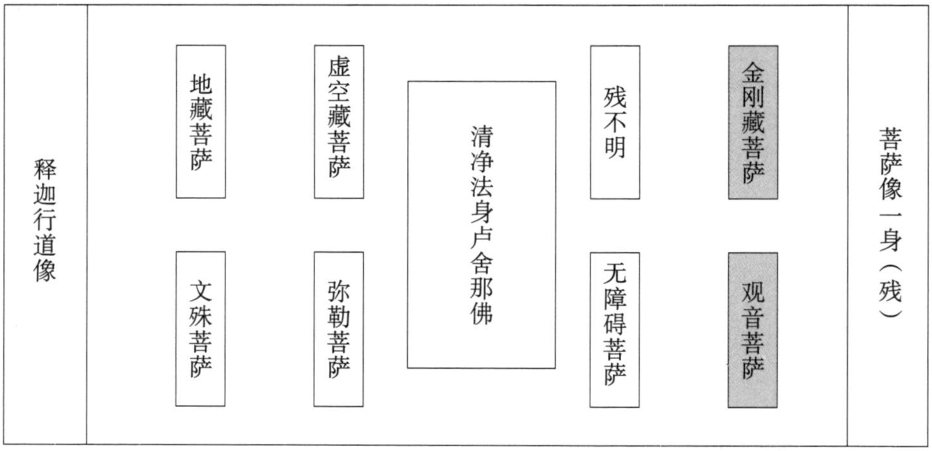

图4—3　20世纪40年代谢稚柳记录榆林第25窟正壁图像结构示意图

这是一则非常重要的资料，早在1955年就已公布发表，可惜后人均没有注意到，因此造成对榆林窟第25窟八大菩萨曼荼罗研究的极大缺憾。当然根据我们后面的考察可知，在具体格局的布局上谢氏的记载与原画残毁

① 谢稚柳：《敦煌艺术叙录》，上海出版公司，1955年，第468页。

图4—4　张大千在榆林窟临摹时留下的题记

部分略有出入。事实上，其所记主尊右侧后来残毁部分壁画各像正好相反，显然是文字上的误笔。作者把主尊卢舍那佛右侧（南面）四身上下各自的左右关系弄反了，当属文字疏忽，非调查事实。但这并不影响其学术研究的价值。

与谢稚柳同时在敦煌调查洞窟的张大千也曾在榆林窟进行过临摹工作，第25窟留有他调查时的信手题记（图4—4）。因此，当时洞窟壁画他定有过目，更何况像第25窟这样的代表洞窟，自不会例外，只可惜没有见到相关记载。

另外，1943年5月，向达先生在榆林窟调查一个多礼拜时间，遍查诸窟，其中有部分窟作了详细的记录。但遗憾的是，就第25窟仅见到其所记前室光化三年题记，并赞叹壁画之精致，却无其他壁画内容的笔录[①]。

三、罗寄梅资料

在谢稚柳和张大千之后，1943年3月，常书鸿先生肩负着筹备“国立敦煌艺术研究所”的重任，经过几个月艰苦的长途跋涉，到达了他盼望已久的敦煌莫高窟。同常书鸿一起来敦煌的还有罗寄梅夫妇、李浴等人。李浴主要是调查洞窟内容与供养人题记资料，其中就有对榆林窟的专门调查资料，内容非常简单，多有误[②]。

罗寄梅前往敦煌之前是中央通讯社的摄影部主任，后来在常书鸿的召集下主动随常先生来到敦煌负责洞窟的摄影工作。罗寄梅和他的太太刘先应当晚于常先生到达敦煌，时间不详，罗寄梅是1944年6月11日之后离开敦煌回重庆，说是要到重庆冲洗照片。1944年5月向达再次到敦煌时见到了罗寄梅[③]。在敦煌的一年多时间里，罗寄梅几乎拍摄了莫高窟和榆林窟所有的洞窟资料，榆林窟第25窟也在其中。只是非常可惜的是，罗寄梅拍的照片冲洗之后一张都没有留给敦煌，全部被他带走。

罗寄梅回到重庆后，在1949年国民党败退前去了台湾，在复光美术学校教授美术课，后来又到了台北的中国文化大学任教授，负责于1964年成立的敦煌研究所，1968年在普林斯顿大学华裔学者方闻教授的邀请和努力

① 向达：《安西榆林窟记录》，载北京大学考古系编：《考古学研究》一，文物出版社，1992年，第1—2页。

② 李浴：《榆林窟佛教艺术内容调查》，稿本，1946年。现藏于敦煌研究院资料中心小资料室。

③ 相关记载见向达先生抄录敦煌文献而辑成的《敦煌余录》一书中，但该书尚未公开出版，此转引自荣新江《惊沙撼大漠——向达的敦煌考察及其学术意义》一文（2002年8月北京理工大学《国际敦煌学学术史研讨会论文集》）；荣新江：《辨伪与存真——敦煌学论集》，上海古籍出版社，2010年，第199—235页。

下到了美国新泽西州，他在敦煌拍的照片也随他带到美国，藏入普林斯顿大学美术资料室。时至今日还没有一家机构和出版物能够公布罗氏所拍敦煌的全部照片，我们只能零星看到一些。

考虑到与罗氏拍照仅有一年之差的谢稚柳曾见到并记录有榆林窟第25窟正壁壁画八大菩萨曼荼罗全图，那么几乎同时间拍摄的罗氏照片中或有可能存有相关的图像资料，因此着手调查罗氏照片资料显得非常有意义。事实上罗氏早年到了台湾就已撰写相关文章，集中介绍榆林窟的资料，其中第25窟东壁内容如下：

> 东壁，中央，五代画清净法身卢那舍佛一铺。画前有唐塑一躯，头部已毁，清道光二十一年重修。左右壁，各画佛像四铺，计分二层，均有题名：
>
> “金刚藏菩萨”、“观世音菩萨”、“弥勒菩萨”、“文殊司利菩萨”、“地藏菩萨”、“无障碍菩萨”、“虚空藏菩萨”；右上角一躯，题名残破。左，唐画地藏菩萨一躯，左手托钵，右手持锡杖。右，唐画菩萨一躯，上身残破。[①]

和谢稚柳所记一致。显然，罗寄梅先生对壁画的时代断定有误，其所言八大菩萨曼荼罗左侧的“唐画地藏菩萨”实为托钵持锡杖的药师佛，该画仍完好。另外，其所言曼荼罗右侧的“唐画菩萨一躯，上身残破”，幸其同时公布有相关图片（图4—5）。经仔细辨认，虽然上半身残，但从下半身

① 罗寄梅：《安西榆林窟的壁画》（研究计划成果）（*The Mural Paintings of the Yu-Lin Cave at Anshi*），《中国东亚学术研究计划委员会年报》第3卷，中国东亚学术研究计划委员会，1964年6月，第22—23页。罗寄梅：《榆林窟壁画研究报告书》，台湾《中国学术年报》单行本，1964年。感谢台湾南华大学简佩琦博士为我提供的帮助。

图4—5　罗寄梅所拍榆林窟第25窟主室东壁八大菩萨曼荼罗南侧某菩萨残像（罗寄梅：《榆林窟壁画研究报告书》，台湾《中国学术年报》单行本，1964年）

的衣服特点，即外层的袈裟和内层的僧祇支，类同另一侧的药师佛像。因此初步可以推断，如果该身作为菩萨像，当为比丘形地藏，或为其他佛像。

对于罗寄梅所拍洞窟图像资料，近年来，敦煌研究院和美国梅隆基金会合作，进行洞窟图像资料的数字化。在一个专门的网页上开始陆续公布敦煌洞窟图像资料，部分是梅隆基金会购入的藏在美国普林斯顿大学美术资料室的罗氏所拍敦煌图版。公布内容并不全面，是个别洞窟和一些代表图像的展示，其中就有罗氏所拍榆林窟第25窟主室正壁八大菩萨曼荼罗完整的壁画图像，共计三张。但该网络所载有关敦煌的图像资料，没有公开，笔者在敦煌研究院资料中心的专用电脑中查阅过，图像画素很低，不能下载。

非常幸运的是，笔者在2008—2009年在日本东京访学期间，在东京大学美术史学博士生佐藤有希子女士和武藏野美术大学非常勤讲师萩原哉先生的帮助下，在东京大学东洋文化研究所情报中心长小川裕充教授的热情关照下，分别于2009年2月19日、27日两次在该机构的敦煌资料特藏室，详细查看了这批珍贵的敦煌图像资料。

四、佚名《安西万佛峡石窟志》资料

与谢稚柳同时在敦煌进行考古研究工作的还有当时中央研究院历史语

言研究所阎文儒、夏鼐和北京大学的向达教授，他们都和张大千、谢稚柳一道考察过榆林窟，并拍有在榆林窟的集体合影。后来也分别发表了自己对榆林窟的考察记录，但由于各自关注视角的关系，没有提及第25窟八大菩萨曼荼罗造像[①]。

向达之后，有敦煌文人撰成《安西万佛峡（榆林窟）石窟志》稿本（佚名），记第25窟正壁：

> 17窟：壁画　东壁　“清净法身卢舍那佛”与八大菩萨一铺　其北药师佛一躯　南地藏王一躯[②]。

所用洞窟编号是张大千的编号，又本稿的前言部分完全是抄自向达《莫高、榆林二窟杂考》，作者记到：

> 以上三段系摘采向觉民（明）先生之《莫高、榆林二窟杂考》一文中者。录该文付余，意且小千佛洞余未之去也。故微采其原文以为前言，虽自愧甚少有创见，因亦未敢故事标新立异也。唯“流之乐土”下“莫高窟所不逮也”一句余不苟同。而改为“莫高窟之亚也”[③]。

从其行文看来，是向达先生在敦煌期间写成《莫高、榆林二窟杂考》

① 阎文儒：《榆林窟调查记》，《西北文化周刊》，1945年第37期；阎文儒：《安西榆林窟调查报告》，《历史与考古》第1号（沈阳博物馆专刊），1946年第10期；向达：《莫高、榆林二窟杂考》，《文物参考资料》，l951年第5期，第76—95页；向达：《唐代长安与西域文明》，三联书店，1957年；河北教育出版社，2001年，第384—408页。

② 佚名：《安西万佛峡（榆林窟）石窟志》，稿本，现藏敦煌研究院资料中心小资料室；张伯元：《安西榆林窟》，四川教育出版社，1994年，第285页。

③《安西万佛峡（榆林窟）石窟志》稿本。

后，又录文于《安西万佛峡（榆林窟）石窟志》的作者。那么时间应在向达两次考察敦煌的1942年至1944年[①]，其人当为敦煌名流士绅，或可考，容另文交代。

《安西万佛峡（榆林窟）石窟志》所记非常重要，虽然没有谢稚柳和罗寄梅所记详细，但比谢稚柳记载内容多，增加了八大菩萨曼荼罗南侧“地藏王菩萨”造像。结合谢稚柳、罗寄梅所记和其公布的图像资料，可以确认该身造像确为一身比丘形的地藏菩萨像。说明《安西万佛峡（榆林窟）石窟志》的作者得到的榆林窟记载时间要比谢稚柳、张大千、向达等人早，因为到了谢稚柳等人考察榆林窟时，该身“地藏王菩萨”已残。而其前言部分和洞窟张大千编号的使用则是读到向达文之后所记，三者在时间上有差别。

至此，榆林窟第25窟主室东壁八大菩萨曼荼罗及其两侧的尊像均已确定。

五、小结

这样，通过华尔纳、谢稚柳、罗寄梅、《安西万佛峡（榆林窟）石窟志》等的记载，说明20世纪40年代初期，榆林窟第25窟主室正壁的壁画仍较完好。由此，八大菩萨曼荼罗及整壁内容可以完整地展现在我们面前。非常可惜的是，对于以上这些记载的重要性，可能受资料的分散性和没有完全公开原因的制约，前人的研究都没有引起注意。因此，到目前为止，所见介绍和研究榆林窟第25窟八大菩萨曼荼罗图像的文章资料，均只涉及现存的半幅画面内容。唯有美国学者马休·凯普斯坦在最新的研究中使用了罗寄梅相关的图片，发表了八大菩萨曼陀罗的残毁部分[②]。但是考虑到其研究的角度并非意在复原壁画，因此有必要再作详细的介绍。

---

① 最晚可到向达《莫高、榆林二窟杂考》一文发表后的1951年5月。

② Matthew T. Kapstein:*The Treaty Temple of the Turquoise Grove, Buddhism between Tibet and China*, Edited by Matthew T. Kapstein, Wisdom Publications, Boston, 2009.pp.21—72.

第三节　洞窟壁画与罗氏照片的缀合复原

一、洞窟残存壁画

榆林窟第25窟主室正壁（即东壁）现存卢舍那并八大菩萨曼荼罗残画（图4—6），主尊一侧有墨书题记："清静法身卢那舍佛。"有笔误，实为"卢舍那佛"。菩萨形，禅定姿，工字形狮子须弥座，座下生出连枝化为诸圣菩萨花台。各大菩萨均坐于从主尊座下化出莲枝的莲花台上。一身为青色身，余三皆为金色身。

从画面基本构图关系可知，主尊卢舍那为中心，现存主尊右侧为四大

图4—6　榆林窟第25窟主室正壁现状
（《中国石窟·安西榆林窟》图版37）

菩萨坐像，作上下各两身两两平行对称排列，均有题记。

1. 主尊内侧两身

上：题记："虚空藏菩萨。"菩萨形，游戏坐于莲花座上。右手持剑，左手舒掌向外。青色身。

下：题记："弥勒菩萨。"菩萨形，游戏坐于莲花座上。顶戴佛塔，右手持莲花，左手持军持瓶。金色身。

2. 主尊外侧两身

上：题记："地藏菩萨。"菩萨形，游戏坐于莲花座上。右手持摩尼宝珠于胸前，左手置腹前。金色身。

下：题记："文殊师利菩萨。"菩萨形，游戏坐于莲花座上。顶无高发髻，左右手皆持宝莲花（一莲枝一莲台）。金色身。

八大菩萨曼荼罗外侧即北侧，以一条边饰作为界格，条幅格内画一身持钵、执锡杖的药师佛行道像。

二、罗氏照片中保存的相关图像

据笔者在东京大学东洋文化研究所敦煌资料特藏室的查阅和其他资料信息显示，在罗寄梅所拍榆林窟第25窟的多幅图片中，单就正壁的八大菩萨曼荼罗及其两侧尊像，计有四幅图片，其中八大菩萨曼荼罗就有三幅（图4—7a、b、c），合在一起构成了完整的八大菩萨曼荼罗壁画。

因为受洞窟主室中心佛坛现存一身彩塑主尊佛像的视角影响，无法以一张照片统摄整铺壁画，罗氏采取分段拍摄的办法，分作三段拍取。主尊卢舍那佛为单独的一张，主尊两侧的四菩萨像各为一张。

另据前面的交代可知，罗氏也拍有八大菩萨曼荼罗南侧尊像即地藏菩萨像的单尊像，对此我们另可以通过华尔纳所拍照片即南壁（他误认是东壁）东侧的菩萨立像图（该像现仍存）中，从照片反映洞窟南壁与东壁拐角处其

a

b

c

图4—7　罗寄梅所拍榆林窟第25窟正壁八大菩萨曼荼罗

图4—8　华尔纳所拍榆林窟第25窟正壁与南壁交接拐角处壁画

中东壁的内容（不十分清楚），可以约略判断东壁南侧处画一立像，并似有T形框榜题（图4—8）。

就罗氏照片中的卢舍那并八大菩萨曼荼罗而言，无疑主尊左侧即正壁南侧的八大菩萨像是我们最感兴趣的内容。洞窟壁画原物的不存，使得罗氏照片在学术研究上有不可替代的意义和价值。

该四大菩萨在主尊左侧的排列布局，完全同右侧四大菩萨像。同样为上下两两平行对称，并最终和主尊右侧的四身菩萨作对称。分别坐于从主尊座下伸出的莲茎所生莲花座上，人物的绘画特征与艺术风格相同，均有T形题记框。

经过笔者仔细观察照片发现，该四大菩萨像的画面还较清晰，并有题记可辨认，完全同谢稚柳和罗寄梅所记载的内容，题记也是吻合的。

1. 主尊内侧两身

上：题记："金刚藏菩萨。"菩萨形，游戏坐于莲花座上。左手托一金刚杵，右手置腹前，似拿一物。这里壁画题记所记"金刚藏菩萨"，从画面特征看，亦即金刚手菩萨，是符合《大日经》所记第二院左右二菩萨之金刚手（金刚藏）。对此赖富本宏先生也认为是八大菩萨曼荼罗中的同一身菩萨，可以等同对待[①]。

下：题记："观世音菩萨。"菩萨形，游戏坐于莲花座上。头戴化佛冠，左手扶膝，似提一定瓶，右手持莲枝。

2. 主尊外侧两身

上：题记残不存。菩萨形，游戏坐于莲花座上。人物南侧部分残不存。右手腹前，左手持物残不清。从其他七身菩萨的题记和相关的经典及现存各地图像的比对，应为八大菩萨曼荼罗之普贤菩萨。谢稚柳和罗寄梅考察之时题记也已经残毁，因此他们看到的图像应该即是罗氏所拍画面。

下：题记："无障碍菩萨。"菩萨形，结跏趺坐于莲花座上。右手持梵夹，左手置腹前，似托一物。其中的题记不是十分清楚。谢稚柳与罗寄梅均记为"无障碍菩萨"，可信，从之。洞窟壁画曼荼罗题记中出现的"无障碍菩萨"，实为"除盖障菩萨"的另一种叫法，或为当时敦煌地区的俗称。所谓"除盖障菩萨"，又作除一切盖障菩萨、降伏一切障碍菩萨、弃诸阴盖菩萨。为密教胎藏界曼荼罗除盖障院之主尊。除盖障乃消除一切烦恼之谓。诸佛要集经卷下以弃诸阴盖菩萨之译名，称赞此菩萨所得之三昧。大日经疏谓以净菩提心之因照明诸法故，以小功力得除盖障三昧，见八万四千烦恼之实相，成就八万四千之宝聚门。其形象，左手持莲华，华上有如意珠，右手结无畏印；乃以菩提心中之如意珠施一切众生，满其所愿之意。密号为离恼金刚。[②] 正是"无障碍"之意。略晚的莫高窟第14窟同一菩萨题记作"南无净除业障菩萨"，因此实际的题记在字面上并不完全统一，但所指

① 赖富本宏：《密教仏の研究》，法藏馆，1990年，第609页。
② 慈怡主编：《佛光大辞典》，佛光山文教基金会出版，书目文献出版社。

则系同一尊像。

此四身菩萨像由于是黑白图片，因此身色不明，但从画面的深浅不同，说明身色也有变化。

三、图像缀合复原

因此据现有壁画、华尔纳资料、佚名《安西万佛峡（榆林窟）石窟志》、谢稚柳记载、罗寄梅照片和记载，经过缀合，榆林窟第25窟正壁八大菩萨曼荼罗图像非常完整地再现于我们面前。笔者就现有洞窟壁画图版，结合从罗寄梅照片画面中的图像，经过电脑组合，复原得到一幅榆林窟第25窟正壁壁画效果图（图4—9）。

另绘一幅示意图（图4—10）。这样，我们就可基本真实地看到榆林窟第25窟正壁八大菩萨曼荼罗的绘画原作，或可供学界使用，以飨同好。

图4—9　经过电脑处理的榆林窟第25窟正壁八大菩萨曼荼罗复原

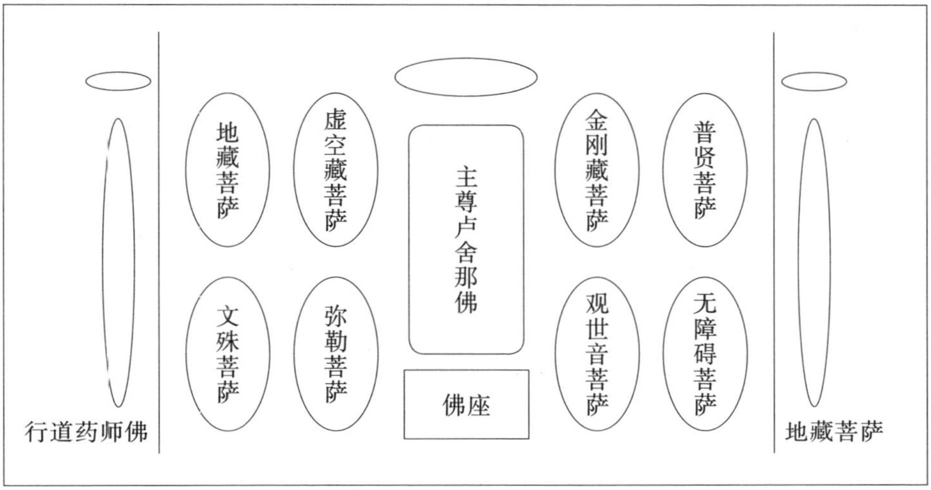

图4—10　榆林窟第25窟正壁卢舍那并八大菩萨曼荼罗图像结构示意图

第四节　第25窟完整卢舍那并八大菩萨曼荼罗图像小议

一、研究史

对于榆林窟第25窟的八大菩萨曼荼罗图像，研究成果颇为丰富。最早段文杰指出榆林窟第25窟八大菩萨曼荼罗是新传入的艺术题材，当与唐前期不空大师在河西传法及其所译《八大菩萨曼荼罗经》有关，并据此进行了洞窟的断代[①]。瑞士著名的西藏艺术史家艾米·海勒（Amy Heller）教授在对西藏东部地区9世纪造像研究时，也对榆林窟第25窟八大菩萨曼陀罗造像进行了联系与比较[②]。日本学者田中公明在敦煌密教美术研究中，把榆

① 段文杰：《榆林窟第25窟壁画艺术探讨》，《敦煌研究》，1987第4期，第 1—2页。

② Amy Heller: *Ninth century Buddhist images carved at lDan-ma-brag to commemorate Tibeto-Chinese negotiations*, in P. Kvaerne (ed.), *Tibetan Studies*, 1994.Oslo, pp. 335—349 and Appendix pp. 12—19. Amy Heller: *Early Ninth Century Images of Vairochana from Eastern Tibet*, *Orientations* 25/6:74—79.1994.

林窟第25窟的八大菩萨曼荼罗归入胎藏界曼荼罗，并和印度等地的造像进行了比较研究[①]。日本学者奥山直司对此铺八大菩萨曼荼罗作过简略介绍[②]。彭金章先生则指出该铺曼荼罗有可能是据敦煌本《佛说八大菩萨曼荼罗经》所绘，也强调了其所反映的新的画样画稿与吐蕃统治的关系[③]。马休·卡普斯坦认为这种八大菩萨造像在榆林窟第25窟的出现，可能与纪念吐蕃王朝和唐王室的和平会盟，以及延续吐蕃国祚有关[④]。台湾学者赖文英推论第25窟正壁八大菩萨曼荼罗可能是尊胜曼荼罗，是结合八大菩萨来开展卢舍那佛于密法中的大用[⑤]。该观点也得到了赖鹏举的认同和响应，他认为是敦煌石窟为观察南北传密法互动的重要窗口，中唐榆林第25窟正壁的主尊代表南传中印胎藏及佛顶尊胜系“毗卢遮那佛”的仪轨，而其榜题“清净法身卢舍那佛”及本窟四壁的造像则表现北传华严密法的主尊，两者在本窟的对应关系，开启了尔后南北两系密法的互动。本窟正壁的“毗卢遮那八菩萨造像”源出盛唐善无畏所撰《尊胜佛顶修瑜珈法轨仪》，而由不空在《佛顶尊胜陀罗尼念诵仪轨》中加以简化而成，成为敦煌石窟尔后“佛顶尊胜”一系造像的典型[⑥]。郭祐孟对敦煌石窟八大菩萨曼荼罗造像进行了专题研究，指出应是由华严主尊架构八大菩萨曼荼罗的最早实例，应为胎藏界

① 田中公明：《敦煌密教と美术》，法藏馆，2000年，第31—32页。

② 奥山直司：《敦煌の密教美术》，载立川武藏、赖富本宏编《ツリ—ズ密教·3·中国密教》，春秋社，1999年，第210—222页。

③ 敦煌研究院编：《敦煌石窟全集·密教画卷》，香港商务印书馆，2002年。

④ Matthew T. Kapstein, *The Treaty Temple of De-ga g.yu-tshal: Identification and Iconography*，载霍巍、李永宪主编：《西藏考古与艺术》，四川人民出版社，2004年，第98—127页。另见四川大学中国藏学研究所主办《藏学学刊》第一辑，2006年。

⑤ 赖文英：《唐代安西榆林25窟之卢舍那佛》，《圆光佛学学报》，1999年第4期，第340—345页。

⑥ 赖鹏举：《中唐榆林25窟密法“毗卢遮那佛”与佛顶尊胜系造像的形成》，《中国藏学》，2007年第4期，第18—23页。

曼荼罗[①]。张亚莎则对该类造像艺术题材的来源关系，以及其反映的波罗中亚艺术风格进行了探讨[②]。谢继胜则对榆林窟第25窟的八大菩萨曼荼罗造像来源作了探讨[③]。刘永增发表了对敦煌石窟八大菩萨曼荼罗图像的研究新成果[④]。陈粟裕对榆林窟第25窟的八大菩萨图像进行了专题研究，指出其所据经典应是藏文本《八大菩萨曼陀罗经》，题材与样式应来自吐蕃本土[⑤]。

二、与相关经典的关系

我们考查与八大菩萨有关的佛典，只有《八大菩萨曼荼罗经》、《师子庄严王菩萨请问经》最为符合。该二经所列八大菩萨即为：观音、弥勒、虚空藏、普贤、金刚手、文殊、除盖障、地藏。

下面我们就该铺曼荼罗和《八大菩萨曼荼罗经》所记作一比较（表4—1）。

表4—1　《八大菩萨曼荼罗经》与榆林窟第25窟

八大菩萨曼荼罗中各菩萨像的特征比较

菩萨名	坐姿		手印与持物				冠式		身色	
	经典	洞窟	左手		右手		经典	洞窟	经典	洞窟
			经典	洞窟	经典	洞窟				
观音		游戏坐	持莲花	持莲花	施与愿印	施与愿印	如来冠	化佛宝冠	赤色	不明

① 郭祐孟：《敦煌石窟卢舍那并八大菩萨曼荼罗初探》，《敦煌学辑刊》，2007年第1期，第45—63页。

② 张亚莎：《11世纪西藏的佛教艺术——从扎塘寺壁画的研究出发》，中国藏学出版社，2008年，第119—124页。

③ 谢继胜：《川青藏交界地区藏传摩崖石刻造像与题记分析——兼论吐蕃时期大日如来与八大菩萨造像渊源》，《中国藏学》，2009年第1期，第123—149页。

④ 刘永增：《敦煌石窟八大菩萨曼荼罗图像解说》上、下，《敦煌研究》，2009年第4、5期第12—23、8—17页。

⑤ 陈粟裕：《榆林25窟一佛八菩萨图研究》，《故宫博物院院刊》，2009年第3期，第56—82页。

续表

菩萨名	坐姿		手印与持物				冠式		身色	
	经典	洞窟	左手		右手		经典	洞窟	经典	洞窟
			经典	洞窟	经典	洞窟				
弥勒		游戏坐	持军持	持军持	施无畏印	持莲花	冠中佛塔	冠中有宝塔	金色	金色
虚空藏		游戏坐	持宝，腹前	持剑	施无量宝	施与愿印		宝冠		青色
普贤	半跏坐	游戏坐	与愿印	与愿印	持剑	不明	五佛冠	五佛冠	金色	不明
金刚手（藏）	半跏坐	游戏坐	安于胯	腹前	持金刚杵	持金刚杵	五佛冠	宝冠	青色	不明
文殊	半跏坐	游戏坐	执五股、金刚杵、青莲花	托一莲台	施与愿印	持莲枝	五髻冠	五髻冠	金色	金色
除盖障	半跏坐	结跏坐	持如意幢	不明	施与愿印	持梵荚	璎珞冠	宝冠	金色	不明
地藏		游戏坐	安脐下托钵	似托一物	覆掌向下	托一宝珠		宝冠		金色

比较的结果，考虑到主尊神格的区别，榆林窟中唐的八大菩萨曼荼罗多少仍受经典的影响。只是这种影响并不严格而已。承郭祐孟教示，敦煌出现的此类八大菩萨曼陀罗造像，有可能另有所据，如当时流行于敦煌的藏文本经典，可惜笔者不谙藏文，未有查对。田中公明先生在其研究中讨论过敦煌发现的藏文写经如P.T.108与八大菩萨名号的关系①。陈粟裕研究表明，榆林窟第25窟八大菩萨曼陀罗所据经典有可能即是当时流行于藏地的

① 田中公明：《敦煌出土の胎藏大日八大菩萨像》，载氏著：《敦煌密教と美术》，京都法藏馆，2000年，第30页。

藏文本《八大菩萨曼拏罗经》，属不空三藏译本《八大菩萨曼荼罗经》的同源藏文译本，编号No.317.1[①]。此经到北宋时才有汉译本，其与不空本的最大区别是没有规定八大菩萨的身形与持物，大大方便了艺术家的自由创作。但是考虑到敦煌地区此时已是不空大师在河西弘法之后，因此仍有受不空思想与所译经典影响的可能性。但可惜的是在藏经洞经典中，没有发现不空本《八大菩萨曼荼罗经》。

郭祐孟认为[②]，榆林窟25窟是现存最早借用华严教主题名来架构曼荼罗的例子。卢舍那佛与毗卢遮那佛，原是旧译《六十华严》与新译《八十华严》对于法界教主的异称；根据《一切经音义》的说法，卢舍那为照义，毗卢遮那为遍照义；卢舍那特指报佛净色遍周法界，毗卢遮那则为佛以身智种种光明照众生[③]。可见，卢舍那、毗卢遮那与大日如来三者，具有某种程度的相通内涵。另一方面，郭先生认为汉传密教图像是非常复杂和善变的，因此不能以单一的经典对应，因此他也认为该铺曼荼罗并非根据《八大菩萨曼荼罗经》所绘制。他也不同意赖文英、赖鹏举推论榆林窟第25窟正壁可能是尊胜曼荼罗，是结合八大菩萨来开展卢舍那佛于密法中的大用[④]。

但若根据不空的《尊胜念诵仪轨》所载，八大菩萨名号是相同的，改以毗卢遮那佛居中尊，这是突显了佛顶思想对此八尊结构的运用。从主尊右边的观世音菩萨开始，顺时针方向依序为：弥勒、虚空藏、普贤、金刚手、文殊、除盖障、地藏[⑤]。不过，仪轨中并没有规定相关的造像法。检阅流传东洋的诸部图像集，可以在《四家钞图像》看到唐不空本的加注尊胜

① 陈粟裕：《榆林25窟一佛八菩萨图研究》，《故宫博物院院刊》，2009年第3期，第56—82页。

② 郭祐孟：《敦煌石窟卢舍那并八大菩萨曼荼罗造像初探》，《敦煌学辑刊》，2007年第1期，第45—63页。

③（唐）慧琳：《一切经音义》，《大正藏》第54册，页431a，434c。

④ 赖文英：《唐代安西榆林25窟之卢舍那佛》，《圆光佛学学报》，1999年第4期，第340—345页。

⑤（唐）不空译：《佛顶尊胜陀罗尼念诵仪轨法》，《大正藏》第19册，第364页下。

法曼荼罗[1]，又参阅《曼荼罗集》的参考图像[2]，便可以了解观音持莲花、弥勒执军持瓶、虚空藏握摩尼宝、普贤持宝剑、金刚手拿金刚杵、文殊顶上五髻持莲中生金刚杵、除盖障持伞盖、地藏捧宝钵，应该就是“尊胜佛顶并八大菩萨曼荼罗”的唐本常样。事实上，第25窟曼荼罗与此多有相近之处，因此当值得作进一步的考虑。

就八大菩萨曼荼罗，除了观音以手持莲花、顶戴化佛冠，弥勒顶戴佛塔、手持净瓶较为固定外，其他诸尊都或多或少有图像运用上的变化。第25窟本图除盖障菩萨一手持经夹，实为其在金刚界三昧耶会东方第三尊的位置，是以经夹为其本誓愿形。而本图虚空藏菩萨左手挂剑，当是其在胎藏界的三昧耶形[3]。本图地藏菩萨一手托摩尼珠，当属胎藏界地藏院的院主，是根据《大日经·秘密品》所说的仪轨[4]。而文殊菩萨头顶与别尊不同，表现出一髻文殊的特色，由此可以确认这是一尊胎藏界系统的文殊造像。

单就主尊所表现出的胎藏界大日如来特色，早年日本密教美术史大家佐和隆研先生就已指出[5]，这一结果也得到如日本密教专家赖富本弘[6]、田中公明[7]、郭祐孟等先生的认同。另一方面，虽然第25窟八大菩萨身色变化不大，但是虚空藏菩萨青色身的出现，其他菩萨背光和头光色彩的细微变化，加上从罗氏图版中看到另四大菩萨身色深浅的区别，均表明了该铺八大菩萨曼荼罗造像在身色上的考虑是存在的。

---

①《四家钞图像》(大正图像3)，第770页。

②《曼荼罗集》参考图像：12，13(大正图像4)，第206—207页。

③《大悲胎藏普通大曼荼罗中诸尊种子标帜形相圣位诸说不同记》(大正图像1)，第74页。

④(唐)善无畏、一行译：《大日经·秘密曼荼罗品》，《大正藏》第18册，第35c页。

⑤ 佐和隆研：《オリッサにおける主要密教尊像》，载氏著：《密教美术の原像》，法藏馆，1982年，第100页。此文所用榆林窟第25窟主尊图版，即是采自华尔纳书相关图版。

⑥ 赖富本弘：《八大菩萨像について》，载佐和隆研编：《密教美术の原像》，法藏馆，1982年，第114—127页。

⑦ 田中公明：《敦煌密教と美术》，法藏馆，2000年，第31—32页。

总体而言，逐一比对现存的诸部图像钞，正如郭祐孟所言，可以认为第25窟八大菩萨图像与胎藏界曼荼罗的大日如来更为相近[①]。但是除盖障菩萨持经夹，则显示出一定程度上受金刚界图像影响的因素。

八大菩萨曼荼罗图像本身之外，南北两侧分别画一身行道药师佛立像和地藏菩萨立像，又要表达什么样的思想和图像组合关系呢？

三、艺术史的考察

1. 图像比较

榆林窟第25窟八大菩萨曼荼罗造像作为一类新的造像样式与题材，另在藏经洞保存有同时代绢画八大菩萨曼荼罗一铺，即Stein painting 50八大菩萨曼荼罗（图4—11）。按学者们的研究，当为"卢舍那并八大菩萨曼荼罗"。主尊为结定印菩萨形卢舍那佛（胎藏界大日如来），两侧竖排八大菩萨像，一侧各四身，均为菩萨形，有几身存藏文题记，分别为"除盖障菩萨"、"地藏菩萨"、"文殊菩萨"、"普贤菩萨"。另四身据考为观音菩萨、金刚手菩萨、弥勒菩萨、虚空藏菩萨。按郭祐孟先生的研究，以为"整体来说，这件绢画虽然有浓郁的印度波罗风格，但是在细节刻画上还显得朴素一些。至于造像仪轨，完全不是根据汉译八菩萨的经典，间杂着金胎两界造像系统的影响，可见这是一幅具有特定时空条件的曼荼罗"[②]。

仔细比较两幅八大菩萨曼荼罗造像，时代均为中唐吐蕃统治时期。而根据我们对榆林窟第25窟时代的推断，可早到吐蕃占领敦煌以前，即占领瓜州的776年至沙州陷蕃的贞元三年786年之间的洞窟[③]。那么，很有可能第

① 《胎藏旧图样》（大正图像2），第 480页。

② 郭祐孟：《敦煌石窟卢舍那并八大菩萨曼荼罗造像初探》，《敦煌学辑刊》，2007年第1期，第45—63页。

③ 沙武田：《吐蕃统治时期敦煌石窟研究》，中国社会科学出版社，2013年，第355—382页。

图4—11　敦煌绢画Stein painting 50八大菩萨曼荼罗
（《西域美术·大英博物馆斯坦因所获敦煌绘画》I图版17）

25窟的八大菩萨曼荼罗要早于绢画的时代，或相当。这样，也就是说两幅曼荼罗之间存在相互影响的可能性很大，很有可能是洞窟壁画影响了绢画的绘画。从题材上看，二者之间完全一样，虽然造像的布局方式与各菩萨像的具体特征略有不同，完全是因为汉地显密的善变与多样化所导致。关键是主尊完全是菩萨形大日如来（卢舍那佛），正是表明敦煌一带开始利用华严教主卢舍那架构八大菩萨曼荼罗的实例，是目前为止所见较早的同类图像，有较为重要的意义，或许正是敦煌本地佛教界对此类造像的改造与重新构思。

2. 艺术风格

从艺术风格上看，均有较为明显的波罗艺术风格特征[1]。这种艺术风格

---

① 敦煌研究院编，彭金章主编:《敦煌石窟全集·密教画卷》，香港商务印书馆，2003年，第62、63页。

在当时是全新的画样画稿，即吐蕃藏地艺术传入的结果。吐蕃统治时期的瓜州敦煌一带，从藏地传入的这种艺术风格，是藏地佛教在前弘期与东印度8世纪开始的波罗王朝艺术交涉的结果，最终随着吐蕃政治势力的进入而传到了敦煌。

非常有趣的是，榆林窟第25窟该铺八大菩萨曼荼罗造像中，榜题框均是作横框和竖框结合的T形框，即设计了分别书写藏文和汉字的榜题框。其中竖框中的墨书汉字保存较好，到现在仍清晰可见，而横框中没有文字的迹象，似乎表明一开始就没有写上藏文榜题内容。因为洞窟中弥勒经变画中写于当时的藏文榜题完好如新地保存下来的事实，也从一个侧面佐证了该曼荼罗横框中起初就没有写上要写的藏文榜题。虽然最后没有写上要写的藏文榜题内容，但是绘画者还是忠实地标示出了相应的横框。这也从一个侧面表明该类造像的图本画稿来自吐蕃藏地的事实，敦煌汉地艺术家要忠实地表现这一来自藏地的艺术图样，因此便忠实原稿而画上了藏文榜题框，又受当地历史政治的影响，也不失时机地加上敦煌壁画常规表现方式书写汉字的竖形榜题框。

单就八大菩萨曼荼罗而言，藏地较早出现于玉树贝勒沟的摩崖石刻八大菩萨曼荼罗造像，时间为8世纪。题材内容与敦煌一致，但是造像的风格完全不同，菩萨服饰的吐蕃化，时代特征较为明确，属吐蕃期的作品无疑[①]。

也就是说，我们在吐蕃统治的敦煌地区看到了更为纯正的吐蕃传入的波罗艺术风格造像，更进一步表明敦煌吐蕃时期艺术的多样化特征。

但是按汤惠生[②]和金申[③]的意见，认为包括藏地和敦煌在内的八大菩

① 汤惠生：《青海玉树地区唐代佛教摩崖考述》，《中国藏学》，1998年第1期，第114—124页。
② 汤惠生：《青海玉树地区唐代佛教摩崖考述》，《中国藏学》，1998年第1期，第114—124页。
③ 金申：《佛教美术上的仁兽》，《敦煌学辑刊》，2007年第1期，第113—118页。

萨曼荼罗造像，应是传自内地中原唐地的题材，但都没有具体指证内地的造像事例。但对笔者看来，敦煌的卢舍那并八大菩萨曼荼罗造像出现于中唐吐蕃统治时期，当系传入藏地的艺术题材与风格特征，对此，笔者更同意张亚莎先生的意见[①]。只是在具体的图像内涵、人物特征及在洞窟中的意义，当有其当地的佛教思想与义理的作用，比如以华严教主卢舍那来架构的主尊，即是代表。具体信仰的来源则另当别论。

事实上作为八大菩萨曼荼罗题材，也是印度一带佛教特别是密教较为流行的题材，时间上与藏地早期同类题材相当。我们比较印度一带的此类造像（图4—12），无论是主尊像的特征，佛坐下的狮子形象，各菩萨的造型等，均非常相近。因此，可以发现敦煌中唐的绢画和壁画八大菩萨曼荼罗，正是印度同类造像的传承，那在当时的敦煌传自藏地的可能性要更高一些。

另外，榆林窟第25窟八大菩萨曼荼罗中弥勒菩萨披鹿皮衣，非常独特，对此学者们也注意到来自印度更早时间的艺术传承[②]。只是这种艺术的传播是通过丝路，还是来自西藏？就本文所论，我们还是更加倾向于传自藏地的关系。因为同为地藏菩萨，曼荼罗南侧所画同时代汉传造像为常见比丘形地藏菩萨像，再结合莫高窟第153窟龛内八大菩萨中同为比丘形地藏菩萨的题材内容，比较的结果充分说明该图像所具有的浓厚的藏传艺术的色彩，也说明了其作为一幅较为严格意义上胎藏界八大菩萨曼荼罗的性格特征。

① 张亚莎：《11世纪西藏的佛教艺术——从扎塘寺壁画的研究出发》，中国藏学出版社，2008年，第119—121页。

② 宫治昭等：《インドから中国への仏教美術の伝播と発展に関する研究》，名古屋大学美術史研究室，2001年。

图4—12　印度八大菩萨曼荼罗图像
（赖富本弘《密教佛的研究》，法藏馆）

第五节　余　　论
——罗寄梅之后的榆林窟第25窟壁画

罗寄梅拍这些洞窟的时间大致是在1943年4月至1944年6月，之前张大千、谢稚柳已做过详细的调查工作。也就是说张氏和谢氏是看到过榆林窟第25窟该铺造像的全图的，这一点可以得到谢稚柳《敦煌艺术叙录》的佐证。同时，罗氏和常书鸿先生一同到敦煌，又是在常先生的安排下进行拍摄。那么常书鸿先生当时也有可能看到过该铺造像的全图，况且我们知道常先生在1943年同张大千等一同在榆林窟考察过（图4—13），只可惜没有

图4—13　1943年3月常书鸿、张大千、谢稚柳、向达等考察榆林窟时的照片
（敦煌研究院编：《常书鸿文集》图版，甘肃民族出版社，2004年）

见到他的任何文字记载。

另外，就现在所知情况，敦煌研究院的老专家中也没有人见过这幅壁画的全图。早在20世纪50年代发表的敦煌文物研究所榆林窟调查资料中，对第25窟的描述很详细，唯独没有八大菩萨曼荼罗的介绍，但我们从随文发表的八大菩萨曼荼罗主尊图片的残毁状况就已经知道半壁已不存了[①]。1997年出版的《中国石窟·安西榆林窟》，就是敦煌研究院的专家学者们集体成果的结晶，也是榆林窟较早最为全面也是最权威的资料，其中公布的榆林窟第25窟八大菩萨曼荼罗壁画即是现存的残画，由段文杰、霍熙亮、李其琼、关友惠等人集体撰写的图版说明中，没有提到该例壁画的残毁部

① 敦煌文物研究所编：《安西榆林窟勘察简报》，《文物参考资料》，1956年第10期，第9—12页。

分[①]。另外，敦煌艺术权威人士段文杰对榆林窟第25窟的专题研究文章中也没有提到此事[②]。段文杰、霍熙亮、李其琼都是常书鸿到敦煌后二三年之内招来的美术研究方面的人才，他们也是最早到榆林窟从事临摹研究工作的人，文中只字不提该铺八大菩萨曼荼罗全画的问题，只能说明他们都没有看到过原画的全图。

这样，也就非常清楚地说明了罗寄梅拍完该幅壁画之后，在很短的时间内另一半就被毁，以至于像常书鸿、段文杰等敦煌的老一辈专家学者都无缘一睹此画的真面目，不得不说这是一件敦煌艺术研究史上的一件憾事！对此，据敦煌文物研究所于20世纪50年代的介绍，根据榆林窟住持郭道长和当地老百姓讲，在1949年前二三年，当地国民党驻军经常到榆林窟找宝，他们捣毁壁画，挖掘壁画，第25窟八大菩萨曼荼罗就是他们破坏的结果[③]。这样也就使我们明白了为什么敦煌文物研究所的老专家们都无缘一睹的原因了，因为对榆林窟的有效管理和大规模临摹一直是到了1949年以后的事情。

① 敦煌研究院编：《中国石窟·安西榆林窟》，文物出版社，1997年，图版说明。

② 段文杰：《榆林窟第25窟壁画艺术探讨》，《敦煌研究》，1987第4期，第1—10页。

③ 敦煌文物研究所编：《安西榆林窟勘察简报》，《文物参考资料》，1956年第10期，第12页。

第五章

洞窟壁画中的T形榜子[①]

吐蕃统治敦煌之后，敦煌的历史与文化发生了一些变化，本文所论壁画中出现的T形榜题框就是一例。最早注意到敦煌壁画T形榜子及其断代意义的是黄文焕先生[②]，后来今枝由郎先生就榆林窟第25窟T形榜子作了专题研究，所论仍集中在T形榜子的断代意义，同时提出一些有趣的现象与问题[③]。受前人研究的启发，就此问题，觉得仍有进一步探讨的必要。

① 壁画中书写榜题文字的题框，古人有专用名称，谓之“榜子”。《历代名画记》卷3记“净域寺”：“三阶院东壁张孝师画地狱变，杜怀亮书牓子。院门内外神鬼，王韶应画，王什书牓子。据裴画录，此寺有孙尚子画，今不见。王什、杜怀亮书人罕知。有书迹甚高，似钟书。”《寺塔记》卷下“翊善坊保寿寺”条记“寺有先天菩萨帧……其榜子有一百四十。”又《六艺之一录》卷261记，“札子，移牍也。唐人奏事非表非状者，谓之札子，亦谓之录子，又谓之榜子。陆贽有榜子集，苏轼有进陆贽奏议札子”。感谢施萍婷先生指教。

② 黄文焕：《跋敦煌365窟藏文题记》，《文物》，1980年第7期，第47—49页。

③ Yoshiro IMAEDA: *T-shaped Inscription Frames in Mogao (Dunhuang) and Yulin Caves*，《日本西藏学会会报》第53号，2007年6月，第88—99页。张长虹中译本见《藏学学刊》第五辑，四川大学出版社，2009年，第286—290页。

第一节　敦煌石窟壁画中的T形榜子
——兼谈洞窟与绢画中的藏文榜子

T形榜子是一种独特的壁画榜子形式，在敦煌地区仅出现在吐蕃统治时期石窟壁画中，其反映的时代特色明确，正是黄文焕、今枝由郎二先生所论断，当无多大异议。

最早黄文焕在研究莫高窟第365窟藏文发愿文题记时，注意到藏文在上、汉文在下，二者相交，构成“T”形。同时披露在莫高窟的另两窟T形榜子即第251窟中心柱南、西、北三向面（图5—1），第75窟西壁（图5—2）。后来，今枝先生注意到榆林窟第25窟主室正壁八大菩萨曼荼罗造像中的T形榜子（图5—3）。

但需要我们略作注意的是，第365窟藏汉文字的内容与性质并不一致，

图5—1　莫高窟第251窟中心柱T形榜子
（洞窟和壁画为北朝作品，T形榜子是吐蕃时期补绘题记时所为，敦煌研究院提供）

图5—2　莫高窟第75窟T形榜子
（敦煌研究院提供）

图5—3　榆林窟第25窟八大菩萨曼荼罗中T形榜子

图5—4　莫高窟第331窟甬道T形榜子（敦煌研究院提供）

其中藏文为建窟功德愿文，而汉文所写则为《佛说回向轮经》[①]。近来，敦煌研究院公布莫高窟第331窟甬道南壁底层天王像T形榜子（图5—4）[②]，莫高窟第93窟龛内屏风画中出现一字横写的藏文榜子（图5—5），同时也出现汉藏文合璧的T形榜子（图5—6），属最新的发现[③]，非常独特，极为少见。从题记榜子所在位置及与壁画的关系看，当为龛内屏风画画面的文字

① 梅林：《莫高窟第365窟汉文题记重录并跋》，载胡素馨主编：《佛教物质文化：寺院财富与世俗供养国际学术研讨会论文集》，上海书画出版社，2003年，第349—362页。

② 敦煌研究院、中国藏学研究中心编，沙武田撰稿：《敦煌藏传艺术精华：2011年藏历挂历》“二月”之小图三，中国藏学出版社，2010年12月。

③ 沙武田、赵蓉：《吐蕃人与敦煌石窟营建——以莫高窟第93窟为中心》，《藏学学刊》第七辑，四川大学出版社，2011年，第26—48页。

图5—5　莫高窟第93窟主室内景
（敦煌研究院提供）

图5—6　莫高窟第93窟龛内屏风画T形榜子
（敦煌研究院提供，线描图为敦煌研究院考古所赵蓉绘）

题注，是壁画榜题的本来属性。

以上汉藏文T形榜子，最早出现者当属榆林窟第25窟，因为该窟建成于776—786年[①]，莫高窟其他洞窟均在786年沙州陷蕃之后。因此，探讨第25窟T形榜子有重要的意义。

榆林窟第25窟、莫高窟第365、93窟T形榜子是在洞窟营建之初的作品，当属最初设计，文字内容的性质不尽一致，当以壁画文字图解说明为主。其余如莫高窟第251、75、331窟均为中唐吐蕃时期对前期洞窟重绘或补绘的作品，其中第251窟中心柱西、北、南T形榜子中汉文题记内容分别为“妙高宝龛寺弟子王和供养”、“妙高胜严寺弟子囗/神奴供养”、“妙高□□寺弟子尹□”[②]。笔者请教敦煌研究院文献所藏族学者张延清博士、勘措吉博士，藏文大意也如此，没有相应的供养人画像。由此可判断，属吐蕃时期人们游历莫高窟的游人供养题记性质。从其姓氏和名字判断，其中有汉族人“王和”、“尹□”，粟特人“□神奴”，似没有吐蕃人，之所以要出现藏文，只能说明是写于吐蕃统治时期。第75窟则为一杨姓施主修莫高窟“弥勒佛殿”时留下的题记[③]，汉文残毁不辨，该窟显然无任何弥勒佛殿之意，因此也属信手题名，时代当为吐蕃时期作品。第331窟T形榜子中现存则为横写的藏文和竖写的回鹘文题名，最初应写汉文，只是到了回鹘时期重绘时写上回鹘文。回鹘文墨迹清晰，说明其重写的事实。而藏文颇为模糊，显然为较早作品，当为吐蕃时期绘天王像时所作，该天王从残迹可

① 沙武田：《关于榆林窟第25窟营建时代的几个问题》，《藏学学刊》第五辑，四川大学出版社，2009年，第79—104页；日文版见沙武田：《榆林窟第二五窟の造營年代に關する諸問題》，日本早稻田大学文学研究科奈良美术研究所《奈良美术研究》第九号，2010年2月，第23—40页。

② 敦煌研究院编：《敦煌莫高窟供养人题记》，文物出版社，1986年，第109页。

③ 勘措吉：《莫高窟第75窟藏文题记考》，载敦煌研究院编：《敦煌吐蕃文化学术研讨会论文集》，甘肃民族出版社，2009年，第191—194页。

图5—7　莫高窟第158窟涅槃经变各国王子举哀图及其中的吐蕃赞普藏文题名
（1908年伯希和拍摄，引自伯希和《敦煌石窟图录》）

判断确为吐蕃特色天王像①。

除以上T形榜子外，莫高窟第158窟赞普像中出现仅写藏文的一字横榜子（图5—7），该藏文墨书题记为“བཙན་པོ།”，翻译成汉语即为“赞普”②，没有出现对应的竖写汉文题记及榜子。整幅各国王子举哀图中，唯独吐蕃赞普的榜题为藏文横写榜子，藏文保存了下来，其他均为汉文竖写榜子，且无字，显示出该洞窟功德主及营建者独特的身份关系。在供养人画像中出

① 谢继胜：《榆林窟15窟天王像与吐蕃天王图像演变分析》，《装饰》，2008年第6期，第54—59页。

② 对此藏文题记，日本学者上山大峻转写为“dtsanpo”，汉译为“赞普”（刘永增：《敦煌石窟艺术·莫高窟第158窟》，江苏美术出版社，1998年，第33页）。霍巍转写为“Bod-Btsan-po”，译为“蕃赞普”（霍巍：《突厥王冠与吐蕃王冠》，《考古与文物》，2009年第5期，第85页）。

图5—8　莫高窟第199窟南壁东侧中唐补绘壁画及其中的一字横形榜子
（敦煌研究院提供）

现“蕃大德”，则为此藏文题名作了最好的注脚。至于“蕃大德”未用藏文的T形或一字形榜子，似表明了窟主非藏人的事实，正与笔者所论该窟功德主有可能为粟特胡人安氏之观点切合[①]。而作为粟特胡人，长于语言，因此在这里也默许了吐蕃赞普藏文题名的书写，属吐蕃统治时代背景下的政治图解，易于理解。

莫高窟第199窟南壁盛唐开窟时没有完工，到了中唐时期补绘诸多内容。东侧上半部上画八身菩萨，下画七佛一铺（图5—8）。其中，上面的八菩萨，均趺坐于莲花座上（佛座有莲枝相联结），排列作上下三层，依次为二身、三身、三身，各菩萨无各自的榜子；下面七佛，中间一佛，其他

① 沙武田：《敦煌莫高窟第158窟与粟特人关系试考》（上、下），《艺术设计研究》，2010年第1、2期，第16—22、29—36页。

六身两侧从上到下三排作环绕形排列于四周，同为趺坐莲花座（佛座有莲枝相联结）。对应从上至下各在中轴线佛两侧书一榜子，共有六条榜子，最上一身佛西侧榜子旁边又画了较宽的榜子。有趣的是，在上下八菩萨与七佛之间画有一条一字横形榜子，底色与七佛榜子底色相同，均变黑，是同时书写，因为两铺画的用色、风格相同，又有莲枝相联结，因此均属中唐补绘的内容。显然此处的一字横形榜子属上铺八菩萨的总题名，且为藏文书写。具体的文字均因变色不清。此处八菩萨出现藏文的榜子，有两种可能性：表明该造像属吐蕃传入的粉本，或属吐蕃人所绘。但是同时所绘的下铺七佛完全为汉文竖形榜子，似乎表明其功德主为吐蕃人的可能性不大。作为中唐补绘前期洞窟壁画内容，也不大可能是吐蕃人所为。此窟及相类洞窟补画作品供养人可作证明。而菩萨简单的衣着，突出人体美的画法，细腰特征，均有吐蕃风格，因此当属吐蕃粉本关系。至于是否为吐蕃传统的八大菩萨，因为主尊毗卢遮那（或大日如来）的情况不明（没有绘画，或有意省却），同时八菩萨与七佛以莲枝相联结，用意不明。

莫高窟第465窟的一则藏文题记，同样没有榜子，时代不会早于西夏。综观整个洞窟，第465窟没有出现一则壁画榜子，主室下层一圈八十四成就者虽然有题名，但均书写于纸条上贴在壁画中，因此不能算严格意义上的榜子，没有使用藏文，而是用藏文的汉文对音和汉文译文对应的形式出现，故我们推测八十四大成就者的纸条题名有可能属后期人们的补贴作品。至于大量存在于洞窟中不带榜子的藏文刻划、墨书题记，基本上为游人题名，时代较晚，多为西夏元时代，不属本文所论对象。

洞窟以外，藏经洞绢画中也有类似的题记榜子出现。现藏于大英博物馆的敦煌绢画Stein painting 32（图5—9）[①]，绢本设色，纵152.3厘米，横

① 韦陀编：《西域美术·大英博物馆斯坦因收集品》敦煌绘画I，日本讲谈社，1982年，彩图16。

图5—9　敦煌绢画Stein painting 32

177.8厘米，画面最上方为药师佛说法图，中间为一横长方形榜子，两侧为文殊、普贤并侍从，下方为千手千眼观音及其胁侍菩萨。中间榜子题记为汉藏两种文字书写，其中汉文竖写在上面，内容为：

1. 敬画药师如来法席
2. 一铺文殊普贤会一铺千手
3. 千眼一躯如意轮一躯不
4. 空绢索一躯
5. 以此功德奉为先亡□考
6. □□□法界苍生同
7. □共登觉路
8. 丙辰岁九月癸卯朔十五日丁巳
9. 建造毕

藏文横写在下面，内容为：

> 龙年，我，僧人白央为身体康健和作回向功德（利益所有众生）而创作下列组画：药师佛、普贤菩萨、文殊菩萨王子、千手千眼观世音菩萨、如意转轮王、回向转轮王等佛像。

可知，该绢画是由藏族僧人白央作于836年9月15日[①]。汉藏文的意思基本可以对应，只是上下位置关系与壁画中不一样，在榜子内也没有用界线隔开来，比较随意。

另一幅绢画Stein painting 50八大菩萨曼荼罗中[②]（图5—10），题记全为一字榜子内横写的藏文，具体内容为各菩萨名号[③]，没有汉文内容，其性质同第25窟。

MG.17780金刚界五佛曼荼罗[④]（图5—11），绢本设色，其中男性供养人一侧第一身为一僧人，供养人题名榜子为一字横形，看不到文字。因为其他竖榜子中的汉文供养人题名均完好如新，故属当初没有书写，只能说明本来是要书写藏文的，但由于题名者不谙藏文，便付诸阙如。在此之所以要出现给僧人写上藏文题名，无疑此僧人为藏人，正与绘画的藏传特色相一致。而绢画的时代，从男供养人的直角幞头可知，当属五代宋时期。这一时期河西地区仍使用藏文的情况，已为学界所熟知[⑤]。

ДX.316观无量寿经变（图5—12），绢本设色，下为供养人，男女主人公对坐，题记榜子均为一字横形榜子。联系男女主人公及身后二侍从的

---

① 海瑟·噶尔美著，熊文彬译：《早期汉藏艺术》，河北教育出版社，2001年，第19—23页。

② 图版见《西域美术·大英博物馆斯坦因收集品》I，日本讲谈社，1982年，彩图17。

③ 田中公明：《敦煌密教と美术》，法藏馆，2000年，第20—38页。

④ 图版见《西域美术·集美美术馆伯希和收集品》I，日本讲谈社，1994年，彩图46。

⑤ 乌瑞：《吐蕃统治结束后甘州和于阗官府中使用藏语的情况》，《亚细亚学报》，1981年第1、2期，第82—90页；山口瑞凤：《吐蕃支配期后の诸文书》，载《讲座敦煌6·敦煌胡语文献》，大东出版，1985年；武内绍人：《归义军期から西夏时代のチベット语文书とチベット语使用》，《东方学》，2002年第104辑，第106—124页。

图5—10　敦煌绢画Stein painting 50八大菩萨曼荼罗

图5—11　MG.17780金刚界五佛曼荼罗

图5—12　Д X.316观无量寿经变

图5—13　榆林窟第25窟八大菩萨主尊北侧榜子及旁边之弥勒菩萨

吐蕃装束特征，该题记榜子显是要书写藏文，只可惜文字不存，没有对应的汉文题榜，而上部经变画画面中的榜子全为书写汉文的竖形榜子①。从经变画的画面结构、情节布局、技法等方面看，完全是敦煌传统，因此该绢画属此藏人夫妇在敦煌本地请人绘制布施，画手当为敦煌本地汉人。

此二例绢画供养人中出现的藏文榜子，性质完全为供养人题名，与前几例洞窟发愿文、壁画榜题、游人题名之性质有别。

以上即为敦煌石窟与藏经洞绘画品中藏汉文T形榜子及藏文一字横形题记榜子的基本情况，数量以榆林第25窟最多，八大菩萨各一条，主尊两侧各一条，计有十条②，最具研究价值。其中主尊南侧有汉字，北侧无字，但从榜子内涂抹的痕迹判断，最初在北侧的竖榜子内写了“弥勒”二字，显系是要写旁边的弥勒菩萨题名，但后来发现不妥，因为弥勒菩萨有对应的榜子，至今汉文题名清晰（图5—13）。为什么要多出一条T形榜子，原因不明，从误写涂抹的情形看似属误画。而莫高窟第93窟龛内存T形榜子2条，一字榜子1条，┐字形榜子1条，考虑到与汉文榜题的关系，均可归入T形榜子系列，颇为独特，笔者已有专论③。

① 俄罗斯国立艾尔米塔什博物馆：《俄罗斯国立艾尔米塔什博物馆藏敦煌艺术品》I，上海古籍出版社，1997年，彩图48。

② 现今洞窟中的八大菩萨曼荼罗残，后经笔者补全，见沙武田：《榆林窟第25窟八大菩萨曼荼罗图像补遗》，《敦煌研究》，2009年第5期，第18—24页。

③ 沙武田、赵蓉：《吐蕃人与敦煌石窟营建——以莫高窟第93窟为中心》，载四川大学中国藏学研究所：《藏学学刊》第七辑，四川大学出版社，2011年，第26—48页。

第二节　第25窟T形榜子仅出现在八大菩萨曼荼罗造像中的原因

就榆林第25窟而言，T形榜子本身即属特殊之现象。更为特殊者，细察窟内前甬道、前室、后甬道、主室其他壁画造像，所见榜子均为传统汉文竖形（图5—14）。唯正壁八大菩萨曼荼罗全为T形榜子，更有意味的是，同为正壁造像，八大菩萨曼荼罗两侧药师佛与地藏菩萨，其中药师佛保存完好，榜子为竖条形（图5—15）；地藏菩萨残，榜子看不到，但据窟内其他内容推测，当为竖形榜子无疑。如此说来，在敦煌石窟中最早出现且数量最多的榆林第25窟T形榜子，则仅出现在八大菩萨曼荼罗造像中，甚为奇特，必有独

图5—14　榆林窟第25窟弥勒经变局部中的竖形榜题框

图5—15　榆林窟第25窟正壁药师佛

特之原因可查。

事实上，今枝由郎先生较早即已注意到该现象，他的解释是："如果比较东壁与南壁和北壁，最大的不同是题记榜子的形状：东壁为T字形而南、北壁则为竖长方形。这不是简单的绘画风格不同的问题，一定还有其他的解释。考虑到敦煌地区9世纪上半叶的历史背景，对这种差异的唯一解释应该是政治和军事政权的变化，吐蕃的统治被张议潮的归义军政权所取代，后者在821/822年唐蕃和盟的25年之后，即848年重新收复了敦煌地区。在唐蕃和盟至吐蕃统治结束这一段时间内，设计T字形的题记榜子以书写汉藏文的题记一定是十分必要的，但在848年之后情况就不同了，这或许可以解释该窟中不同壁面T形题记榜子出现和缺失的问题。"①

① Yoshiro IMAEDA: *T-shaped Inscription Frames in Mogao (Dunhuang) and Yulin Caves*,《日本西藏学会会报》第53号，2007年6月，第88—99页。张长虹中译本见《藏学学刊》第五辑，四川大学出版社，2009年，第289页。

显然，今枝先生过于强调吐蕃统治这一“政治和军事政权的变化”的历史背景，而忽视了大量存在于莫高窟吐蕃统治时期洞窟壁画书写汉文竖形榜子的客观事实。即使针对榆林第25窟本身，要把窟内壁画分作两个时间段，显然不合理。该窟的壁画造像作为统一时间集中完成，当无疑义。对此，笔者已在相关研究中多次陈述①。学界其他研究也可证明该窟营建的整体性，属吐蕃时期无疑②。因此，这种解释笔者不能苟同。

我们认为，合理解释该现象的唯一原因，最终还得从图像本身出发。按照学界的意见，参考陈粟裕最新研究，该八大菩萨曼荼罗造像，所据经典为敦煌藏文本《八大菩萨曼拏罗经》，其粉本来自吐蕃，但具体则属敦煌本地的汉族画工绘制而成③。这一研究非常重要，至于窟内其他造像在粉本画稿、布局特色等方面的敦煌本地传统，则没有任何疑问。因此，洞窟中虽然引入吐蕃艺术题材，但是整体仍不失地方特色。另一方面，诸如此类的八大菩萨图像，在敦煌没有任何先例可循。在这样的情况下，本地的汉族画工，在对照从未见过的此类造像时，所能参照的唯一资料即是传自吐蕃本土的粉本。而吐蕃本土的粉本，参照完全以藏文题名、同样传自吐蕃的同类作品绢画Stein painting50八大菩萨曼荼罗造像，可知其所据粉本在各菩萨和主尊造像一侧分别标有相应的藏文题名，写于一字横形榜子内。

---

① 沙武田：《关于榆林窟第25窟营建时代的几个问题》，载四川大学中国藏学研究所：《藏学学刊》第五辑，四川大学出版社，2009年，第79—104页；日文版见《楡林窟第二五窟の造營年代に關する諸問題》，日本早稻田大学文学研究科奈良美术研究所《奈良美术研究》第九号，2010年2月，第23—40页。

② 赖文英：《唐代安西榆林25窟之卢舍那佛》，《圆光佛学学报》，1999年第4期，第340—345页；赖鹏举：《中唐榆林25窟密法“毗卢遮那佛”与佛顶尊胜系造像的形成》，《中国藏学》，2007年第4期；陈粟裕：《榆林25窟一佛八菩萨图研究》，《故宫博物院院刊》，2009年第3期，第56—82页；赖文英：《榆林25窟药师佛及其相关问题——兼论正壁的卢舍那佛与八菩萨》，载敦煌研究院编：《敦煌吐蕃统治时期石窟与藏传佛教艺术研究》，甘肃教育出版社，2012年，第301—315页。

③ 陈粟裕：《榆林25窟一佛八菩萨图研究》，《故宫博物院院刊》，2009年第3期，第56—82页；敦煌研究院编：《榆林窟研究论文集》，上海辞书出版社，2011年，第539—564页。

而据同类粉本画入以唐风为主调的第25窟内时，无疑是不能照搬原画稿。要考虑到所处地方关系及当地信众的民族成分，于是画工们巧妙地设计成藏汉文合璧的T形榜子，也算是这些艺术家的创作。而之所以要在以唐风为主的洞窟中保留藏文文字书写的一字横形榜子，是画家们充分地考虑到该类造像为敦煌本地首次出现，忠实吐蕃本土特征。事实上在洞窟中最后未写藏文，仅写汉文，更进一步说明了绘画者为汉族画家的事实。

正因为整体洞窟的唐风——更具体地说是敦煌本地传统特色，加之绘画者同为汉族即敦煌地区本地艺术家的缘故，因此，我们在窟内看到的榜子仍以书写汉文竖形榜子为主。而T形榜子仅出现在八大菩萨曼荼罗造像中，则属该类造像所据粉本所致。

第三节　T 形榜子横榜子中未写藏文的原因

榆林窟第25窟八大菩萨曼陀罗T形榜子中，汉文仍可见，而藏文完全不存。这种现象的出现有两种可能的原因：绘画之初未写藏文，或藏文完全泯灭。后者的可能性不大，因为比较清晰的汉文可作证据。果如此，我们自然会产生疑问，尚乞心儿的功德窟中[①]居然写了汉文的题记，却未写相应的藏文内容，不合常理。乍想起来确如此，但若仔细考究则亦在情理之中。

考虑到洞窟营建所具有的“纪念碑性”意义，及其所承担的唐蕃关系的重要角色，作为功德主的尚乞心儿特意选择了敦煌本地传统的艺术题材与表现形式，以表达他对唐蕃关系中汉人文化与艺术的重视。毕竟作为吐

① 沙武田：《一座反映唐蕃关系的“纪念碑”式洞窟——榆林窟第25窟营建的动机、思想及功德主试析》（上、下），《艺术设计研究》，2012年第4期，第10—17页；2013年第1期，第16—23页。

蕃新占领区的瓜州，处理与汉人的关系非常关键，接受本地的佛教文化与艺术肯定会对吐蕃人的统治有利。因此，吐蕃人的佛教艺术只能一点点渗透，于是便出现了我们在第25窟看到的情形。在这样的思路下，壁画中的藏文题记也会被有意地省去。

而洞窟本身的“秘密性”、“内修”特征[①]，淡化了窟内图像和经变中文字题记的实际瞻仰读看的功能。因此，窟内的弥勒经变、观无量寿经变、文殊变、普贤变及其他几身搭配立像的榜题均为空白，没有任何文字迹象，表明开窟之初就没有写上相应的文字。而八大菩萨曼荼罗之所以写了汉文题记，大概由于该类图像在敦煌是首次引入吐蕃的作品，为创作者及窟内密法僧人所不熟悉，为了便于认识画面内容，各造像的汉文题铭便写在壁画中。而唯独在该铺造像中出现藏汉合璧的T形榜子，突显该铺造像的独特性和营建者的重视。

有意不写藏文题记，让我们明白整个洞窟壁画如此多的人物图像中，为什么仅仅在弥勒经变“婚嫁图”中出现几身吐蕃装男女像的原因，可以看到吐蕃在刚到瓜州后小心处理汉藏关系的情景。

第四节　八大菩萨主尊T形榜子汉文题记“清净法身卢舍那佛”解析

第25窟八大菩萨曼荼罗主尊像的T形榜子中墨书汉文题名“清净法身卢那舍佛”（图5—16），此处“卢那舍佛”显系“卢舍那佛”之误写，诸

① 赖文英：《唐代安西榆林25窟之卢舍那佛》，《圆光佛学学报》，1999年第4期，第340—345页；赖鹏举：《中唐榆林25窟密法“毗卢遮那佛”与佛顶尊胜系造像的形成》，《中国藏学》，2007年第4期，第18—23页；

图5—16　榆林窟第25窟八大菩萨主尊及其汉文题记“清净法身卢那舍佛”

如此类壁画榜题中误写的例子比较常见[①]。该题名略有特别之处，主尊佛名前加上“清净法身”四字，而其他的八身菩萨像则直书菩萨名号“地藏菩萨”、“文殊师利菩萨”、“虚空藏菩萨”、“弥勒菩萨”、“金刚藏菩萨”、“观世音菩萨”、“无障碍菩萨”，普贤菩萨题名残[②]。就敦煌石窟历代壁画中佛

① 公维章：《敦煌画榜书存在的几个问题》，载《麦积山石窟艺术文化论文集》下，兰州大学出版社，2004年6月，第84—95页。

② 谢稚柳：《敦煌艺术叙录》，上海出版公司，1955年，第468页；另见上海古籍出版社，1996年版，第468页。残毁部分图版，20世纪40年代初罗寄梅拍摄有图版，现藏美国普林斯顿大学，后由美国芝加哥大学马休·凯普斯坦教授在相关研究中公布，参见Matthew T. Kapstein: *The Treaty Temple of the Turquoise Grove, Buddhism between Tibet and China*, Edited by Matthew T. Kapstein, Wisdo Publication, Boston, 2009, pp. 1—20.而对整体图像完整的缀合研究，参见拙稿《榆林窟第25窟八大菩萨曼荼罗图像补遗》，《敦煌研究》，2009年第5期，第18—24页。

菩萨名号的榜题，最常见书写方式是在各自名号前加“南无”二字，个别菩萨前加“大圣”二字，少数则仅书尊像名号。而在此突出卢舍那佛的“法身”思想，必有可值得探讨的信仰与思想背景。

所谓“法身”，即佛之真身也。佛有法、报、化三身。法身又名自性身，或法性身，即常住不灭，无形无象，不可名状，不可思议，坚不可摧。《华严经》莲花藏世界，法身无处不在，卢舍那佛作为《华严经》教主即是法身的代表。赖鹏举先生指出：以“卢舍那佛”称呼最高境界的“清净法身”出之于晋译本《华严经》，有别于唐译本《华严经》、《大日经》、《金刚顶经》“毗卢遮那佛”的称号。[①]不空在建中元年（780）译《大乘瑜伽金刚性海曼殊师利千臂千钵大教主经》卷一：“说经之根，宗本有三，一者毗卢遮那法身，本性清净，出一切法金刚三摩地为宗。”[②]故“本性清净”的“法身”毗卢遮那佛思想，已为敦煌人所认识。而卢舍那佛与毗卢遮那佛，原是旧译《六十华严》与新译《八十华严》对于法界教主的异称；根据《一切经音义》的说法，卢舍那为照义，毗卢遮那为遍照义；卢舍那特指报佛净色遍周法界，毗卢遮那则为佛以身智种种光明照众生[③]。事实上，参阅大量佛学著作，卢舍那、毗卢遮那与大日如来三者，具有某种程度的相通内涵，有时互用。

殷光明先生对卢舍那法身之形成过程有相关研究，他指出：“法身卢舍那佛是由笈多、犍陀罗释迦神变相演化而来，其轨迹即为释迦—释迦神变像—卢舍那佛法身像。随着中国佛教的发展和末法思想的影响，最终完成了从释迦牟尼到卢舍那信仰的转变，将法身集中在了卢舍那这样一个具体的佛身上，从而把法身、报身和化身统一起来，具有三位一体的神格。既

① 赖鹏举：《敦煌石窟造像思想研究》，文物出版社，2009年，第257页。

②《大正藏》第20册，第730页上。

③（唐）慧琳：《一切经音义》，《大正藏》第54册，第431、434页。

以十方一切世界诸佛代表穷穷无尽的宇宙观，又将卢舍那佛与十方佛相互涵摄，卢舍那佛成为唯一的世尊，十方微尘数诸佛都聚集在他的周围，成了他的化身，而释迦牟尼佛被降低成了卢舍那佛的一种化身。”[①]

既然榆林第25窟八大菩萨曼荼罗造像的粉本来自吐蕃，则需要我们就吐蕃系统的八大菩萨主尊名号作些联系。藏学界把藏地发现的吐蕃及其以后的八大菩萨造像主尊均称为“大日如来”，部分是对藏文题名的翻译[②]。玉树勒巴沟崖刻造像一组，造像下方有古藏文题记：sang rgyas rnam par snang mdzad dang/phyag na rdo rje dang/arya ba 1o la phyag vtsha 1o/rtavi lo la bgyis，学者们翻译为：“敬礼大日如来佛、金刚手、圣观音，刻于马年。”另有玉树结古镇文成公主寺八大菩萨主尊学者们也翻译成“大日如来佛”[③]。8世纪中叶建成的吐蕃地区第一座佛教寺院桑耶寺多层设有彩塑的八大菩萨像，主尊为“毗卢遮那佛”，大昭寺也如此[④]。著名的敦煌藏文文献P.tib.16和IOL TIB J 751 I记载唐蕃会盟后在“德噶玉蔡”建“会盟寺”（祖拉康），“因之修造祖拉康，中塑大日如来”[⑤]。可见藏地的八大菩萨主尊传统名称当为“大日如来”，显系密教《大日经》系统，“毗卢遮那佛”与八大菩萨即是不空译《佛顶尊胜陀罗尼念诵仪轨法》、《大乐金刚不空真实三昧耶经般若波罗蜜多理趣释》的组合。因此，在吐蕃本土没有见到以“卢舍那佛”称谓八大菩萨曼荼罗主尊的先例，更没有“清净法身”的题名。

通观第25窟八大菩萨曼荼罗整体造像特征，密教化至为成熟。特别是

① 殷光明：《敦煌卢舍那法界图像研究之二》，《敦煌研究》，2002年第1期，第49页。

② 谢继胜：《川青藏交界地区藏传摩崖石刻造像与题记分析——兼论吐蕃时期大日如来与八大菩萨造像渊源》，《中国藏学》，2009年第1期，第123—141页。

③ 汤惠生：《青海玉树地区唐代佛教摩崖考述》，《中国藏学》，1998年第1期，第114—124页。

④ 宿白：《藏传佛教寺院考古》，文物出版社，1982年。

⑤ 黄维忠：《关于P.T.16、IOL TIB J 751 I的初步研究》，载王尧主编：《贤者新宴》5，上海古籍出版社，2007年，第63—89页。

主尊的大日如来特征，因此被藏学界归入藏传“大日如来并八大菩萨造像”体系当中，但其主尊却题名为显教的“卢舍那佛”，明显受到显教华严思想的影响，颇为独特。对此奇特现象，赖鹏举在《中唐榆林25窟密法“毗卢遮那”与佛顶尊胜系造像的形成》[①]一文中作了非常精彩的分析，他认为这是敦煌南北密法互动的表现，在榆林第25窟合二为一。因为南传密法以“大日如来”为主尊，而北传密法则以华严“卢舍那佛”为主尊，具体在第25窟中，则是以中印胎藏界菩萨造型的“大日如来”为本窟主尊的仪轨。但却以《华严经》主尊“清净法身卢舍那佛”作为名称，因此在本窟即是以显教的华严思想来切入密教的大日如来，最终又以华严密教思想统摄整个洞窟造像的结构关系。

在敦煌地区，卢舍那佛的表现主要以“法界人中像”的形式出现，北魏第257窟，北周第428窟最为典型（图5—17），另有隋代第427窟（图5—18），初唐第332窟（图5—19），盛唐第446、31（图5—20）、74、79窟，宋第449窟[②]，另外就是以一般佛像的形态来呈现。若无题记的证明，很难直接断定其身份。因此，对于敦煌地区的人们而言，对代表清净法身卢舍那佛形象的此类典型图像并不陌生，却在此以完全不同的密教菩萨形大日如来形象出现，意味深长。即使是同类题材的彩塑作品P.2991《报恩吉祥之窟

① 赖鹏举：《中唐榆林25窟密法“毗卢遮那”与佛顶尊胜系造像的形成》，《中国藏学》，2007年第4期；另载氏著：《敦煌石窟造像思想研究》，文物出版社，2009年，第249—260页。

② 李玉珉：《法界人中像》，《故宫文物月刊》，1993年第121期，第 28—41页；李静杰：《卢舍那法界像研究》，佛教文化期刊社，1999年；殷光明：《敦煌卢舍那法界图像研究之一》，《敦煌研究》，2001年第4期，第1—12页。

图5—17　莫高窟北周第428窟卢舍那法界像

图5—18　莫高窟隋代第427窟卢舍那法界像

（敦煌研究院提供）

记》所记吐蕃时期在莫高窟营建的“报恩吉祥窟”主尊[1]，其名号为“毗卢像”而非“卢舍那”，从经典上更具密教特色，而非华严思想。

榆林第25窟的营建者之所以在此以华严思想的“清净法身卢舍那佛”命名传自吐蕃本土的“大日如来”造像，改变了可能在粉本上本有的带有吐蕃特色的题名“毗卢遮那佛”。之所以要如此套用，是在他们从佛学和思想层面充分理解大日如来、毗卢遮那、卢舍那三者互通的基

① 郑炳林：《敦煌碑铭赞辑释》，甘肃教育出版社，1992年，第330—333页；马德：《敦煌莫高窟史研究》，甘肃教育出版社，1996年，第94—96页；马德：《敦煌莫高窟“报恩吉祥窟”考》，《敦煌研究》，1999年第4期，第56—59页；沙武田：《敦煌莫高窟“报恩吉祥窟”再考》，《敦煌研究》，2008年第2期，第26—30页；张先堂：《敦煌莫高窟“报恩吉祥窟”三考》，《敦煌研究》，2008年第5期，第1—8页。

图5—19　莫高窟初唐第332窟卢舍那法界像
（敦煌研究院提供）

础上，受洞窟营建时代背景，特别是功德主尚乞心儿身份及洞窟营建的“纪念性”动机的影响下，为了政治和洞窟功能的需要，引入当时吐蕃本土流行的八大菩萨造像。但在思想的层面上却沿用敦煌传统的卢舍那法身造像所代表的内涵，及其在洞窟中业已成熟的结构关系，旨在强调整个洞窟图像结构的华严涵摄，是以华严的主尊卢舍那法身来构成洞窟的唯一主尊。一进门的文殊、普贤二大菩萨与卢舍那佛一起构成“华严三圣”，而南北壁分别代表空间“十方净土”的观无量寿经变和时间概念上的“三世净土”的弥勒经变，共同构成“十方三世”，最后一起构成《华严经》卢舍那法身境界。[①]再结合窟顶千佛所表现的十方佛观念，构成一

① 赖文英：《唐代安西榆林25窟之卢舍那佛》，《圆光佛学学报》，1999年第4期，第340—345页。

图5—20　莫高窟盛唐第31窟金刚经变卢舍那法界像
（敦煌研究院提供）

窟内“多重华严卢舍那结构”，而这种“多重华严卢舍那结构”，正是敦煌自初唐以来洞窟图像的基本结构思想所在，本窟较早的中心佛坛窟形则为这种思想的涵摄关系提供更佳的解释[①]。看来，还是传统的力量大于新生的事物，故而在洞窟中出现如此不合常理的图像与题名。

对此现象，赖文英也曾提出吐蕃统治时期的榆林25窟八菩萨图像来源虽可能来自吐蕃，但未能说明为何主尊是大日形象而榜题是汉地华严系统

① 赖鹏举：《唐代莫高窟的多重“华严”结构与“中心坛场”的形成》，《圆光佛学学报》，2002年第7期，第97—111页；另载氏著：《敦煌石窟造像思想研究》，文物出版社，2009年，第168—179页。

的“清净法身卢舍那佛”的原因。她则以八大菩萨曼荼罗两侧搭配的药师佛和地藏菩萨入手，从药师佛密法的角度，以深层次的义理关系梳理药师佛与卢舍那结合的思想背景，且在敦煌唐前期及新疆石窟中均可找到洞窟图像的佐证（图5—21）[1]。赖文英的研究，从另一视角做了有益的探讨，推动对此问题的进一步解决。

图5—21　新疆阿艾石窟的卢舍那佛像

（龟兹石窟研究所编：《中国新疆壁画·龟兹》图版316，新疆美术摄影出版社，2008年）

至此，榆林窟第25窟八大菩萨曼荼罗造像主尊形象与题名不尽符合现象背后的思想与书写原因基本清楚，此问题的解答，又可回过头来解释整个图像中未写藏文的原因。既然主尊T形榜子中的汉文榜题没有按照吐蕃传来的粉本上的藏文题名翻译，而写上建窟者需要的、带有浓厚敦煌本地传统、强调华严思想的“清净法身卢舍那佛”，也就不便再从粉本上抄写藏文文字了。主尊的藏文题名不抄，其他各菩萨相应藏文榜题也就不便书写，由此而留给后人的困惑，至此或可释然。

① 赖文英：《榆林25窟药师佛及其相关问题——兼论正壁的卢舍那佛与八菩萨》，载敦煌研究院编：《敦煌吐蕃统治时期石窟与藏传佛教艺术研究》，甘肃教育出版社，2012年，第301—305页。

第六章

吐蕃密教艺术进入敦煌石窟的尝试

第一节 前　　言

敦煌的密教艺术，早在西魏第285窟就已出现，如摩醯首罗天、鸠摩罗天、日天、月天及四大天王等早期“杂密”图像[①]。到了隋代汉传密教艺术在敦煌开始出现，如莫高窟第284窟的多臂菩萨和第305窟的中心方坛，属星星之火。到了初唐时期，洞窟中出现较多的密教图像是十一面观音画像，有莫高窟第321、331、334、340窟及第322窟的珞珈山观音一铺、第341窟的八臂观音一铺，均有眷属出现，比较成熟。到了盛唐时期，随着“开元三大士”来华，系统翻译密典，弘扬密法，密教艺术也开始大规模流传。特别是不空三藏应河西节度使哥舒翰的邀请于天宝十二、十三年在凉州开元寺建立道场“请福疆场”，对敦煌正在如火如荼进行中的石窟艺术必有很大的影响。因此洞窟中开始出现大量的密教艺术，种类较前更加丰富，出现有不空绢索观音、如意轮观音、千手千眼观音、珞珈山观音等，且内容更加系统完备，均

① 贺世哲：《敦煌莫高窟第285窟西壁内容考释》，《敦煌研究》，1988年第2期，第47—49页；全文收入《1987年敦煌石窟研究国际讨论会文集·石窟考古编》，辽宁美术出版社，1990年10月，第350—382页；又收入樊锦诗、刘玉权主编：《中国敦煌学百年文库·考古卷》第2卷，甘肃文化出版社，1999年，第340—356页；贺世哲著：《敦煌石窟论稿》，甘肃民族出版社，2004年，第89—121页。

以经变画的形式表现，眷属众多，集中在莫高窟第148窟。

“安史之乱”战祸峰起，中央调河西兵力赴潼关拒贼，河西防务空虚，吐蕃乘机进入，尽战河西。大历十一年（776）瓜州陷蕃，十年后贞元二年（786）沙州陷蕃，瓜沙地区先后沦为吐蕃统治区，一直到大中二年（848）沙州豪杰张议潮率众起义，赶走吐蕃人，建立归义军政权，河西再度归唐。吐蕃统治期间，因为吐蕃人信佛，大力支持当地佛教发展，瓜沙地区的传统佛教事业——洞窟营建不但没有受到影响，反而得到更进一步的发展，在62年的时间内，仅莫高窟一地新建洞窟56个①，加上补绘前人未完工洞窟②，平均每年都会有新的洞窟建成。

不仅仅如此，对于吐蕃期洞窟而言，大量新的“原创性”因素和图像的出现，构成这一时期敦煌石窟艺术主要特色，最终“重构”了敦煌石窟的历史③。在这些新的现象与因素当中，大量密教图像系统的表现尤其明显，而其中又以藏传吐蕃密教艺术最有时代和民族气息，客观而形象地反映出独特的社会历史背景即吐蕃统治下藏地吐蕃特色密教艺术传入瓜沙地区的历史事实，集中反映在瓜州榆林窟第15、25窟二窟壁画当中。本研究以此为线索，意欲探讨吐蕃密教艺术进入敦煌石窟的尝试，及敦煌本地人对此类全新艺术的心理接受程度，探讨瓜沙信众及石窟营建者在面临吐蕃密教艺术时的“文化认同”和“艺术选择”，透视吐蕃密教艺术在敦煌的命运，最终为理解吐蕃期敦煌密教艺术提供参考。

---

① 关于敦煌吐蕃期洞窟分期，参见史苇湘：《关于莫高窟内容总录》，载《敦煌莫高窟内容总录》，文物出版社，1982年；另见《敦煌石窟内容总录》，文物出版社，1996年，第232页；樊锦诗、赵青兰：《吐蕃占领时期莫高窟洞窟分期研究》，载敦煌研究院编：《敦煌研究文集·敦煌石窟考古篇》，甘肃民族出版社，2000年，第182—210页。

② 沙武田：《莫高窟盛唐未完工中唐补绘洞窟之初探》，《敦煌研究》，2002年第3期，第14—18页。

③ 沙武田：《敦煌石窟历史的重构——敦煌吐蕃期洞窟诸现象之省思》，《圆光佛学学报》，2007年第11期，第25—90页；另载谢继胜等主编：《汉藏佛教美术研究——第三届西藏考古与艺术研究国际学术讨论会论文集》，上海古籍出版社，2009年，第47—78页。

笔者于密教艺术是外行，但近年来集中于敦煌吐蕃期石窟的研究，经常面对此类问题的困扰，因此不得不作些简单的思考。

第二节　基本资料
——榆林窟第 15、25 窟吐蕃密教艺术题材

一、第15窟前室北壁库藏神

榆林窟第15窟前室北壁整壁一铺三身（图6—1）[1]。主尊像半跏坐于方形束腰须弥宝座上，后有背屏，背屏两侧有两棵宝树。上方有华盖，两侧分别各一飞天和迦陵频伽鸟。主像系正面坐像，马蹄形头光，身体魁梧，圆睁双眼，高发髻，长发披两肩，赤裸上身，身体颇显肥胖。上饰瓔珞宝钏，下着丝裙，右手持一头大尾小花棒于肩头，左手于左腿按握一红色鼠兽，口中正在吐出一串串珠宝。主像两侧有两位胁侍，右边是一立姿菩萨像，同为马蹄形头光，左手托盘，右手当胸捏一宝珠。左侧站立一着虎皮帽的力士状人物，整张虎皮披于身后，虎尾垂于其后，赤裸上身，下身着一犊鼻裤，右手持一有火焰的摩尼宝珠，左手上则提一红色布袋。该铺造像形象极其独特，敦煌石窟中仅此一例，藏经洞绢画中未见类似形象，国内其他地区造像中也没有完全一样的事例，可见其独特性，当为“原创性”图像，至少在敦煌是可以这样认为的。

由于图像本身在敦煌同时代或前代（及后期）的图像中找不到可资比较的资料，因此需对其名称作些考察。但从其所处位置判断，对应前室南壁整

① 敦煌研究院编：《中国石窟·安西榆林窟》图版4及说明，文物出版社，1997年；罗华庆编：《敦煌石窟全集·尊像画卷》228图版及说明，香港商务印书馆，2002年。

图6—1　榆林窟第15窟前室北壁库藏神（北方天王）
（《中国石窟·安西榆林窟》图版4）

图6—2　榆林窟第15窟前室南壁南方天王坐像
（《中国石窟·安西榆林窟》图版5）

壁画一铺敦煌晚唐五代宋壁画中常见的南方天王坐像（图6—2），同为护法神像；在前室东壁门两侧同样立二天王像，故从其性质和位置分析此铺应为北方天王像，至少出现在这里是执行北方天王的功能。这一点是敦煌研究院的基本定名，也得到学界的认同。

事实上，对此铺护法神图像的定名远不是如此简单，由于其独特性和在洞窟中的“原创性”特征，以及强烈的吐蕃艺术特色，因此出现在瓜州榆林窟第15窟，实有可值得深入研究的背景关系及其思想内涵。

藏传艺术史家谢继胜先生肯定了该像作为北方天王的身份，进一步指出其为藏传库藏神。因为多闻天王的梵文名称为Vaiśravaṇa，汉文佛经传统译为毗沙门天王，藏文作rnam-thos-sras 或rnam-thos-kyi-bu，意为“多闻子”。作为护法神时，多闻天王称为kuvera 或kebura，对应藏文的dragched/lus-ngan，译为“恶身”或“丑身”；作为本尊神时，称为Jambala，藏文转写为dzam-bha-la，称为“库藏神”、“宝藏神”或“财神”。在瓜州榆林窟中既有藏传财神性格，又明确表征北方天王功能与概念，因此可以说是形象地反映了库藏神与多闻天王图像转化和功能变化的过程[①]。日本学者大羽惠美肯定了榆林窟第15窟该铺造像在功能上作为北方毗沙门天王像的意义，同时讨论了该造型与印度俱毗罗图像的关系，说明该图像的独特之处[②]。李翎先生则更具体地把该像归入藏传佛教宝藏神中的黄财神[③]。藏传系统的黄财神，在较晚的元明清时代图像比较多见，但可早到吐蕃时期的图例除此以外别无他见，因此颇显珍贵。“库藏神”之名，敦煌唐代文献中有记载，原藏国家历史博物馆的敦煌藏经洞写本《金统二年壁画表录》：

① 谢继胜：《榆林窟15窟天王像与吐蕃天王图像演变分析》，《装饰》，2008年第6期，第54—59页；谢继胜：《涉及吐蕃美术的唐宋画论》，《文艺研究》，2006年第6期，第122—130页。

② 大羽惠美：《关于榆林窟第15窟所绘天王像》，http://www.mzb.com.cn/html/report/237156—2.htm#。

③ 李翎：《大黑天图像样式考》，《敦煌学辑刊》，2007年第1期，第125—132页。

第二，阿罗摩罗，唐言库藏神，肉色。
丹红压录花珠袈沙。合慢珠白罗郡，压
录花朱花，郡带白，头索白，老鼠
深紫，身上帖宝，床面录。内三增
紫丹黄，第二增大录边黄，第三
增珠牙边黄，第四增大录谈录
边黄，第五莲花白紫鸭索縢
郡，莲花心，同录叶丹。
是奉肉色，丹红发，黑袈沙。施珠理。
同录合慢珠紫罗郡，压录花瓶
马瑙。[①]

榆林窟第15窟造像服饰远没有如此复杂，但是出现老鼠、宝床、侍（是）奉，因此图像大概相类似。不过《表录》所记侍奉穿“黑袈裟”，明显与第15窟图像不同。对于第15窟中出现的这个眷属侍奉，有人称乾达婆，有人称独健太子[②]。由于该神像属于宝藏神的组合造像，因此其手持的宝珠与提的袋子显然与财宝有关。这个袋子让我们自然联想到汉传的持袋大黑天[③]，而所著的虎皮饰物则又与藏传佛教造像流行的怒相大黑天有相关之处，所以此像为大黑天像。兼有汉传大黑天与藏式大黑天的混合形象，抑或可以说是怒相大黑天的过渡相？

① 写本介绍，图版及录文参见金维诺：《吐蕃佛教图像与敦煌的藏传绘画遗存》，《艺术史研究》第2辑，中山大学出版社，2000年，第18页；沙武田：《敦煌遗书〈壁画表录〉研究》，《兰州学刊》，2007年第5期，第178—182页。

② 李翎：《图像辨识习作之一——以榆林25窟前室毗沙门天图像阶段性认识为中心》，载敦煌研究院编：《敦煌吐蕃统治时期石窟与藏传佛教艺术研究》，甘肃教育出版社，2012年，第375—398页。

③ 李翎：《大黑天图像样式考》，《敦煌学辑刊》，2007年第1期，第125—132页。

图6—3　敦煌藏经洞纸本画P.4518（31）

敦煌藏经洞纸本画P.4518（31）（图6—3）主尊为托钵的立佛一尊，立于莲花座上。右侧侍立一天女像，头披巾，一手持一莲枝，一手托一宝珠，有华盖，立于宝藏山上，有题记“功德天女”四字；左侧宝藏山上立像身披豹皮衣，赤脚，一手提一布袋，一手不明，其形象极似第15窟之乾达婆像，有题记“库藏神”三字。画幅右上侧题“大辩邪正经一卷”，右下侧画一胡跪供养人，题名“沈奉钥一心供养”。从供养人头戴较直接幞头可推断[①]，画作时代当为五代。显然在这里是把传自榆林第15窟的藏传宝藏神之二眷属作为托钵药师佛的二胁侍，而宝藏山的描绘则继承了库藏神的本来意义，在此仅以原库藏神之眷属象征性地表示“库藏神”。此宝藏山画法，可以在莫高窟吐蕃期洞窟第154窟南壁西侧（图6—4）反映于阗史迹画中看到更早的艺术表现手法，因此P.4518（31）受敦煌吐蕃期相关图像的深刻影响。不过，其中“库藏神”

① 关于幞头在绘画中的断代意义，参见段文杰：《敦煌莫高窟唐代艺术中的服饰资料》，载《中国敦煌学百年文库·艺术卷》1，甘肃文化出版社，1999年，第339—365页；段文杰：《敦煌壁画中的衣冠服饰》，《敦煌研究文集》，甘肃人民出版社，1982年，第165—188页；另载《敦煌石窟艺术论集》，甘肃人民出版社，1988年4月，第250—272页；再载《段文杰敦煌石窟艺术论文集》，甘肃人民出版社，1994年，第250—272页；亦载《敦煌民俗研究》，甘肃人民出版社，1995年，第160—182页；另见《中国敦煌学百年文库·艺术卷》2，甘肃文化出版社，1999年，第35—50页；载《敦煌石窟艺术研究》，甘肃人民出版社，2007年，第299—321页。

图6—4　莫高窟第154窟南壁西侧史迹画
（《敦煌石窟全集·佛教东传故事画卷》图版61）

的图像也让我们看到了该类题材图像发展演变的轨迹，这是自吐蕃时期榆林窟第15窟库藏神发展变化的结果，也从侧面佐证了榆林窟该铺图像作为藏传库藏神的本来面目。

从谢继胜先生的研究可知，在榆林窟洞窟图像中，把本来是藏传系统的宝藏神画在北方天王的位置，并赋予其北方天王的神格功能，是符合藏传系统北方天王像"多闻子"[①]与宝藏神的密切关系的。但这毕竟是针对吐蕃佛教造像而言，并不针对汉地唐代的佛教造像系统。因为汉地传统的四天王像，特别是北方毗沙门天王像，发展到唐代已经是非常成熟了，在敦煌也不例外。在隋代和初唐、盛唐洞窟常见的四大天王像中（图6—5a、b），绝对不会出现以这种吐蕃系统的天王像（即宝藏神）表现北方天王的事例。即使是吐蕃时期，像在莫高窟中唐第231窟主室东壁门两侧的天王像（图6—6），仍为唐代流行的传统图像。因此，第15窟出现完全吐蕃样式的库藏神北方天王，显然是窟主为吐蕃人所左右。笔者曾推测榆林窟第15、25窟应为"双窟"，同时营建

① 贾玉平:《藏传佛教美术中多闻子图像及其信仰——以夏鲁寺为例》,《考古与文物》, 2011年第3期，第92—96页。

图6—5a　莫高窟初唐第202窟西壁（龛两侧二天王像）
（敦煌研究院提供）

图6—5b　莫高窟隋代第278窟主室东壁（门两侧二天王像）
（敦煌研究院提供）

于吐蕃陷瓜州后，是为了吐蕃在河西的重要军事成功即攻陷瓜州而树立的“纪念碑”，其窟主有可能共同为吐蕃当时的瓜州首任地方军政长官、吐蕃重臣尚乞心儿[①]。如果此推测不谬，第15窟画入完全吐蕃样式的库藏神则合情合理。

图6—6　莫高窟第231窟东壁门北天王像

综上所述，第15窟此身完全吐蕃样式的库藏神进入洞窟，画在北方天王的位置，履行北方天王的职能，可以认为作为功德主的吐蕃人或洞窟设计者是熟悉吐蕃佛教图像含义的。就是说，吐蕃本土的北方天王和库藏神有可能是一回事，相互之间有相同的功能，图像似可共用。但是，更有意思的是，在榆林窟第15、25窟中，除该铺吐蕃样式天王像以外，另有几身天王像也特别引人注目。

第15窟前室东壁后甬道两侧分别画一身天王立像（图6—7）。有趣的是，这两身天王像几乎没有区别，完全相同的造像样式，身着长身甲，带吐蕃式弯刀，一手托塔，一手持戟。总体上是属北方毗沙门天王的传

① 沙武田：《一座反映唐蕃关系的“纪念碑”式洞窟——榆林窟第25窟营建的动机、思想与功德主试析》（上、下），《艺术设计研究》，2012年第4期，第10—17页；2013年第1期，第16—23页。另载《西部考古》第7辑，三秦出版社，2013年，第276—297页。

图6—7　榆林窟第15窟前室东壁后甬道两侧天王立像（门北、门南）
（《中国石窟·安西榆林窟》图版8）

统样式，但其着甲、吐蕃式弯刀等样式有吐蕃武士装特征，因此谢继胜先生认为敦煌此类毗沙门天王像实为吐蕃传统样式，而非学界一般认为的是属于阗的样式[①]。虽然这一观点，学界反应不一[②]，但是北方天王常冠以“兜拨”二字，有专家认为此二字可能即是“吐蕃”二字的音译，或可印证此类天王与吐蕃的关系。事实上按笔者所论第15窟窟主为吐蕃人（有可能是尚乞心儿），则此天王像的吐蕃样式也就极易理解了。居然是完全相同的样式出现二铺，更加暗示其吐蕃样式的可能性。只不过此类天王像是流行于吐蕃本土，还是吐蕃武士装对当地传统样式天王像的影响，后者的

① 谢继胜：《榆林窟15窟天王像与吐蕃天王图像演变分析》，《装饰》，2008年第6期，第54—59页。

② 李翎：《图像辨识习作之一——以榆林25窟前室毗沙门天图像阶段性认识为中心》，彭杰：《敦煌兜跋毗沙门天王像刍议》，大岛幸代：《九世纪吐蕃毗沙门天信仰的诸相——以甘肃四川两地造像的比较为中心》，佐藤有希子：《中唐吐蕃期毗沙门天王图像关系考》，四文俱载敦煌研究院编：《敦煌吐蕃统治时期石窟与藏传佛教艺术研究》，甘肃教育出版社，2012年。

可能大一些。

至此，第15窟前室南北壁和东壁门两侧共计出现4身天王像。其中，吐蕃式库藏神显然是北方天王，对应画汉地传统样式的南方天王，东壁门两侧两身从形象上看均为北方毗沙门天王，但是从布局上考虑其中南侧一身应为南方天王。不过其形象不合，此问题比较复杂，有待专论。

另第25窟前室东壁门两侧同样画两身天王立像。其中，北侧北方天王形象基本同前述第15窟则位置两身像，为谢继胜先生所言吐蕃样式天王像；南侧为敦煌传统的南方天王像一身，明显是唐蕃混合的南北二天王像组合，符合笔者对该洞窟窟主功德主和营建动机思想的考察。

在榆林第15、25窟同时出现多种文化背景和艺术样式的完全不同样式的两种北方天王像，既然均属北方天王形象，则有可能出现艺术的相互影响和借用，以至于重新组合产生新的图像，恰在藏经洞纸本画中有珍贵的文物遗存。P.4518（27）毗沙门天王立像一铺（图6—8），天王像样式同上几例所谓“吐蕃样式”。两侧分别立一披帽天女和一披狮皮、手持吐宝鼠兽的乾达婆，脚下云中坚牢地神手托天王像双脚。左下侧一象头毗那夜伽双手合十胡跪供养，右下侧方毯上一男子胡跪持香炉供养，有题记“发心供养张/口口”，最下三行于阗文字。另在功德天女上方有“王上乡天王/一心供养”，说明是几者共同供养。所见题记均无榜题框。此身北方天王像，正是榆林第15、25窟两种北方天王像的新组合图像，又有完全新出现的毗那夜伽神，因此有重要的美术史意义，显示出吐蕃天王像对北方天王图像发展变化的深刻影响。三行于阗文字，似乎暗含该图像与于阗人信仰的关系，正是于阗地区大量流行北方毗沙门天王信仰的反映[1]。

---

① J. Williams: *The Iconography of Khotans Painting, East and West*, 23: 1—2, 1973, pp.132—135, Fig.34, 36—38. 张广达、荣新江:《于阗史丛考》，上海书店，1993年，第287、288页。

图6—8　敦煌纸本画P.4518（27）毗沙门天王立像一铺
（下载自法国国家图书馆网页）

榆林窟第15、25窟的营建者对于敦煌本地传统的北方天王像应该是清楚的。在这样的情况下仍然把更加强调吐蕃文化和艺术特征的库藏神及吐蕃样式的北方天王像引入瓜州的汉式石窟中，赋予其北方天王的含义，可见其独特的用意，其更深层次的研究应联系当时唐蕃战争与和盟的社会历史大背景下考察。

唐代初年吐蕃人自青藏高原崛起之后，如何处理和当时处于强盛地位的唐帝国的关系，成为吐蕃统治者面临的主要问题。有和亲，更多的则是战争，但总的来说，唐蕃的关系是和与战并行。吐蕃人在军事实力占下风时，立马向唐人求和通好，因此上演了一幕幕外交戏，出使、和亲不断，各种可能的所谓"假和平"手段频频出手，互派使节之多，有时一年几次。大大小小的会盟经常举行，多数起不到任何作用。但我们注意到一个有趣的现象，唐蕃和盟的关系活动中，不能小看了唐蕃共同信仰的佛教所起的重要作用。两个政权外交性的和盟往往选择在佛教寺院进行，同时也往往建寺以为纪念，对此笔者已有相关论述[①]。为近期学界讨论热烈[②]的敦煌古藏文写本P.tib.16和IOL TIB J 750 I所记为了纪念821/822年唐蕃会盟而建在德噶玉采（de-ga g-yu-tshal）的"会盟寺"（gtsigs-kyi-gtsug-lag-khang），经后期藏文史料《贤者喜宴》的相关记载所证实：

---

① 沙武田：《一座反映唐蕃关系的"纪念碑"式洞窟——榆林窟第25窟营建的动机、思想与功德主试析》（上、下），《艺术设计研究》，2012年第4期，第10—17页；2013年第1期，第16—23页。另载《西部考古》第7辑，三秦出版社，2013年，第276—297页。

② Matthew T. Kapstein: *The Treaty Temple of De-ga g·yu-tshal: Identification and Iconography*. 参见《西藏考古与艺术国际学术讨论会论文集》，四川人民出版社，2004年，第98—127页；谢继胜、黄维忠：《榆林窟第25窟壁画藏文题记释读》，《文物》，2007年第4期，第70—78页；Matthew T. Kapstein: *The Treaty Temple of the Turquoise Grove,Buddhism between Tibet and China*, Edited by Matthew T. Kapstein,Wisdom Publication, Boston,2009, pp. 1—20.黄维忠：《德噶玉采会盟寺（de ga g·yu tshal gtsigs kyi gtsug lag khang）考——再论该寺非榆林》，《敦煌研究》，2009年第3期，第93—99页。

> 墀祖德赞年十二岁于阴火鸡年执政。其时因与唐朝皇甥舅之间未能协调一致，于是从吐蕃每个茹中共（集合成）十八个千户所的兵力，并携带各部旗帜，击杀了唐朝之诸首领，战败了唐军，（唐朝）官员献出他们所珍爱的物品。其时吐蕃所供养的诸译师班哲达及唐朝的诸和尚做为盟证人，以汉地一个名曰孔古梅如的地方作为唐蕃边界，并在该地建造了一座吐蕃赞普寺院及一座唐王寺院，此即天有日月一双，地有赞普甥舅，除此之外别无它有[①]。

唐蕃双方为了纪念这次有历史意义的长庆会盟，在河州大夏川建了分别为藏式特征和汉式特征的寺院，即藏文文献所称“德噶玉采寺”[②]。可以想象得到分别供奉吐蕃样式和汉地样式的造像，或相互兼而有之，考虑到寺院的纪念碑性特征，我们推测后者的可能性更大，也可以得到其他文献的记载。《寺塔记》记“净域寺”：“佛殿内，西座番神甚古质，贞元以前西番两度盟，皆载此神立于坛而誓，相传当时颇有灵。”[③]此处“番神”显然是吐蕃的佛教神像无疑。经谢继胜教授考证，此“番神”即吐蕃的毗沙门天王像，而且很有可能即是像榆林第15窟库藏神形象者，或者说是吐蕃样式的毗沙门天王[④]。笔者以为，唐蕃会盟时立于盟誓的坛前，又在净域寺佛殿内有立的“番神”，确实很有可能就是同第15窟库藏神完全一样图像特征的北方天王像。因为该像《太平广记》卷二百一十二《画三》记“甚奇猛”，

① 巴卧·祖拉陈瓦：《贤者喜宴》藏文本，民族出版社，1986年，第415—416页，黄颢译注：《贤者喜宴》摘译（十三），《西藏民族学院学报》，1984年第1期，第96—97页。

② 黄维忠：《德噶玉采会盟寺（de ga g·yu tshal gtsigs kyi gtsug lag khang）考——再论该寺非榆林》，《敦煌研究》，2009年第3期，第93—99页。

③（唐）段成式：《寺塔记》，人民美术出版社，1964年，第24页。

④ 谢继胜：《榆林窟15窟天王像与吐蕃天王图像演变分析》，《装饰》，2008年第6期，第54—59页。

《历代名画记》记其为“神、鬼”[①]。既然唐人文献中突出记载其为“番神”之“神鬼”，又“甚古质”，且“甚奇猛”，显然与唐代汉地流行的北方天王是完全不一样的。即使是带有吐蕃样式的兜拨毗沙门天王像，总体上也没有完全脱离传统的样式。因此，只有像第15窟这样完全吐蕃文化特征和艺术样式的图像，才会在时人的眼中构成以上的独特印象。而且第15窟的出现，正因为其同样具有为了纪念唐蕃关系的历史背景，有此前提，问题就变得简单多了。只可惜此类造像未在敦煌和汉地广泛流传开来。

二、第25窟主室东壁八大菩萨曼荼罗

对于榆林窟第25窟主室东壁（亦即正壁）的八大菩萨曼荼罗造像（图6—9），作为敦煌石窟中的“原创性”题材内容，以其独特的艺术风格与渊源关系，早已为学界所熟知。它引发了艺术史研究者浓厚的兴趣，研究成果颇丰，不一而足[②]，主要集中在该铺曼荼罗造像的题材内容、经典依据、艺术风格、艺术渊源、思想及与洞窟其他经变和主题思想的关联。笔者就该铺曼荼罗作了缀合研究[③]，至此，完整的图像呈现，终识庐山真面目，同时促使我们对其产生新的思考。

该八大菩萨曼荼罗图像，在敦煌石窟中为首次出现，从其浓郁的波罗艺术风格样式、藏汉合体的T形榜题框，及所在洞窟的吐蕃时代关系，加上同一窟中其他反映吐蕃艺术特色的内容题材，断定其为传自吐蕃的粉本样式大概没有疑问。陈粟裕博士从经典出发，考定其所依据经典当为藏文本《八大菩萨曼拏罗经》，所据粉本则无疑同属吐蕃艺术[④]。正因为如此，长期

① （唐）张彦远：《历代名画记》，人民美术出版社，1963年。
② 沙武田：《吐蕃统治时期敦煌石窟研究综述》，《西藏研究》，2011年第3期，第87—102页。
③ 沙武田：《榆林窟第25窟八大菩萨曼陀罗图像之补遗》，《敦煌研究》，2009年第5期，第18—24页。
④ 陈粟裕：《榆林25窟一佛八菩萨图研究》，《故宫博物院院刊》，2009年第5期，第56—82页。

图6—9　榆林窟第25窟主室东壁现存八大菩萨曼荼罗及药师佛立像壁画
（敦煌研究院提供）

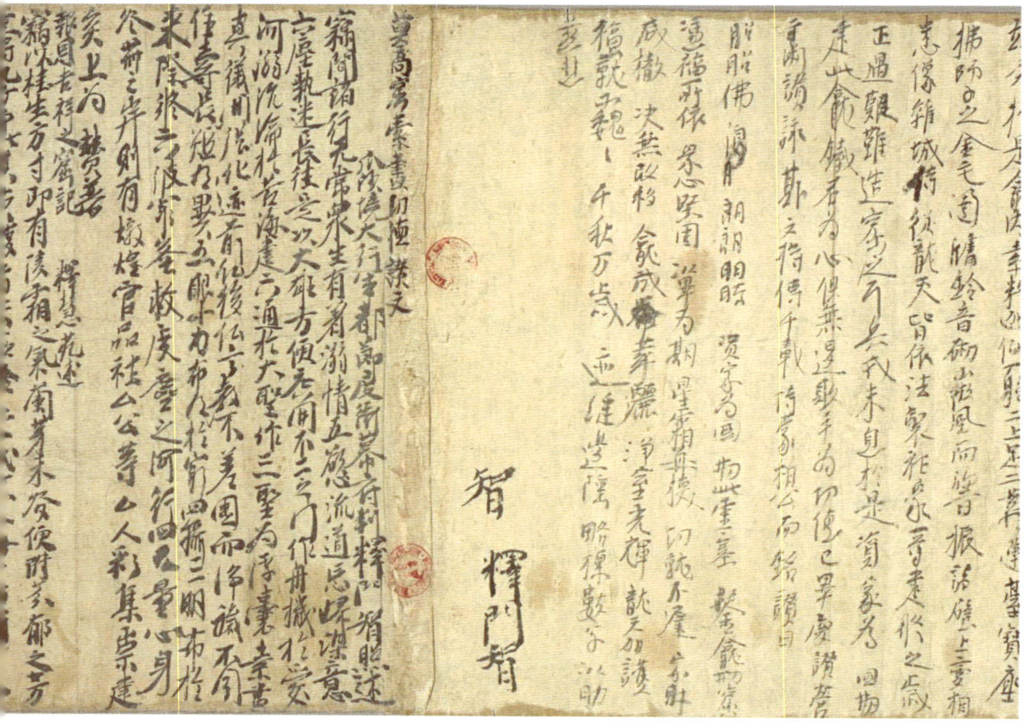

图6—10　敦煌写本P.2991《报恩吉祥之窟记》
（下载自法国国家图书馆网页）

以来，该铺八大菩萨曼荼罗被认为是敦煌石窟吐蕃艺术的代表作，形象地反映了吐蕃统治时期敦煌石窟营建过程中汉藏艺术交融的关系，属为数不多的较为完整保留下来的早期吐蕃艺术精品，有极其重要的历史研究价值和学术意义。

非常有趣的是，如此富于吐蕃艺术特色的八大菩萨曼荼罗造像，在吐蕃期敦煌石窟中仅此一铺。如果有可能的话，第二铺当为P.2991《报恩吉祥之窟记》记由僧镇国发心在“莫高胜境”营建的“报恩吉祥窟”（图6—10）。写本所记窟内“当阳素（塑）毗卢像一躯，并八大菩萨，以充侍卫”[①]，僧镇国所建“报恩吉祥窟”具体洞窟仍未考实[②]。因为遍查莫高窟吐蕃洞窟（包括所有洞窟），窟内彩塑无一为一佛八菩萨像，显系后代破坏不存。但是考虑到作为窟主的僧镇国曾经“出入帝阙，恭奉国师；典御一方，交祇四辰”，由于他学养高深，品行出众而曾被吐蕃国相召至逻些（拉萨），辅助吐蕃佛教领袖国师。他有在吐蕃游历的亲身经历，想必对吐蕃当时较为流行的毗卢像与八大菩萨像并不陌生，因此特意设计他自己的功德窟主尊为这一题材，显然也有明显的时代气息。可惜的是，该铺一佛八菩萨彩塑像，早已不存，无法得知其艺术风格与样式特征，及具体的排列方式，故亦无从辨识其是否为像榆林第25窟八大菩萨曼荼罗一样的吐蕃艺术。二者之相互关系也便不得而知了，但并不能排除这种可能性。不过报恩吉祥窟的营建是到了吐蕃统治敦煌的晚期，而榆林窟第25窟是早在吐

① 郑炳林：《敦煌碑铭赞辑释》，甘肃教育出版社，1992年，第330—333页；马德：《敦煌莫高窟史研究》，甘肃教育出版社，1996年，第94—96页。

② 马德：《敦煌莫高窟“报恩吉祥窟”考》，《敦煌研究》，1999年第4期，第56—59页；沙武田：《敦煌莫高窟“报恩吉祥窟”再考》，《敦煌研究》，2008年第2期，第26—30页；张先堂：《敦煌莫高窟“报恩吉祥窟”三考》，《敦煌研究》，2008年第5期，第1—8页。

蕃陷瓜州后、再陷沙州之前的十年间营建的（776—786）[①]，二者之间有50余年的时间差。

作为八大菩萨曼荼罗造像首次出现的榆林窟第25窟，不仅营建的时间比较早，是敦煌石窟吐蕃期洞窟中最早者。另据笔者研究，该洞窟的功德主也有史可查，当为瓜沙地区陷蕃后的第一任吐蕃军事行政长官、后任吐蕃宰相的尚乞心儿[②]。既然榆林窟第25窟的营建时间与功德主是明确的，据此可以清楚地看到，吐蕃在攻陷瓜州后，身为瓜州军政长官和攻打沙州的前沿总指挥尚乞心儿，就着手在瓜州的佛教圣地榆林窟营建功德窟，作为吐蕃攻陷河西重城瓜州的“纪念”。把在吐蕃本土较为流行的密教题材毗卢像并八大菩萨画入洞窟，特意设计在了主室正壁，显示其独特的用意，强调其重要性，是与功德主尚乞心儿的身份相符合的。说明吐蕃进入瓜沙地区，一开始就把吐蕃本土的密教艺术引入敦煌石窟，显示出吐蕃统治者对推行本土佛教艺术是不遗余力的。大概瓜州榆林窟第25窟营建之后不久，786年沙州陷蕃，面对着有十六国、北朝、隋及唐前期大量前代洞窟的莫高窟，吐蕃人及当地汉人在瓜沙地区的佛教石窟营建仍继承前朝传统，莫高窟的香火更加旺盛，佛窟营建有过之而无不及。而瓜州榆林窟洞窟营建则处于停止状态，再度兴盛是到了五代宋曹氏归义军时期。

---

① 沙武田：《关于榆林窟第25窟营建时代的几个问题》，《藏学学刊》第五辑，四川大学出版社，2009年，第79—104页；《榆林窟第二五窟の造營年代に關する諸問題》，日本早稻田大学文学研究科奈良美术研究所《奈良美术研究》第九号，2010年2月，第23—40页。笔者对榆林窟第25窟营建时代的断定，也得到敦煌研究院长期临摹壁画的老一辈专家学者如段文杰、史苇湘、欧阳琳等先生通过对洞窟壁画临摹而得出的时代结论所印证。段文杰：《榆林窟第25窟壁画艺术探讨》，《敦煌研究》，1987第4期，第 1—2页；史苇湘：《地方因素是研究佛教艺术的起点和基础》，载氏著：《敦煌历史与莫高窟艺术研究》，甘肃教育出版社，2002年，第657页；欧阳琳：《敦煌壁画解读》，甘肃文化出版社，2006年。

② 沙武田：《一座反映唐蕃关系的“纪念碑”式洞窟——榆林窟第25窟营建的动机、思想与功德主试析》（上、下），《艺术设计研究》，2012年第4期，第10—17页；2013年第1期，第16—23页。另载《西部考古》第7辑，三秦出版社，2013年，第276—297页。

图6—11　莫高窟第153窟西壁龛（南北壁为八大菩萨）
（敦煌研究院提供）

但是让人困惑的是，在莫高窟的吐蕃统治时期洞窟当中，除前述“报恩吉祥窟”主室“当阳”彩塑一铺可能为如同榆林第25窟八大菩萨一致的吐蕃样式一佛八菩萨以外，别无他见。同时代莫高窟第153窟龛内南北壁的八大菩萨（图6—11）显系汉传样式，同榆林第25窟八大菩萨区别是明显的，均为立姿。其中，地藏菩萨为比丘形，二者完全是两个系统，之间没有丝毫的传承与相互影响的关系。

另有同样为学界所熟知的藏经洞绢画Stein painting 50八大菩萨曼荼罗（图6—12），按学者们的研究，当为“卢舍那并八大菩萨曼荼罗”①。主尊为

① 郭祐孟：《敦煌石窟卢舍那并八大菩萨曼荼罗初探》，《敦煌学辑刊》，2007年第1期，第45—63页。

图6—12　藏经洞绢画Stein painting 50八大菩萨曼荼罗

结定印菩萨形卢舍那佛（胎藏界大日如来），两侧上下竖排八大菩萨像，一侧各四身，均为菩萨形。有几身存藏文题记，分别为“除盖障菩萨”、“地藏菩萨”、“文殊菩萨”、“地藏菩萨”，另四身据考为观音菩萨、金刚手菩萨、弥勒菩萨、虚空藏菩萨。这幅八大菩萨曼荼罗绢画的造像题材与艺术风格完全同榆林第25窟者，研究者一般认为其时间比榆林第25窟要早。但是我们认为可能要晚，榆林第25窟的营建时代较早，是在吐蕃占领瓜州之后不久，因此二者最多是同时代作品。但二者均为吐蕃艺术样式的八大菩萨像则是没有疑问的，所据经典也均为藏文本的《八大菩萨曼拏罗经》，就是说二者是相同的图像源流与传承关系。但是，作为绢画的Stein painting 50，和作为洞窟正壁造像的榆林第25窟八大菩萨造像之间的区别也是明显的。前者可移动携带，后者则完全固定在特定空间，因此使得二者之间的使用性质也不完全相同。前者可挂在寺院、佛堂或兰若，或有私人完全拥有的可能性，因此私密性较强；后者则为佛窟内供一般信众或僧人行法、礼拜，大多情况下可公开观瞻，当然并不排除其在特殊情况下作为僧人行密法的实际用途[1]。但是需要我们特别

① 赖文英：《唐代安西榆林25窟之卢舍那佛》，《圆光佛学学报》，1999年第4期，第340—345页；赖鹏举：《中唐榆林25窟密法“毗卢遮那佛”与佛顶尊胜系造像的形成》，《中国藏学》，2007年第4期，第18—23页。

注意的是，绢画榜题全为一字横形的藏文题框，洞窟壁画中则全为供同时书写汉文和藏文的T形榜题框。无论何种均有强烈的时代特征，可作为断代的重要参考[①]，这一区别之现象，自会引发二者更深层次差异的思考。

既然榆林第25窟的八大菩萨像榜题为T形框，很显然是吐蕃艺术粉本传入瓜州后的小小改动，也显然是为了“入乡随俗”。瓜州毕竟是汉文化为代表的唐人为主体的社会，因此吐蕃样式题材的进入，总是要考虑到当地信众的需要，加入竖条形的汉文榜题，并保留一字横形的藏文榜题，可以有效解决吐蕃艺术进入汉地针对汉藏两个民族信众的共同需要和心理接受。而其原粉本则可参见Stein painting 50给我们留下的宝贵样式，绢画Stein painting 50八大菩萨曼荼罗，应该说是属纯正的吐蕃藏地流行的同类题材。因为绢画的可携带性，不排除其直接来自吐蕃本土的可能性；而保留完好的藏文榜题强调了其供养的施主与绘画艺术家当为吐蕃人。不像榆林第25窟八大菩萨曼荼罗，虽然所据粉本画稿为传自吐蕃的作品，但是竖形汉文榜题的出现，以及具体菩萨画像面相、用笔方面与窟内南北壁完全敦煌本地风格传统的弥勒经变、观无量寿经变中菩萨像十分相似的情况，可知该八大菩萨是出自本地的汉族画家。T形榜题框中未写藏文，也印证这一推测不虚。因此Stein painting 50当来自吐蕃本土，或为瓜沙地区吐蕃人画成并供养。

由此，敦煌吐蕃时期洞窟中出现传自吐蕃本土的密教毗卢舍那并八大菩萨曼荼罗造像，完全可以肯定的也只有榆林第25窟的这一铺，而且是画于沙州陷蕃之前。吐蕃统治瓜沙地区计72年时间，榆林第25窟之后，密教题材如十一面观音变、千手千眼观音经变、千手千钵文殊菩萨变、如意轮

---

① 黄文焕：《跋敦煌365窟藏文题记》，《文物》，1980年第7期，第47—49页；Yoshiro IMAEDA: *T-shaped Inscription Frames in Mogao (Dunhuang) and Yulin Caves*，《日本西藏学会会报》第53号，2007年6月，第88—99页；张长虹中译本见《藏学学刊》第五辑，四川大学出版社，2009年，第286—290页；沙武田：《榆林窟第25窟T形榜子再探》，《敦煌研究》，2011年第5期，第14—30页。

图6—13　莫高窟晚唐第14窟主室南壁八大菩萨曼荼罗
（《敦煌壁画艺术·莫高窟第14窟》）

图6—14　榆林窟宋代第20窟八大菩萨曼荼罗
（敦煌研究院提供）

观音经变、不空绢索观音经变、珞珈山观音等汉传显密题材的图像大量出现在莫高窟吐蕃期洞窟中，构成这一时期窟内画像的主要内容，形成了敦煌吐蕃石窟的主要特点之一。此时不空所译的《八大菩萨曼荼罗经》也已在河西流传，图像基本的样式不出榆林第25窟形式（虽然该图像并非据不空译本），有了可资“传移模写”的实物，但实际上其图像并未流行开来，发人深思。奇怪的是却到了吐蕃之后的晚唐五代宋归义军时期洞窟中，八大菩萨曼荼罗开始受到重视，如莫高窟晚唐第14窟（图6—13）、榆林窟宋代第20窟（图6—14）等。但是比之榆林第25窟吐蕃期的作品，二者之间当有联系，艺术风格上仍更多传承的是吐蕃艺术和波罗风格，只是加入了更多的尊像，图像结构更加成熟复杂。

究其原因，大概受到了题材浓郁的吐蕃特色所产生的负面影响，正是本文所要讨论的“文化认同”下的“艺术选择”。

第三节　吐蕃密教艺术在敦煌未得到广泛流传的原因

以榆林窟第15、25窟库藏神和八大菩萨曼荼罗为代表的完全吐蕃文化特色与艺术样式的密教题材，在776—786年间被画在了瓜州的佛教石窟中，强烈反映了时代特色，具有深刻的政治因素。但当吐蕃人于786年正式占领沙州后，至848年张议潮起义，在这62年吐蕃统治瓜沙期间，瓜州的榆林窟的营建处于停止状态，石窟营建中心转移到了佛教圣地莫高窟。这一时期，在多达50余所新建洞窟和20余所续建洞窟中，出现大量的汉传密教图像，但像前述二类及其他吐蕃本土流行的密教图像没有出现，这一现象不合敦煌石窟的常规。因为在敦煌石窟中，一个时代一旦出现一种新的图像，往往会被作为一种广泛摹绘而流行的题材，大量表现于窟内。因此，第15、25窟的库藏神和八大菩萨曼荼罗图像未流行开来，当有值得深入探讨的空间。

法国著名艺术史家保罗·拉克鲁瓦说过：“在一个时代所能留给后人的一切东西中，是艺术最生动地再现着这个时代……艺术赋予其自身时代以生命，并向我们提示这个（过去的）时代。”曹意强先生在其大作《艺术与历史》中，一再强调了艺术与历史时代的密切关联，同时阐述了“图像证史”的理论与实践[①]。在这样的理论指导下，当我们观察吐蕃时期莫高窟石窟艺术时，会强烈地感觉到敦煌虽然处在吐蕃统治下，其佛教艺术仍为

① 曹意强：《艺术与历史》，中国美术学院出版社，2001年。

敦煌传统的艺术传承，即使是有所创新，也是建立在唐代佛教艺术题材与样式的基础上的。统治者吐蕃人的本土艺术影响不大，这点已得到学界的认可，成果颇多，恕不一一列举。究其内在的因素，不外乎以下三个方面的原因。

第一，莫高窟吐蕃时期洞窟，总体上是以敦煌汉人世家大族为主营建的功德窟，吐蕃人作为窟主的仅是个别洞窟，而且又往往是与其他民族共同营建的①。因此，敦煌本地传统图像和以显教为主的图像成为主流。

第二，吐蕃统治敦煌期间，正是吐蕃本土佛教开始的阶段，吐蕃人积极向外包括汉地、印度、尼泊尔、于阗等地广泛学习文化艺术。其中，汉地佛教及其文化艺术是其学习的重点，因此河西敦煌地区已有的经典、造像艺术必然是吐蕃人学习的重要资料。吐蕃人占领沙州后，吐蕃赞普就请敦煌著名僧人昙旷和摩诃衍到吐蕃弘法。昙旷因为身体原因未能成行，口述了答赞普的《大乘二十二问》（图6—15）。摩诃衍则亲自前往拉萨，为赞普和王妃等宣讲汉地大乘顿悟禅法，以至于引起以印度僧人莲花僧为代表的一些僧人的不满，要求赞普驱赶摩诃衍，后来发生了著名的"吐蕃僧诤"②。在这样的背景下，吐蕃统治者在学习接受汉地佛教的过程中，对本土造像艺术的强调和推广受到影响。

第三，吐蕃统治敦煌期间，吐蕃统治者对佛教的关注重点似乎在有组织的抄经活动中。其中，有汉文抄经，但以藏文抄经为主，并设有专门的抄经坊，有严格的抄经、校经、报废制度，甚至吐蕃高僧法成、吐蕃僧相钵阐布娘定增及王妃贝吉云丹等都曾在敦煌有抄经、校经的活动③。现藏于

① 沙武田、赵蓉：《吐蕃人与敦煌石窟营建——以莫高窟第93窟为中心》，载四川大学中国藏学研究所：《中国藏学》第七辑，四川大学出版社，2011年，第26—48页。

② 戴密微著，耿升译：《吐蕃僧诤记》，甘肃人民出版社，1984年。

③ 张延清：《吐蕃敦煌抄经制度研究》，兰州大学敦煌学研究所2010年博士学位论文。张延清：《甘藏吐蕃钵阐布敦煌校经题记》，《敦煌学辑刊》，2010年第1期，第29—43页。

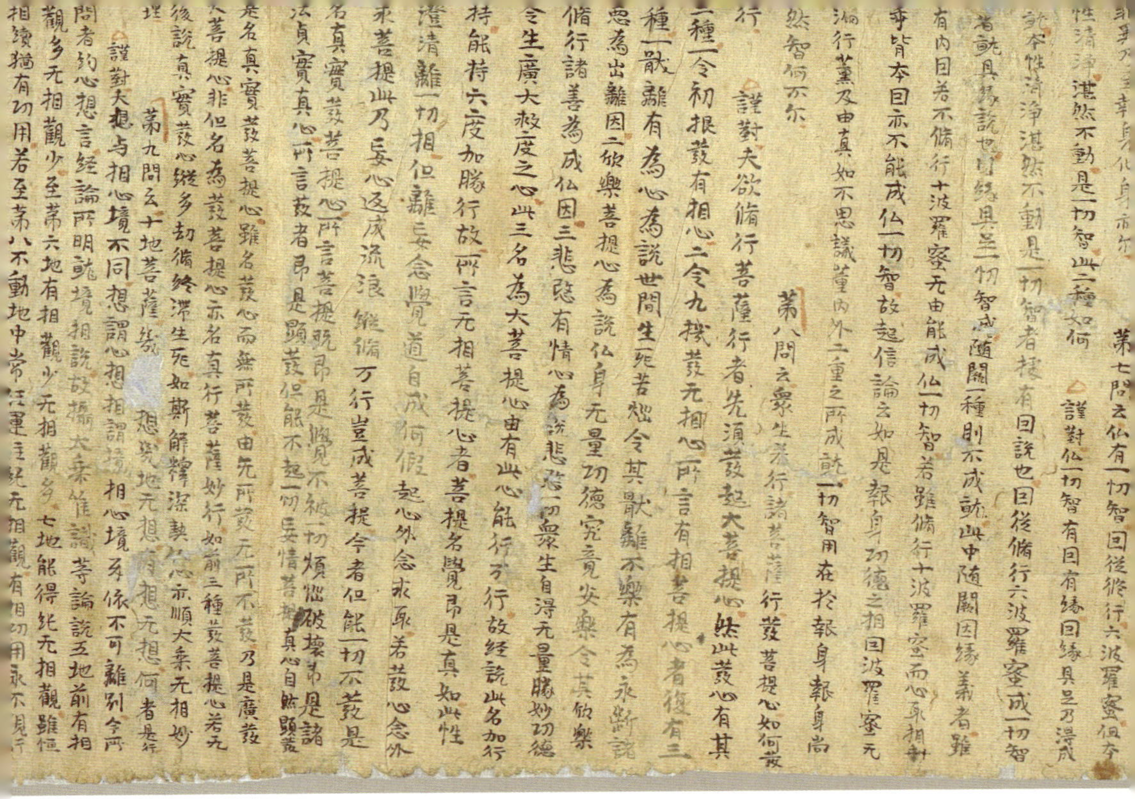

图6—15　敦煌藏经洞写本《大乘二十二问》

（下载自法国国家图书馆网页）

法国国家图书馆、英国国家图书馆及甘肃各地藏大量的出自敦煌藏经洞的、抄写于吐蕃统治时期的藏文《大乘无量寿宗要经》、《大般若经》等，就是吐蕃对敦煌佛教主要工作的证明。更有意思的是，这些敦煌的藏文写经又被运到吐蕃本土的各寺院供养诵读[①]，显示出敦煌在吐蕃佛教发展过程中的重要地位。事实上，谢继胜先生一再强调的敦煌图像对藏地佛教艺术的重要影响[②]，道理是一样的。

除此之外，吐蕃时期洞窟中没有出现完全吐蕃样式的密教艺术，也与敦煌本地的世家汉人大族对吐蕃统治的反感心理有关。著名的玉关驿户起

① 马德：《西藏发现的喇蚌经为敦煌写经》，《敦煌研究》，2009年第5期，第79—83页。

② 谢继胜：《西夏藏传绘画——黑水城出土西夏唐卡研究》，河北教育出版社，2002年。

义就是例证，同时吐蕃推行的吐蕃风俗，辫发易服，黥面文身，建立部落制等都对汉人产生了重要的影响。《唐书·吐蕃传》记“州人皆服臣虏，每岁时祀父祖，衣中国之服，号恸而藏之”，充分反映了当时沙州人民对这种蕃风的厌恶之情。敦煌遗书P.3451《张议潮变文》记述了归义军初期唐中央使节在河西敦煌的见闻时写道：“尚书授敕已讫，即引天使入开元寺，亲拜我玄宗圣容。天使睹往年御座，俨若生前。叹念敦煌虽百年阻汉，没落西戎，尚敬本朝，余留帝像。其于（余）四郡，悉莫能存。又见甘、凉、瓜、肃，雉堞凋残，居人与蕃丑齐肩，衣着岂忘于左衽；独有沙州一郡，人物风华，一同内地。”[①]在这样的心理影响下，造成在洞窟中少画或不画供养人的现象[②]。同样的道理，像榆林窟第15、25窟完全吐蕃文化特色与样式特征的库藏神、八大菩萨曼荼罗，因为其浓厚的吐蕃特色，而为以汉人世家大族为主的洞窟功德主们所厌恶，因此在洞窟中不再被表现。

另一方面，这类吐蕃密教题材因为其强烈的思想性和独特的功能意义，也未必在洞窟整体设计中被有效地选择。除却其政治因素外，作为一种纯粹的密教图像，功德主们的选择可以比较轻松地把其排除在洞窟以外，当不会受到吐蕃统治者的关注。不像维摩经变中的赞普出行图那样，政治性因素过于浓厚，时代背景太密切，属于功德主们无法回避的“图像选择”。同时也是这些委曲求全的世家大族如莫高窟第231窟的窟主阴处士阴嘉政一样，“屈膝两朝之主”[③]，不得已而为之。

---

① 王重民等：《敦煌变文集》（上册），人民文学出版社，1957年，第124页。

② 沙武田：《吐蕃统治时期敦煌石窟供养人画像考察》，《中国藏学》，2003年第2期，第80—93页。

③ 敦煌文献P.4638、P.4640《阴处士碑》，又名《大番故敦煌郡莫高窟阴处士公修功德记》，记载莫高窟第231窟的建窟缘由、洞窟内容等，参见郑炳林：《敦煌碑铭赞辑释》，甘肃教育出版社，1992年，第33—38、238—254页。

第四节　结　　语

讨论的结果，我们可以看到，佛教石窟营建过程中图像的选择性，实有其深刻的历史背景。榆林第15窟的库藏神虽然曾经一度被立于唐蕃会盟坛前，也曾一度进入长安的寺院，直到瓜州的石窟中仍有精彩的图像留存，但是仍逃不过历史的选择和其本身的民族局限性，而最终在汉地的寺院石窟中仅是浅尝辄止、昙花一现，没有成为一种被广泛模拟的对象。至于榆林第25窟带有T形榜题框的八大菩萨曼荼罗，虽然到了吐蕃后的晚唐、五代、宋时期在敦煌石窟中仍然流行，但二者之间的区别还是很大的。总体而言仍属石窟中仅见的题材，其标准的吐蕃样式并没有在敦煌石窟中大量流行开来。如果了解了归义军节度使张议潮政权和吐蕃密切的关联[①]，就会对这种来自吐蕃本土的密教图像在第25窟之后吐蕃时期莫高窟洞窟中沉寂，而在“后吐蕃”[②]时期以更加完备的图像样式大放异彩的原因了，艺术风格上表现出更为纯正的波罗艺术。但是晚唐、五代、宋这种风格绝不能一概认为来自吐蕃，另有自印度波罗王朝进入中亚，再沿丝绸之路传入敦煌的事实[③]。

---

① 陆离：《张议潮史迹新探》，《中国边疆史地研究》，2011年第3期，第95—109页。

② 乌瑞：《吐蕃统治结束后甘州和于阗官府中使用藏语的情况》，《亚细亚学报》，1981年第1—2期，第82—90页；耿升中译本见敦煌文物研究所编《敦煌译丛》第一辑，甘肃人民出版社，1985年，第212—220页；马德：《“特蕃”考》，《兰州大学学报》（哲社版），2006年第5期，第76—79页；马德：《从敦煌史料看唐代陇右地区的后吐蕃时代》，载郑炳林、樊锦诗、杨富学主编：《丝绸之路民族古文字与文化学术讨论会文集》（上），三秦出版社，2007年，第341—352页。

③ 张亚莎：《印度·卫藏·敦煌的波罗—中亚艺术风格论》，《敦煌研究》，2002年第3期，第1—8页。

第七章

由婚嫁图绘制年代引发的新思考

榆林窟第25窟主室北壁弥勒经变中的婚嫁图，因为同时出现身着唐装和蕃装的人物，一直以来是研究唐蕃关系的珍贵资料。对于该幅图像，学者们有较多的研究成果，前面诸章节多已涉及。但近年来，针对此幅婚嫁图及其相关问题，有学者撰文发表新论，颇有不同意见。单就其绘制时代而言，有将其归入821年唐蕃长庆会盟之后，还有认为属于曹氏归义军时期之说，与传统所说吐蕃前期意见出入较大。本书既然是对第25窟的专题研究，有新的观点，就不能绕开不理，因此有必要作些澄清。

第一节　第25窟婚嫁图研究史述评

榆林窟第25窟婚嫁图是敦煌石窟现存46幅[1]婚嫁图中唯一一幅反映汉藏通婚的场景（图7—1）。长期以来学界对其人物族属与身份的辨识不统一，其中最为重要的莫过于对新娘的确认，围绕对新娘的辨识，主要有以下两种观点。

---

① 谭蝉雪：《敦煌石窟全集·民俗画卷》，商务印书馆，1999年，第104页。

第一种观点以谭蝉雪[①]、王惠民[②]二位先生为代表，认为跪地叩拜着吐蕃装的新郎是汉人，新郎右手边着吐蕃装作揖的新娘是吐蕃人。此观点影响到罗世平[③]、马德[④]、刘颖[⑤]等先生及笔者本人之前的研究[⑥]，受传统“男跪女揖”形象的影响，学者们以为跪地叩头的新郎旁边穿着吐蕃装作揖者即是新娘。虽然有些研究者觉得有疑惑，但还是没有说明其中的不妥。事实上，新娘的确认尽管很重要，但也并不妨碍我们对其绘制年代的判断。此外，赵小明这样描述这幅婚嫁图：

图7—1　榆林窟第25窟弥勒经变婚嫁图

“新郎、新娘头裹红毡，宾客头戴小礼帽，侍女著氆氇服。五体投地的新郎是吐蕃族，凤冠披帛的新娘是汉族。”[⑦]可以看出，前部分赵小明提出的新郎、新娘头裹红毡的说法仍然沿用谭蝉雪、王惠民二位先生的观点，认为

① 谭蝉雪：《敦煌石窟全集·民俗画卷》，商务印书馆，1999年，第138页。

② 王惠民：《敦煌石窟全集·弥勒经画卷》，商务印书馆，2002年，第74页。

③ 罗世平：《身份认同：敦煌吐蕃装人物进入洞窟的条件、策略与时间》，《美术研究》，2011年第4期，第58—65页。

④ 马德：《小议敦煌壁画中的蕃装人物》，载敦煌研究院编：《敦煌吐蕃统治时期石窟与藏传佛教艺术研究》，甘肃教育出版社，2012年，第94—108页。

⑤ 刘颖：《莫高窟吐蕃后期洞窟建造年代判定——以蕃装人物为中心》，《中华文化论坛》，2013年第5期，第65—71页。

⑥ 沙武田：《关于榆林窟第25窟营建时代的几个问题》，载《藏学学刊》第五辑，四川大学出版社，2009年，第79—104页。

⑦ 赵小明：《敦煌婚礼图中的少数民族因素》，《新疆艺术学院学报》，2010年第3期，第28—31页。

着吐蕃装的新娘是吐蕃人，但是后部分他也提到风冠披帛的新娘是汉族，说明他似乎已经看出了新郎左手边背对着我们三个着汉装的女性，中间的是新娘，只不过他对新娘的说法似乎很矛盾。

第二种观点认为：跪地叩拜着吐蕃装的新郎是吐蕃人，背对着我们着汉装的三个汉族女性，中间的是新娘，旁边两个是侍女。就目前收集的资料来看，早年段文杰先生对这幅婚嫁图有过这样的描述："这里画大青庐（帐房），帐内置长案，置山珍美味，男女宾客对坐宴饮，帐外设屏障，一对藏男汉女在傧相侍陪下举行婚礼，礼拜时'男跪女不拜'。宴会的宾主侍婢中有汉也有藏，虽然这一婚礼没有任何文字说明，但它应该是当时汉藏联姻历史的反映。"[①]接着，张伯元先生将这幅婚嫁图描述为："画面上门外搭帐幕，内设屏风，帐内宾客对坐，帐前新郎着吐蕃装下跪礼拜，新娘与伴娘着汉装立于一旁，它真实地反映了我国北方以'青幔为屋'和行礼时男跪女不拜的婚礼习俗。"[②]冯力先生对这幅婚嫁图有这样的描述："为举行婚礼，在门外搭起了帐幕，内置屏风 ，帐内宾客对坐，帐前举行婚礼，新郎着吐蕃服装，五体投地跪拜，新娘和伴娘着汉装立于一侧，它反映了当时北方婚礼以'青幔为屋'，以及行礼时男拜女不拜的习俗，是一幅唐代的风俗画。"[③]后来，曹洪勇先生将这幅婚嫁图描述为："吐蕃风格的嫁娶图：图中画有青庐（帐篷），内有男女宾客宴饮，一对青年男女在宾客的陪同下正举行婚礼，男士穿吐蕃装，女士穿汉装，宾客中也有吐蕃人，反映了那时汉、藏人民和睦相处的情况。"[④]黄维忠先生将其描述成："其北壁弥勒经变婚嫁图中出现的新郎、伴郎均着吐蕃装，此外宾客、侍从也有着吐蕃装

① 段文杰：《藏于幽谷的艺术明珠——榆林窟第二五窟壁画研究》，载敦煌研究院编：《敦煌石窟艺术·榆林窟第二五窟附第一五窟》，江苏美术出版社，1993年，第11页。

② 张伯元：《安西榆林窟》，四川教育出版社，1995年，第21页。

③ 冯力：《榆林窟第25窟壁画的几点认识》，《南通师专学报》，1996年第3期，第38页。

④ 曹洪勇：《敦煌石窟T形题记叙论》，《陕西社会科学论丛》，2001年第4期，第41页。

者。”[①]可见，黄维忠先生已经其实辨识出了新郎和新娘。

此外，霍巍先生写道：“如同许多学者注意到的那样，在弥勒经变东侧的婚嫁图中，有两个人物形象着吐蕃服饰，两个人物一男一女分立于主人两侧，女子头结高结，男子以头巾束头，均身穿带有三角形的大翻领长袍，腰间结带，脚穿乌靴……就在这幅婚嫁图中，当中主人的形象仍为唐装，其身份似更加显贵，而两位着吐蕃装的人物侍立于两侧，身份似为其侍从。”[②]可以看出，霍巍先生对新郎和新娘的辨认是正确的，不过他可能把男傧相当成了这位头戴透额罗幞头汉族男性的侍从。李妍容写道：“榆林25窟婚礼图中便可明显看出吐蕃族与汉族通婚的场景，新人立于青庐中围屏内行礼，新郎为吐蕃族，头戴毡帽，新娘凤冠霞帔，为汉族。男女宾客汉蕃皆有，分列于长桌两侧，相互谈笑。”[③]从以上叙述可看出，段文杰、张伯元、冯力、李研容、曹洪勇以及黄维忠等先生颇有见地，已经辨识出着吐蕃装跪地叩拜的是新郎，着汉装的三个汉族女性，中间的是新娘，只是他们没有具体说明而已。

最近，陈于柱、张福慧发表新作《榆林窟第25窟“藏汉婚礼图”的再研究》[④]（为了行文方便，以下简称《再研究》），首次对榆林窟第25窟婚嫁图中的每一个人物身份及族属作了新的考订和详细说明，使人物身份更加清楚，使我们对这幅婚嫁图有了新的认识，值得重视。《再研究》认为桌案前跪地叩拜着吐蕃装的是吐蕃族新郎，新郎右手边着吐蕃装作揖的是新郎的一个吐蕃族伴郎。新郎左手边站着的三个着汉装的汉族女性，中间为

① 黄维忠：《德噶玉采会盟寺（de ga g·yu tshal gtsigs kyi gtsug lag khang ）考——再论该寺非榆林窟》，《敦煌研究》，2009年第3期，第93—99页。

② 霍巍：《吐蕃时代考古新发现及其研究》，中国社会科学出版社，2012年，第390页。

③ 李妍容：《敦煌壁画中的婚嫁图》，《文化月刊》，2013年第8期，第68页。

④ 陈于柱、张福慧：《榆林窟第25窟“藏汉婚礼图”的再研究》，《民族研究》，2014年第2期，第86—92页。

新娘，新娘左手边是一执长柄团扇的侍女，新娘右手边也是侍女。桌案一侧，头戴透额罗幞头、着汉装的可能是新郎的汉人岳父，他对面可能是新郎的汉人岳母，他右手边是新郎另一个吐蕃族伴郎，他左手边双手捧着盘子的为汉人侍从。因此，他认为榆林第25窟该幅婚嫁图是吐蕃族的新郎在汉人的新娘家向岳父母或宾客拜堂行礼时的场景。特别引起我们注意的是，《再研究》中认为该幅婚嫁图的绘制时间绝对不会出现在吐蕃统治时期，而应该在曹氏归义军时期，从而提出了完全不同于学术界的观点，颇有新意，但同时也是我们需要再作讨论的起因。

另外，罗世平先生[①]、刘颖博士[②]把敦煌石窟中出现的吐蕃装图像均归入长庆会盟之后，认为榆林窟第25窟这幅婚嫁图也属于长庆会盟之后的作品，显然此观点不能成立。王中旭博士认为长庆会盟后唐蕃开始有文化交流与使节往来，才可能会出现像敦煌石窟《维摩诘经变》中中原帝王与汉族皇帝相向而立的画面[③]。三位先生对吐蕃装人物进入敦煌石窟壁画时间和社会历史背景原因的分析是相同的，他们一致认为吐蕃装人物进入敦煌石窟是长庆会盟后才有可能出现的现象，把唐蕃长庆会盟的时间和事件作为判定敦煌石窟中蕃装人物出现的唯一标准，我们认为是极不妥的。

纵观学者对榆林窟第25窟婚嫁图的辨识，主要是对新娘的确认，现在看来，第一种较早的传统的观点似乎受到挑战。我本人早年亦持此认识，但随着研究的深入，我个人觉得第二种观点更符合历史实情。其中，《再研究》文中对人物身份的考订，使人物身份及族属更加清楚，令人信服，但

---

① 罗世平：《身份认同：敦煌吐蕃装人物进入洞窟的条件、策略与时间》，《美术研究》，2011年第4期，第58—65页。

② 刘颖：《莫高窟吐蕃后期洞窟建造年代判定——以蕃装人物为中心》，《中华文化论坛》，2013年第5期，第65—71页。

③ 王中旭：《敦煌吐蕃时期〈维摩变〉新样研究》，载《全国美术学博士生论坛论文集》，陕西师范大学出版社，2011年，第166—175页。

是其中仍有许多问题有待商榷。首先，笔者多次现场仔细看过榆林窟第25窟婚嫁图，新娘左手边的伴娘确实存在一个漫漶的长条形图形，但其前端并没有出现所谓的圆形弧线，而好像是新郎所跪地面的线纹，并且其前部漫漶部分要比敦煌石窟其他婚嫁图中新娘所持有的团扇前部小很多，而且伴娘似乎并没有手持团扇的动作。尽管如此，丝毫不妨碍我们对新娘及侍女身份的确认。至于《再研究》提出的新郎的岳父母以及岳父右手边为男伴郎的可能性，还有待更进一步的确认。虽然学界对人物身份及其族属的认识不统一，但是也并不会妨碍我们对这幅婚嫁图的理解。就目前来看，我们比较肯定的是着吐蕃装的吐蕃族新郎、新郎旁边作揖吐蕃族男傧相、着汉装的汉人新娘及其两边的汉族侍女，双手捧着盘子的为汉人侍从。其次，《再研究》认为这幅婚嫁图绘制年代绝不会是吐蕃统治时期，将其创作年代考订在曹氏归义军时期，实在不能苟同。

第二节　第25窟洞窟统一集中完成再辨

《再研究》文中将这幅婚嫁图考订在曹氏归义军时期，是接受了今枝由郎先生关于各壁创制年代不同的观点，对此有必要再作说明。今枝由郎完全赞同马休·凯普斯坦关于榆林窟第25窟是汉藏为纪念821—822年和盟开凿的德噶玉采寺[①]的观点（但后来马休改变了自己原来的观点），所以他以东壁的T形榜子为切入点，认为东壁仅保存有T形题记框的八大菩萨曼荼罗最先以藏式风格绘制，将其时间断定在786—848年。其他各壁仅保存

① 马休·凯普斯坦：《De-ga g·yu-tshal（榆林窟）之会盟寺的比定与图像》，载霍巍、李永宪主编：《西藏考古与艺术国际学术讨论会论文集》，四川人民出版社，2004年，第98—127页。

有竖形题记框的壁画可能为848年汉人恢复在这一地区统治后绘制，并且他认为东壁T形题记框而其他各壁为竖形框。之所以有这种差异是因为848年汉人恢复在这一地区统治造成的政治和军事形式的变化，所以就没有必要再绘T形框，只绘制竖形框[①]。对今枝由郎先生的观点，笔者认为有以下不妥。

第一，今枝由郎先生极力支持的马休·凯普斯坦关于榆林窟第25窟为纪念821—822年“汉藏和盟”而建立的德噶玉采寺的观点，已被黄维忠[②]先生和他本人[③]否定了，现在看来，榆林窟第25窟不是纪念汉藏和盟而建立德噶玉采寺。实际上，德噶玉采寺并非榆林窟，而是孔古寺。不过，马休·凯普斯坦也注意到虽然各壁壁画风格有所不同，但是它是同一艺术家在同一时期绘制而成，榆林窟25窟无论在图像和风格上都体现了汉藏世界和谐共存[④]。显然马休·凯普斯坦是赞同该窟作为整体性同时期开凿绘制，值得我们参考，也即说明今枝由郎先生的观点是不妥当的。

第二，今枝由郎先生将各壁不同形式的题记框归结为848年汉人恢复在这一地区的统治，显得简单化。尽管T形榜子仅出现在吐蕃时期洞窟中，但这并不意味着所有吐蕃时期洞窟中就一定要出现T形榜子，更不意味着吐蕃时期洞窟不使用写汉字的竖形榜子，非要等到848年汉人恢复这一地区后才能出现竖形榜子。如果按此逻辑，敦煌莫高窟吐蕃时期洞窟有太多的竖形榜子又作何解释？笔者以为以吐蕃在敦煌地区统治结束来判断和解

① 今枝由郎：《敦煌莫高窟和安西榆林窟的T形题记框》，张长虹译，载《藏学学刊》第五辑，四川大学出版社，2009年，第79—104页。

② 黄维忠：《敦煌藏文发愿文研究概述》，《敦煌学辑刊》，2007年第1期，第29—39页。

③ 马休·凯普斯坦：《德噶玉采会盟寺的再思考》，卢素文译，载《藏学学刊》第十辑，中国藏学出版社，2014年，第35—37页。

④ 马休·凯普斯坦：《De-ga g·yu-tshal（榆林窟）之会盟寺的比定与图像》，载霍巍、李永宪编：《西藏考古与艺术国际学术讨论会论文集》，四川人民出版社，2004年，第98—127页。

释榆林窟第25窟各壁出现不同形式的题记框显然不合理。T形题记框仅出现在东壁八大菩萨曼荼罗中，是因为其粉本来自藏地，汉地画工、画匠对其不熟悉，为了忠实地反映其题材，同时考虑到汉藏两地信众的需要，易于他们接受，创制了T形榜子，也说明该铺造像的独特性。而T形榜子只写汉文，是因为洞窟功能的内修性，并且作为整体性地营建于776—786年的榆林窟第25窟，承担着汉藏友好的角色，所以T形榜子被有意省去，加上其他各壁都为汉地传统题材，也就没有必要书写T形榜子中的藏文文字了[①]。

第三，据赖文英[②]、赖鹏举[③]研究，从洞窟所承担的思想义理和实践仪轨角度来看，第25窟的洞窟整体结构性很强，体现的是北传三重华严涵摄和南传中印密法的互动。显然洞窟功德主或者洞窟营建者对其图像传达出的含义及其所要承担的汉藏交流与互动角色是非常清楚的，这就更加肯定了我们对榆林窟第25窟各壁作为同时期营建判定的正确性。

总之，该窟主室以及前室东壁两侧南北两天王绘制时代与洞窟开凿时代一致，统一集中完成，不容置疑。

第三节　第25窟建窟时间再探

关于榆林窟营建时代，学界关注较多，成果颇丰，学界主流观点认为

① 沙武田：《榆林窟第25窟T形榜子再探》，《敦煌研究》，2011年第5期，第28—34页。

② 赖文英：《唐代安息榆林25窟之卢舍那佛》，《圆光佛学学报》，1999年第4期，第340—345页。

③ 赖鹏举：《中唐榆林25窟密法“卢舍那佛”与佛顶尊胜系造像的形成》，《中国藏学》，2007年第4期，第18—23页。

榆林窟第25窟建于吐蕃统治敦煌时期。谢继胜、黄维忠[①]、陆离[②]、罗世平[③]、刘颖[④]等先生认为其建立于吐蕃统治敦煌后期。段文杰[⑤]、史苇湘[⑥]等先生更倾向其建于吐蕃统治敦煌初期。笔者则注意到瓜州陷蕃（776）比沙州陷蕃（786）早十年，并分别对榆林窟第25窟壁画艺术风格、题材样式、人物造像服饰、与莫高窟中唐壁画艺术比较、弥勒经变中的吐蕃人物分析以及藏文题记分析等进行分析，进而认为榆林窟第25窟是在瓜州吐蕃前期即“盛唐吐蕃期”营建，即榆林窟第25窟应当营建于776—786年[⑦]。

另据《寺塔记》记载：“静域寺，佛殿内，西座番神甚古质，贞元已前西番两度盟，皆载此神立于坛而誓，相传当时颇有灵。”[⑧]谢继胜先生认为此处贞元以前（785—804）两度盟的“番神”为吐蕃毗沙门天王像，具体则是像榆林窟第15窟库藏神形象者。“西番两度盟”是指唐蕃开元二十二年（734）赤岭会盟和建中四年（783）唐蕃清水会盟。吐蕃将赞普比作毗沙门天王，故唐蕃会盟时天王作为吐蕃神立于祭坛。因清水处于长安正西，丝绸之路主道，而净域寺是唐京城名寺，所以唐蕃783年清水会盟后将吐蕃式的毗沙门天王像留到净域寺合情合理[⑨]。我们也在其他研究中指出

① 谢继胜、黄维忠：《榆林窟第25窟壁画藏文题记释读》，《文物》，2007年第4期，第70—78页。

② 陆离：《关于榆林窟第25窟壁画藏文题记释读的两个问题》，《西北民族大学学报》，2010年第4期，第54—57页。

③ 罗世平：《身份认同：敦煌吐蕃装人物进入洞窟的条件、策略与时间》，《美术研究》，2011年第4期，第58—65页。

④ 刘颖：《莫高窟吐蕃后期洞窟建造年代判定——以蕃装人物为中心》，《中华文化论坛》，2013年第5期，第65—71页。

⑤ 段文杰：《榆林窟第25窟壁画艺术探讨》，《敦煌研究》，1987年第4期，第1—10页。

⑥ 史苇湘：《地方因素是研究佛教艺术的起点和基础——兼论榆林窟25窟壁画》，载《敦煌历史与莫高窟艺术研究》，甘肃教育出版社，2002年，第657页。

⑦ 沙武田：《关于榆林窟第25窟营建时代的几个问题》，《藏学学刊》第五辑，四川大学出版社，2009年，第79—104页。

⑧（唐）段成式：《寺塔记》，人民美术出版社，1964年，第23—24页。

⑨ 谢继胜：《榆林窟15窟天王像与吐蕃天王图像演变分析》，《装饰》，2008年第6期，第54—59页。

榆林窟第15、25窟是同时营建的双窟，榆林窟第15窟前室北壁吐蕃式库藏神以及榆林窟第25窟前室东壁北侧吐蕃武士装样式毗沙门天王像（图7—2）与唐蕃会盟有关[①]。因此，如同马俊锋在我研究基础上的最新研究指出的那样，榆林窟第25窟的营建或有可能与唐蕃清水会盟使唐蕃和好的大的政治事件有关，具体建窟时间有可能在783年唐蕃清水会盟前后，并进一步推测榆林窟第25、15窟作为双窟，有可能均为纪念唐蕃清水会盟而建[②]。这一时间范围并不出我之前所认定的该窟建于776—786年之间的界定，故而也不矛盾。

图7—2　榆林窟第25窟前室东壁北侧毗沙门天王像
（《中国石窟·安西榆林窟》图版42）

① 沙武田：《一座反映唐蕃关系的“纪念碑式”式洞窟——榆林窟第25窟营建的动机、思想及功德主试析》，（上、下），《艺术设计研究》，2012年第4期，第10—17页；2013年第1期，第16—23页。另载《西部考古》第7辑，三秦出版社，2013年，第287页。

② 马俊锋、沙武田：《唐蕃清水会盟在敦煌石窟中的历史遗迹——瓜州榆林窟第25窟功德主新解》，《西藏研究》，2015年第3期，第15—22页。需要说明的是，该文因编辑不当，导致引文的出处出现错乱，请读者参考时注意并请谅解。

第四节 婚嫁图绘制年代再辨

以吐蕃装人物和曹氏归义军时期汉藏通婚合法化为标准来判断榆林窟第25窟婚嫁图绘制年代明显不妥。如果仅仅依据曹氏归义军时期汉藏通婚的合法化才有可能出现汉藏通婚场景，而将榆林窟第25窟婚嫁图绘制时间考订在曹氏归义军时期，虽是不同的研究视角和结果，也找到了与之相关的历史文献的佐证，但是具体到艺术表达和图像再现的层面，作为对已经存在的完整图像的分析，就显得简单而欠考虑，而更应该综合考虑洞窟整体情况。对于《再研究》所论榆林窟第25窟婚嫁图诸问题，我们觉得有以下几点值得讨论。

第一，只考虑在曹氏归义军时期汉藏通婚合法化而出现汉藏婚嫁场景的合理性，却忽略了将其考订在曹氏归义军时期而引发的人物造像的衣冠服饰和洞窟壁画绘制风格的冲突。《再研究》文中以为榆林窟第25窟婚嫁图与晚唐莫高窟第12窟南壁婚嫁图（图7—3）构图模式极为接近，但若将这两幅婚嫁图与榆林窟五代第20窟南壁婚礼图（图7—4）比较就会发现，单就人物服饰而言，有明显的时代差异。榆林第25窟婚嫁图中《再研究》称为新郎的岳父，身着袍衫，头戴软脚（垂脚）透额罗幞头，而莫高窟晚唐第12窟婚嫁图中新郎和伴郎均头戴翘脚幞头。我们也知道，到曹氏归义军时期的壁画中，基本完成了软脚（垂脚）幞头向翘脚或硬脚展翅幞头的转变，五代曹氏壁画中的男子装均是以硬脚展翅幞头（图7—5）。因此，可以看到前述榆林窟五代第20窟婚嫁图中新郎以及男贺礼者均首着翘脚幞头，时代特征是明确的。

另据学者们的研究可知，唐、五代、宋时期壁画中幞头的图像是有断代

图7—3　莫高窟第12窟弥勒经变婚嫁　（《中国石窟·敦煌莫高窟》四图版161）

图7—4　榆林窟第20窟南壁弥勒经变婚嫁　（《敦煌石窟全集·民俗画卷》图版122）

图7—5a　榆林窟第16窟
曹议金供养像
（《中国石窟·安西榆林窟》
图版58）

图7—5b　莫高窟五代第98窟甬道曹议金等曹氏家族供养男像
（敦煌研究院提供）

意义的①。结合以上婚嫁图所在洞窟的时代，洞窟的时代与人物的服饰的时代特征都是契合的。考察榆林窟第25窟全窟壁画，北壁弥勒经变中老人入墓、路不拾遗（图7—6）、树下写经和诵经图（图7—7），以及南壁观无量寿经变未生怨中的男性（图7—8），均头戴软脚（垂脚）幞头，身着袍衫，其着装更像莫高窟盛唐第130窟甬道北壁晋昌郡都督一行男性人物着装（图7—9）。

另外，榆林窟第25窟婚嫁图所在的北壁老人入墓图中，老人左手边出现的女性，着袒胸上襦、披帛，完全是盛唐才有的穿着风貌，而南壁十六观中的卫提希夫人也一派唐装（图7—10）。以上两幅画面中女性人物着装以及榆林窟第25窟婚嫁图中三位唐人女性（中间为新娘，其两边为伴娘）着装，均与莫高窟盛唐第130窟甬道南壁都督夫人太原王氏一行礼佛图中的

① 段文杰：《敦煌石窟艺术研究》，甘肃人民出版社，2007年，第299—362页；谭蝉雪：《敦煌石窟全集·服饰画卷》，商务印书馆，2005年，第81—102页；魏健鹏：《敦煌壁画中幞头的分类及其断代功能刍议》，《艺术设计研究》，2013年第2期，第11—18页。

图7—6　榆林窟第25窟北壁老人入墓、路不拾遗

图7—7　榆林窟第25窟北壁树下写经、诵经

图7—8　榆林窟第25窟南壁未生怨

图7—9　莫高窟第130窟甬道北壁官员公服
（段文杰摹）

图7—10　榆林窟第25窟南壁十六观

女性、盛唐第45、217等窟世俗女装一致（图7—11），属典型的盛唐气象。

显然从壁画绘制风格和人物造像上来看，榆林窟第25窟的婚嫁图绝不会出现在曹氏归义军时期。总之，这一窟绘画具有盛唐风格，已是学界共识，不容置疑。而该窟建于莫高窟的盛唐时期，具体所在地瓜州已处在吐蕃统治之下，之所以具有盛唐风格，则是因为瓜州陷蕃（776）比沙州陷蕃（786年）早十年，即我们前文所谓之瓜州榆林窟“盛唐吐蕃期”[①]。

第二，我们知道榆林窟第25窟主室壁画、前室东壁南北二天王绘制时间与该窟开凿时代一致。前室东壁南侧南方天王像下方已有“光化三年”汉文墨书题记，为巡礼人之题名而非窟主之题记[②]。很显然此窟开凿早于“光化三年”（900），也说明婚嫁图绘制时代必定早于900年，所以其绘制年代也绝对不会在曹氏归义军时期。

第三，北壁弥勒经变中的藏文题记，谢继胜、黄维忠二位先生释读为：“曹氏幼弟施画此铺圣图，此乃尚希之公德，甚佳！”[③]大概意思为某位曹姓人士为藏人“尚希”开凿的功德窟。后经陆离先生确认藏文题记中的“shang shevi”只能为“尚书”的翻译，榆林窟第25窟是某位曹姓人士纪念和赞扬当时吐蕃东道节度使使唐蕃和好或治理河陇地区的功绩而为其建造的功德窟[④]。在作为双窟的榆林窟第15窟前室甬道有吐蕃供养伎乐，也为该窟打上了时代的烙印，更加说明了该窟功德主为吐蕃人的可能性。该窟应建于吐蕃统治敦煌时期，而不是曹氏归义军时期。再则，从婚嫁图本身来看，正如《再研究》所言，婚嫁图中的汉人并没有出现吐蕃统治下的紧张感，显得

① 沙武田：《关于榆林窟第25窟营建时代的几个问题》，《藏学学刊》第五辑，四川大学出版社，2009年，第79—104页。

② 向达：《莫高、榆林二窟杂考》，《文物参考资料》，1951年第5期，第83页。

③ 谢继胜、黄维忠：《榆林窟第25窟壁画藏文题记释读》，《文物》，2007年第4期，第70—78页。

④ 陆离：《关于榆林窟第25窟壁画藏文题记释读的两个问题》，《西北民族大学学报》，2010年第4期，第54—57页。

图7—11a　莫高窟130窟甬道南壁都督夫人礼佛

图7—11b　莫高窟盛唐第217窟龛顶经变画人物
（《中国石窟·敦煌莫高窟》）

很轻松自然，正是此婚嫁图承担着汉藏友好角色的缘故。

第四，榆林窟第25窟东壁八大菩萨曼荼罗，作为一种新样式来源于吐蕃，主尊完全是密教的大日如来形象，榜题却是汉地的“清净法身卢舍那佛”，旨在强调该窟的华严含摄。同时，前室东壁北侧的毗沙门天王组合造像，其中毗沙门天王和虎皮衣持鼠者两个形象都是源自吐蕃的图像系统[①]。再结合榆林窟第25窟藏文题记、婚嫁图中吐蕃装人物、T形榜子、前室东壁北侧吐蕃武士装样式的毗沙门天王像一并来考虑，如此丰富且具有明显时代特征和浓郁吐蕃风格图像的出现，只能是吐蕃统治敦煌历史的反映，绝不可能在曹氏归义军时期。

综上所述，榆林窟第25、15窟有可能是为纪念唐蕃友好而建的双窟，榆林窟第25窟婚嫁图绘制年代与该窟营建时代一致，应在776—783年之间，具体有可能到783年清水会盟前后。诚然，曹氏归义军时期伴随着汉藏通婚的合法化而出现如榆林窟第25窟的婚嫁图是合理的，但这并不意味着敦煌吐蕃时期洞窟中就不能出现汉藏通婚的场景。

① 李翎：《图像辨识习作之一——以榆林窟第25窟前室毗沙门天图阶段性认识为中心》，载敦煌研究院编：《敦煌吐蕃统治时期石窟与藏传佛教艺术研究》，甘肃教育出版社，2012年，第375—398页。

第八章

吐蕃统治时一位唐人画师的民族情结——以第25窟婚嫁图和老人入墓图为例

榆林窟第25窟婚嫁图因为同时出现唐装和吐蕃装的人物，成为敦煌石窟现存46幅婚嫁图中唯一一幅反映唐蕃通婚的历史图像[①]。这幅图像是研究唐蕃关系的珍贵资料，备受敦煌学界重视，研究成果丰富，前文有述，此不赘。其中，陈于柱、张福慧[②]认为跪地做叩拜动作、身着吐蕃装的是吐蕃人新郎；图像右下角，背对观者的三位唐装女子，中间的是新娘，两旁是伴娘或侍女；宴席一侧出现一位头戴透额罗幞头、身着圆领红袍、手端饮具的人极有可能是新郎的岳父。他们对其他人物的身份也进行了分析，二位对榆林窟第25窟婚嫁图的人物身份及族属的解读更加明确，见解独到。

敦煌弥勒经变老人入墓图是研究敦煌民俗的独特资料，因其所表达的独特死亡方式与丧葬观念而吸引了学者们的目光。据谭蝉雪先生统计，敦煌弥勒经变老人入墓图现存有39幅[③]，其中画面最为精美，人物表情、动作

---

① 谭蝉雪：《敦煌石窟全集·民俗画卷》，商务印书馆，1999年，第138页。

② 陈于柱、张福慧：《榆林窟第25窟“藏汉婚礼图”的再研究》，《民族研究》，2014年第2期，第86—92页。

③ 谭蝉雪：《“老人入墓”与民俗》，载《“二十一世纪敦煌文献研究回顾与展望研讨会”论文集》，中华自然文化学会，1999年，第51—52页。

最为丰富的，非榆林窟第25窟莫属，可见榆林窟第25窟老人入墓图的重要性。对于敦煌弥勒经变老人入墓图的研究，前人主要关注这种特殊丧葬方式的文化来源，谢生保先生在《敦煌壁画中的丧葬民俗》[①]一文中提出“老人入墓”来源于中国古代的生圹民俗。谭蝉雪先生在《“老人入墓”与民俗》[②]一文和《敦煌民俗——丝路明珠传风情》[③]一书中阐述了“老人入墓”源于印度民俗中老人投河自尽的观点。崔中慧在《敦煌弥勒经变中“老人入墓”的印度文化源流试探》[④]一文中虽赞同“老人入墓”源于印度文化的说法，同时提出了不同看法，认为“老人入墓”源于印度婆罗门教生命四行期中第三阶段的林栖期。上述学者虽然注意到了“老人入墓”民俗文化来源的这一重要问题，但对于老人入墓图的图像本身所蕴含的历史文化信息显然关注不够，尤其是没有认识到榆林窟第25窟老人入墓图的重要历史价值，这是一幅完全可以和榆林窟第25窟婚嫁图相媲美的历史图像。

此前，虽然有众多学者分别对瓜州榆林窟第25窟的婚嫁图和老人入墓图做过相关研究，但大多忽略了石窟及壁画的整体性，抛开石窟去谈壁画或抛开一铺经变画去研究其中的一小幅图像。在此试图把榆林窟第25窟的婚嫁图和老人入墓图相结合作为一个整体，进行细节的比较与对照研究。

---

① 谢生保：《敦煌壁画中的丧葬民俗》，载谢生保主编：《敦煌民俗研究》，甘肃人民出版社，1995年，第233页。

② 谭蝉雪：《“老人入墓”与民俗》，载《“二十一世纪敦煌文献研究回顾与展望研讨会”论文集》，中华自然文化学会，1999年，第51—58页。

③ 谭蝉雪：《敦煌民俗——丝路明珠传风情》，甘肃教育出版社，2006年，第300—306页。

④ 崔中慧：《敦煌弥勒经变中“老人入墓”的印度文化源流试探》，载敦煌研究院编：《2014敦煌石窟研究国际学术研讨会论文集》（下册），敦煌莫高窟，2014年，第883—892页。

图8—1　榆林窟第25窟婚嫁图人物目光图示

图8—2　榆林窟第25窟老人入墓图人物目光图示

第一节　婚嫁图与老人入墓图的人物对照解析

关于榆林窟第25窟婚嫁图（图8—1）人物身份及族属，我们赞同并使用陈于柱、张福慧在《榆林窟第25窟“藏汉婚礼图”的再研究》一文中的解读。两位学者认为跪地做叩拜动作、身着吐蕃装的是吐蕃裔新郎，图像右下角背对观者的三位唐装女子，位于中间的是新娘，两旁是侍女。此外，头戴透额罗幞头、身着圆领红袍、手端饮具的人是新郎的岳父。①谭蝉雪对榆林窟第25窟老人入墓图（图8—2）是作这样的解读：“老人头戴透额罗帽，着圆领白袍服，足蹬软鞋，拄镂空杖，安详地坐在墓床上，床前有弧门装饰，墓内挂山水屏风画。老人与亲属执手告别，亲属八人均痛苦不堪，或用巾拭泪，或以袖掩面，或趴地叩拜。”②几位先生对第25窟婚嫁图和老

① 陈于柱、张福慧：《榆林窟第25窟“藏汉婚礼图”的再研究》，《民族研究》，2014年第2期，第86—92页。

② 谭蝉雪：《敦煌石窟全集·民俗画卷》，上海世纪出版集团、上海人民出版社，2001年，第177页。

图8—3　婚嫁图中的新郎岳父

图8—4　老人入墓图的白衣老人

人入墓图的解读，初步显示出二者之间的关联意义。

本文的重点是试图将两幅图像相结合进行整体解析。从构图上来看，婚嫁图所表现的中心人物即是新郎的岳父图像，因为他在坐姿状态下比其他人站姿还高，体形硕大，在整幅图像中所占比例较大，所以此人应是画师构图所要突出表现的人物。同样，老人入墓图中的白衣老人，即是画师想要突出表现的主要人物，因为他本来就是故事情节中的核心人物，大家都是来为他送别的。有趣的是，婚嫁图中的新郎岳父（图8—3）与老人入墓图中的白衣老人（图8—4）同样都是头戴透额罗幞头，这一细节上的绘图表现方式，是否有什么特殊用意？

另外，婚嫁图右下角出现了背对观者并排站立的三位唐装女子（图8—5），而老人入墓图中也出现了并排站立的三位唐装女子（图8—6）。不同的是前者背对观者，后者处于图像右上角且面对观者。婚嫁图表现的是婚礼的场景，新郎与新娘本应是主角，但图中却只留给观者新娘及左右伴娘侍女的背影，这似乎与婚嫁的主题相矛盾。当我们看到老人入墓图中面对观者并

图8—5　婚嫁图中的三位唐装女子

图8—6　老人入墓图中的三位唐装女子

图8—7　莫高窟盛唐第33窟南壁弥勒经变
（王惠民主编《敦煌石窟全集·弥勒画卷》图版34）

排站立的三位唐装女子时，却忽然有一种似曾相识的感觉！

弥勒下生经中所描绘的“女人年五百岁，尔乃行嫁”①和“人命将终，自然行诣冢间而死”②，正是婚嫁图与老人入墓图的经典创作依据。经典中虽然没有强调二者的必然关联，但是婚嫁和入墓显然是人生的两个重要阶段。因此，画师极有可能在一铺弥勒经变中展现一个人或一个家族从婚嫁到入墓的人生场景。

更为有趣的是，我们注意到在敦煌石窟盛唐的弥勒经变中，婚嫁图与老人入墓图是连在一起的整幅画面。婚嫁图在上，老人入墓图在下，如盛唐莫高窟第33窟（图8—7）和第116窟的弥勒经变（图8—8），这种布局是将“婚丧嫁娶”作为一个图像整体来表现图中人物的一生。另据学者们调

① （姚秦）鸠摩罗什译：《佛说弥勒下生成佛经》，载《大正藏》第14册，第423页。
② （姚秦）鸠摩罗什译：《佛说弥勒下生成佛经》，载《大正藏》第14册，第424页。

图8—8　盛唐莫高窟第116窟北壁弥勒经变
（王惠民主编《敦煌石窟全集·弥勒画卷》图版38）

查敦煌的弥勒经变始于隋代，盛于唐，终于西夏，其中的婚嫁图始自盛唐，终于北宋[①]。而老人入墓图也同样是始自盛唐，终于北宋[②]，两者的同步性是否也说明其具有整体性。

另外需要思考的是，老人入墓所表达的生死观与中国的孝道思想相违背，所以在盛唐之前此画面在敦煌弥勒经变中一直未能出现。但婚嫁图显然没有与中国传统观念相冲突的地方，为何却也一直到盛唐才出现在壁画中呢？对此现象最为合理的解释就是，在画师的观念中，婚嫁图与老人入墓图是密切关联的，两者具有整体性，不可独自出现。所以老人入墓图没

---

① 李永宁、蔡伟堂：《敦煌壁画中的弥勒经变》，《敦煌研究》，1988年第2期，第34页；另载《敦煌研究文集·敦煌石窟经变篇》，甘肃民族出版社，2000年，第296—297页；蔡伟堂：《关于敦煌壁画〈婚礼图〉的几个问题》，《敦煌研究》，1990年第1期，第54—55页。

② 谭蝉雪：《“老人入墓”与民俗》，载《二十一世纪敦煌文献研究回顾与展望研讨会论文集》，中华自然文化学会，1999年，第51—52页；另见谭蝉雪：《敦煌民俗——丝路明珠传风情》，甘肃教育出版社，2006年，第300页。

有出现，婚嫁图也就不具备出现的条件。至于两幅图像后来一分为二的原因，将在后文详细阐述。

基于上面的分析，结合上述图像中的局部与整体特征，我们推断榆林窟第25窟的婚嫁图和老人入墓图描绘的正是同一家人在不同时期的人生场景。首先，婚嫁图中新郎的岳父与老人入墓图中即将入墓的白衣老人是同一个人。其次，从老人入墓图来看，白衣老人身边的三位唐装女子当是其三个女儿，所以婚嫁图中新娘两旁的侍女也应是新郎岳父的女儿，只是作为新娘的伴娘出现在婚嫁图中。

除此之外，还有一个重要的人物需要进行解析，即婚嫁图中的跪地行叉手礼的吐蕃装新郎（图8—9）对应在老人入墓图中是哪位人物形象？

首先，从构图方法上来分析，婚嫁图中的新郎跪拜于地上，而其岳父

图8—9　婚嫁图中跪行叉手礼的吐蕃新郎

图8—10　老人入墓图中站行叉手礼的老者

图8—11　河南洛阳晚唐赵逸公墓叉手礼人物

呈坐姿俯视新郎，目光焦点落在新郎身上。前文我们曾提到婚嫁图中画师在构图时刻意表现新郎岳父之用意，而新郎岳父的目光却注视着跪地的吐蕃装新郎。这似乎是在提醒我们注意新郎的身份及族属，在这里画师通过新郎岳父的目光将图像的中心又转移到了新郎身上。按照这种画面人物的主次关系，我们就不难在老人入墓图中找到对应婚嫁图中吐蕃装新郎的人物，即是老人入墓图中站立于墓门最外侧，与墓中老人对视，行叉手礼的老者（图8—10）。

其次，从图像细节上分析，婚嫁图中身着吐蕃装的新郎跪在地上，手中行的是叉手礼。这种跪行叉手礼的图像在河南洛阳晚唐赵逸公墓中也有出现，“赵逸公墓室壁画中，出现了一站一跪两个仆从形象，对墓主人行礼，从手型及动作看，正是后来宋人所说的叉手礼（图8—11）。”[①]而老人入墓图中站立于墓门最外侧的老者也在对墓中老人行叉手礼。这一细节看

① 黄剑波：《“叉手”礼图像考》，《美术与设计》，2014年第4期，第6页。

图8—12　婚嫁图中新郎岳父的目光

图8—13　老人入墓图中白衣老人的目光

似没有关联，但若究其深意，似乎进一步说明两者是不同时期的同一人。

上述图像的解析都在说明婚嫁图中的吐蕃装新郎正是老人入墓图中站立行叉手礼的老者，其族属应为吐蕃人。有趣的是，婚嫁图中新郎的岳父注视身着吐蕃装跪行叉手礼的吐蕃新郎时，目光中带有明显的鄙视与不屑一顾的神态（图8—12）。而老人入墓图中的白衣老人在注视其正前方身着汉服站行叉手礼的老者时，目光却是十分柔和（图8—13）。其中的区别就是前一幅图中身着吐蕃装，而后一幅图中身着汉服，前后区别之大就在于服饰不同，似乎是在表现一个吐蕃人在汉族家庭里汉化的过程，老人入墓图中的白衣老人在看到完全汉化后的吐蕃女婿时目光中带着慈祥的神态。此外，吐蕃人懂得行叉手礼似乎也是其汉化的一种表现。但这一解读只是在不考虑时代背景的情况下所看到的表面现象，画师的真正意图还需要我们在当时的历史背景下进行图像的历史性解读。

第二节　画师民族情感的表达

要对瓜州榆林窟第25窟的婚嫁图和老人入墓图进行历史性解读，就不可避免地要谈及榆林窟第25窟营建的时代背景。长期以来，关于榆林窟第25窟的营建时间问题学界有较大争议，但主流观点是建窟于吐蕃统治时期。在此基础上，段文杰①、史苇湘②等先生及我们之前的研究中③将建窟时间进一步精确到吐蕃统治瓜沙初期。近期又有更具体提出榆林窟第25窟建于783年清水会盟前后④。我们赞同榆林窟第25窟建于吐蕃统治瓜州初期的观点。

据考证，营建榆林窟第25窟应是吐蕃占领瓜州不久之后的事，即《元和郡县图志》记载瓜州陷蕃后的时间：吐蕃人于“大历九年（774）占肃州，大历十一年（776）占瓜州”。据考榆林窟第25窟的壁画具有盛唐风格，印证了上述建窟时间，也说明画师不是吐蕃人，应是唐人画师⑤。

关于榆林窟第25窟的营建意义，有学者提出榆林窟第25窟是吐蕃人为了缓和民族矛盾，表达汉藏友好而营建的一座具有“纪念碑性”的洞窟⑥。也有观点指出榆林窟第25窟是为了纪念783年唐蕃清水会盟而建，

---

① 段文杰：《榆林窟第25窟壁画艺术探讨》，《敦煌研究》，1987年第4期，第1—10页；段文杰：《榆林窟的壁画艺术》，载敦煌研究院编：《中国石窟・安西榆林窟》，文物出版社，1997年，第161—176页。

② 史苇湘：《地方因素是研究佛教艺术的起点和基础——兼论榆林窟25窟壁画》，载《敦煌历史与莫高窟艺术研究》，甘肃教育出版社，2002年，第657页。

③ 沙武田：《关于榆林窟第25窟营建时代的几个问题》，载《藏学学刊》第五辑，四川大学出版社，2009年，第79—104页。

④ 马俊锋、沙武田：《唐蕃清水会盟在敦煌石窟中的图像遗存——瓜州榆林窟第25窟婚嫁图绘制年代再探》，《石河子大学学报》（哲学社会科学版），2015年第5期，第34页。

⑤ 沙武田：《关于榆林窟第25窟营建时代的几个问题》，载《藏学学刊》第五辑，成都：四川大学出版社，2009年，第79—104页。

⑥ 沙武田：《一座反映唐蕃关系的“纪念碑式”式洞窟——榆林窟第25窟营建的动机、思想及功德主试析》，载《西部考古》第7辑，三秦出版社，2013年，第276—297页。

其中婚嫁图是为了反映唐蕃联姻的友好历史[①]。由此可知，吐蕃人占领瓜州，为了稳定统治，主动向当地人示好，将反映唐蕃联姻的婚嫁图绘入洞窟，但瓜州唐人似乎并不完全领情，因此便有了一位汉人画师利用其高超的绘画手法，将其内心的民族情感隐含地表达在壁画中来。

据谭蝉雪先生研究，敦煌石窟婚嫁图中的拜堂方式主要有四种：一是男女站立作揖行礼，二是男女跪拜行礼，三是男女相对行礼，四是男跪女揖行礼。其中，男女站立作揖行礼所占比重最大，达一半以上，其次为男跪女揖行礼。榆林窟第25窟婚嫁图正是男跪女揖的拜堂方式，是敦煌流行的入夫婚的具体表现。又据她考证这种新郎呈五体投地的跪拜方式，无论在中国传统习俗还是佛教习俗中均属于最重的礼节[②]。榆林窟第25窟婚嫁图是吐蕃占领瓜州初期所画，整幅画面只有吐蕃新郎持重礼跪于地上，似乎有强调吐蕃人汉化的意思。

婚嫁图中新郎岳父注视吐蕃新郎的目光中明显带有鄙视与不满的神态，而其目光最终落于新郎行叉手礼的双手上。据学者考证："叉手礼的功能，根据图像生成的环境和场景的不同主要有两种意思，第一，仅作为世俗交往的一种礼节，没有体现尊卑关系功能；第二，属于从宗族制度、贵贱等级关系中衍生而来的尊卑之礼，主要体现上级与下级、主人与仆人之间的层级关系。"[③]婚嫁图中的吐蕃新郎所行叉手礼明显属于后一种意思，与之相对应老人入墓图中的老者行叉手礼也应是后一种意思。这显然不是作为统治者的吐蕃人的本意，应该是唐人画师私自刻意绘制的，以吐蕃人行汉人的叉手礼而强调吐蕃人汉化和吐蕃占领瓜州后的社会风俗。图像中体现

① 马俊锋、沙武田：《唐蕃清水会盟在敦煌石窟中的图像遗存——瓜州榆林窟第 25 窟婚嫁图绘制年代再探》，《石河子大学学报》（哲学社会科学版），2015年第5期，第31—38页。

② 谭蝉雪：《敦煌民俗——丝路明珠传风情》，甘肃教育出版社，2006年，第210—211页。

③ 黄剑波：《"叉手"礼图像考》，《美术与设计》，2014年第4期，第12页。

出唐人画师的良苦用心，是需要对画面仔细阅读方可体会到的。

上述解读单就婚嫁图而言，若是将婚嫁图与老人入墓图进行整体解析，会发现这位唐人画师所要表达的更深一层意思。白居易在《缚戎人》一诗中云："自云乡管本凉原，大历年中没落蕃，一落蕃中四十载，遣着皮裘系毛带。唯许正朝服汉仪，敛衣整巾潜泪垂；誓心密定归乡计，不使蕃中妻子知。诗中注曰：大历时（766—779），没蕃汉人中，有李如暹者，蓬子将军之子也。尝没蕃中，自云：蕃法，唯正岁一日，许唐人之没蕃者，服唐衣冠，由是悲不自胜，遂密定归计也。"[①]对此《新唐书·吐蕃传》也有记载："元和十四年（819），州人（沙州）皆胡服臣虏，每岁时祀父祖，衣中国之服，号恸而藏之。"[②]这正是吐蕃占领敦煌地区所实行的"辮发易服"的民族同化政策。既然史料记载陷蕃地区的汉人只能在祭祖之时着汉服，表示即使在汉人男子大婚之时也要身着吐蕃装，但榆林窟第25窟婚嫁图中新郎着吐蕃装，新郎的岳父及其一旁的仆人却着汉服。若吐蕃装新郎是汉人就与其他着汉服的人自相矛盾，也不符合吐蕃"辮发易服"的民族同化政策，但吐蕃装新郎是吐蕃人就有了合理的解释。榆林窟第25窟婚嫁图是吐蕃占领瓜州不久，为了缓和民族矛盾，表达唐蕃联姻友好历史的图像[③]。既然是为表达唐蕃友好，正常的理解是穿着本民族的服饰，通过通婚表达友好，所以吐蕃装新郎应是吐蕃人。

婚嫁图中的新郎是吐蕃人，那为什么在老人入墓图中却变成了身着唐服的一位汉人形象？这就是这位唐人画师在图像中所要表达的深层意思，婚嫁图中吐蕃新郎着吐蕃装跪地行叉手礼，到了老人入墓图中他穿着汉服

---

① （唐）白居易著，顾学颉校点：《白居易集》，中华书局，1979年，第71页。

② （宋）欧阳修、宋祁：《新唐书·吐蕃传》，中华书局，1975年，第6101页。

③ 马俊锋、沙武田：《唐蕃清水会盟在敦煌石窟中的图像遗存——瓜州榆林窟第25窟婚嫁图绘制年代再探》，《石河子大学学报》（哲学社会科学版），2015年第5期，第31—38页。

站立行叉手礼，似在表达吐蕃人汉化的现象。但根据吐蕃在统治区推行“辫发易服”的民族政策可知，实际上这一时期的主流是汉人吐蕃化而不是吐蕃人汉化。因此，画师应是通过这两幅图像表达对吐蕃“辫发易服”民族政策的不满与抵触，同时似乎在寓意到了老人入墓之时，也就是老人临死之前，似乎有可能发生某种变化——恢复唐人制度与统治，或者说对于将死之人的特免现象。

因此，可以看到这位唐人画师以独特的手法，在洞窟图像中表达陷蕃汉人的民族情感，此举动虽然大胆，却被洞窟佛教壁画的正常绘制手法所掩盖。我们认为画师将原本作为一个整体图像，表现人生“婚丧嫁娶”的婚嫁图与老人入墓图，创造性的拆分开来，分别绘于弥勒经变中的左右两侧。两幅图像拆分之后，表面上看来也就无联系了，所以轻易是不能看懂其中深刻寓意的。

第三节　第 25 窟婚嫁图与老人入墓图对石窟断代的意义

榆林窟第25窟为吐蕃占领瓜州初期（776—786）营建的洞窟[①]，将弥勒经变中婚嫁图与老人入墓图由一个整体拆分成两部分，这种绘画手法应是始于榆林窟第25窟的弥勒经变（图8—14）。之前盛唐时期弥勒经变中的婚嫁图与老人入墓图是连在一起的整体，而在榆林窟第25窟之后开始出现两者分开的现象，分别被绘于弥勒经变中的两侧，如中唐莫高窟第358窟（图8—15）、晚唐莫高窟第9窟（图8—16）等。当然中唐之后也非只有这一种构图方式，而

---

① 沙武田：《关于榆林窟第25窟营建时代的几个问题》，载《藏学学刊》第五辑，四川大学出版社，2009年，第79—104页；另见马俊锋、沙武田：《唐蕃清水会盟在敦煌石窟中的历史遗迹——瓜州榆林窟第25窟功德主新解》，《西藏研究》，2015年6月第3期，第15—22页；马俊锋、沙武田：《唐蕃清水会盟在敦煌石窟中的图像遗存——瓜州榆林窟第 25 窟婚嫁图绘制年代再探》，《石河子大学学报》（哲学社会科学版），2015年第5期，第31—38页。

图8—14　瓜州榆林窟第25窟北壁弥勒经变

图8—15　莫高窟中唐第358窟弥勒经变
（敦煌研究院提供）

图8—16　莫高窟晚唐第9窟窟顶东坡
弥勒经变
（王惠民主编《敦煌石窟全集·弥勒经画卷》图版48）

是两种方式并存。榆林窟第25窟婚嫁图与老人入墓图的这种开创性绘画手法具有“原创性”意义，而这种画法的原创性，同时又具有石窟断代的意义，可作为敦煌石窟盛唐壁画与中唐壁画断代的标准之一。

根据前人统计的敦煌弥勒经变老人入墓图与婚嫁图的数据和资料，将二者位置关系如表8—1所示。

表8—1　敦煌壁画弥勒经变老人入墓图与婚嫁图位置关系①

序号	窟号	时代	老人入墓图位置	婚嫁图位置
1	33	盛唐	南壁、东侧	南壁、三会东侧
2	91	盛唐	北壁、西侧	北壁、东侧条幅
3	113	盛唐	北壁、东下	北壁、三会东侧
4	116	盛唐	北壁、东下	北壁、三会西侧
5	208	盛唐	北壁、东侧	北壁、三会东侧
6	218	盛唐	北壁、东上	北壁、三会西侧
7	445	盛唐	北壁、下部	北壁、三会下方
8	榆25	中唐	北壁、下部	北壁、三会东侧
9	129	中唐	北壁、东上	北壁、三会西侧
10	186	中唐	窟顶东坡、北侧	窟顶北坡、东端
11	191	中唐	东壁、北侧	东壁、北侧条幅
12	200	中唐	北壁屏风画	北壁、东起第一扇屏风
13	202	中唐	南壁、西上	南壁、三会西侧
14	205	中唐	西壁、北侧	西壁、三会北侧
15	231	中唐	北壁屏风画	北壁、东起第一扇屏风
16	240	中唐	西壁龛屏风画	西壁龛内、北壁西起第一扇屏风

① 谭蝉雪：《“老人入墓”与民俗》,载《二十一世纪敦煌文献研究回顾与展望研讨会论文集》，中华自然文化学会，1999年，第51页；另见蔡伟堂：《关于敦煌壁画〈婚礼图〉的几个问题》,《敦煌研究》，1990年第1期，第54—55页。

续表

序号	窟号	时代	老人入墓图位置	婚嫁图位置
17	358	中唐	南壁、西侧	南壁、三会东侧
18	359	中唐	北壁、东侧	北壁、三会下方东侧
19	474	中唐	西壁龛屏风画	西壁龛内、北壁东起第二扇屏风
20	9	晚唐	窟顶东坡、北侧	窟顶东坡、三会南侧
21	12	晚唐	南壁屏风画	南壁、东起第三扇屏风
22	138	晚唐	北壁、西侧	北壁、三会西侧
23	147	晚唐	南壁屏风画	南壁、东起从二扇屏风
24	156	晚唐	窟顶西坡、北侧	窟顶西坡、三会北侧
25	53	五代	窟顶西坡、北下	窟顶西坡、三会南侧
26	55	宋	窟顶西坡、北下	窟顶西坡、三会北侧
27	454	宋	窟顶东坡、北侧	窟顶东坡、三会南侧

注释："榆"代表瓜州榆林窟，其余未标明的为莫高窟。

按上表描述，莫高窟盛唐第91、116、218窟弥勒经变中的婚嫁图与老人入墓图分别位于弥勒三会的东西两侧，明显与文中所说的盛唐风格不符，当是中唐及其之后才会出现的风格。通过观察莫高窟第91窟弥勒经变（图8—17），发现婚嫁图确实如表中描述一致，位于弥勒三会东侧条幅内。但老人入墓图的位置却并不在西侧条幅内，而是位于婚嫁图下方，与莫高窟第116窟的出现位置基本一致，因此这一布局是符合盛唐风格的。

表中莫高窟第91窟弥勒经变老人入墓图的位置，当是谭蝉雪在《"老人入墓"与民俗》一文中的错误描述。此外，在观察莫高窟第116窟弥勒经变时，发现其中婚嫁图与老人入墓图的位置，实际也与盛唐风格相符。两幅图像作为一个整体出现在弥勒三会东侧，亦应是蔡伟堂先生在《关于敦煌壁画〈婚礼图〉的几个问题》一文中对婚嫁图位置的错误描述。

最为特殊的是莫高窟盛唐第218窟弥勒经变（图8—18），其中的婚嫁

图8—17　莫高窟盛唐第91窟北壁弥勒经变
（敦煌研究院提供）

图8—18　莫高窟盛唐第218窟北壁弥勒经变
（敦煌研究院提供）

图与老人入墓图的位置关系竟与表中描述一致，但这种布局却不是盛唐风格，其与莫高窟中唐第358窟的风格和布局几乎一致。据《敦煌莫高窟内容总录》记录，莫高窟第218窟为盛唐开凿，中唐续成，西夏补绘。[①]所以莫高窟第218窟北壁弥勒经变极明显的是中唐补绘而非盛唐所绘。

通过对上述洞窟内弥勒经变的图像与构图方式的对照考证，基本可证明弥勒经变中的婚嫁图与老人入墓图的位置变化对石窟断代的价值。

第四节　结　　语

对瓜州榆林窟第25窟的婚嫁图与老人入墓图的研究，将两幅图像作为一个整体进行解读，结果发现这位参与榆林窟第25窟壁画绘制的唐人画师，以十分巧妙的手法，通过独具匠心的安排，将其民族情感绘入壁画之中，进而通过其高超的绘画技法将陷蕃汉人的民族心理充分地表达在图像中。我们通过图像看到瓜沙地区陷蕃唐人，在吐蕃占领下的瓜州，心中既有异族统治下的悲楚与不满，也有对大唐王朝的怀念之情。而这位唐人画师将婚嫁图与老人入墓图一分为二的开创之举，也引发了我们对敦煌石窟断代的一些思考。

① 敦煌文物研究所:《敦煌莫高窟内容总录》，文物出版社，1982年，第76页。

第九章

瓜州榆林窟营建史探
——以第25窟光化三年题记为中心

第一节　题记及其性质

瓜州榆林窟第25窟前室东壁门南侧画南方天王及其随从眷属一铺（图9—1），在南方天王身后与跟随其后的裸上身夜叉鬼之间空白处有三行墨书汉文题记（图9—2），录文如下：

> 光化三年十二月廿二日，悬泉长使齐乞达、宁虞侯、齐萨磨，都知兵马使冯钵略，兵马使王佛奴，游奕使齐钵罗赞，兵马使杨佛奴，随从唐镇使巡此圣迹，因为后记。[①]

最早注意到这则题记的是1907年来敦煌探险的斯坦因，然后是1925年

① 此据敦煌研究院霍熙亮先生于20世纪80年代整理的《榆林窟供养人题记》手抄本，敦煌研究院敦煌学信息中心藏本。此并据洞窟现场和照片抄录查实。

图9—1　榆林窟第25窟前室东壁门南天王像

（《中国石窟·安西榆林窟》图版43）

图9—2　榆林窟第25窟前室东壁门南天王像空白处光化三年题记

（敦煌研究院提供）

来敦煌考察的华尔纳，他们分别在1921年①和1938年②出版的专著中提到了这则题记。主要借此对榆林窟第25窟作了建窟时代的判断，均判定建窟年代为9到10世纪。后来日本学者松本荣一先生据此直接推断榆林窟第25窟

① *Serindia-Detailed Report of Explorations in Central Asia and Westernmost China*,by Aurel Stein, K.C.I.E.By arrangement with Oxford University Press,London,First Edition:Oxford 1921. Reprint:Delhi,1980. 中译本《西域考古图记》（又译作《塞林迪亚——在中亚和中国西陲考察的详细报告》），由中国社会科学院考古研究所组织翻译，广西师范大学出版社1998年出版，卷三，第634—637页。

② Landon Warner：*Buddhist Wall-Paintings: A Study of a Ninth-Century Grotto at Wan Fo Hsia*, Harward University Press,1938，plates XIV,XV.

建于光化三年（900）[①]。

国人最早注意到此题记并作了抄录的是1942—1943年随张大千一行到榆林窟考察的谢稚柳先生[②]，几乎是同时期即1943年5月到榆林窟考察的向达先生也作了抄录[③]。向达之后不久，有敦煌文人撰成《安西万佛峡（榆林窟）石窟志》稿本（佚名），记第25窟各壁内容，抄录本段题记，所用洞窟编号是张大千的编号[④]。张伯元先生综合以上三家的录文，在《安西榆林窟》中作了校录[⑤]。

另在光化三年汉文题记的左侧同一位置又有三行横写的藏文题记和九行竖写的回鹘文题记。据回鹘文专家考释，这些香客信手题刻书写的时间要晚到蒙元时期[⑥]，因此与光化三年所题无关。

对此题记的性质，向达先生早在20世纪40年代初期考察之后就有了精辟的论断："十七号窟（按：张大千编号，即今榆林窟第25窟）壁画作于中唐，实在光化三年以前，日本人松本荣一以为造于光化三年盖由误以巡礼人之题名为窟主之题记。"[⑦]换句话说，向达先生已经肯定地指出，此题实为"巡礼人之题名"而已。

的确，理解此处光化三年的三行汉文墨书题记，有三点需注明。①无

---

① 松本荣一：《敦煌畫の研究》（图像编），东方文化学院，1937年，第420页。

② 谢稚柳：《敦煌艺术叙录》，上海出版公司，1955年，第468页；古典文学出版社，1957年；上海古籍出版社，1996年，第468页。

③ 向达：《莫高、榆林二窟杂考》，《文物参考资料》，1951年第5期，第83页；另见向达：《安西榆林窟记录》，载北京大学考古系编：《考古学研究》一，文物出版社，1992年，第1—20页；另载荣新江编：《向达先生遗墨》，中华书局，2010年，第363页。

④ 佚名：《安西万佛峡（榆林窟）石窟志》稿本，现藏敦煌研究院资料中心小资料室；另见张伯元：《安西榆林窟》，四川教育出版社，1994年，第285页。

⑤ 张伯元：《安西榆林窟》，四川教育出版社，1995年，第228页。

⑥ 敦煌研究院考古研究所、内蒙古师范大学蒙文系：《敦煌石窟回鹘蒙文题记考察报告》，《敦煌研究》，1990年第4期，第1—19页；哈密顿、杨富学、牛汝极：《榆林窟回鹘文题记译释》，《敦煌研究》，1998年第2期，第39—54页。

⑦ 向达：《莫高、榆林二窟杂考》，《文物参考资料》，1951年第5期，第83页。

题记框。此题记没有敦煌石窟中从早到晚常见的、用于以文字的形式说明相应绘画内容的竖条形榜题边框，说明非与壁画配套的图文结合的文字。不过需要说明的是，无题记框的文字也并非全为游人题记，如莫高窟第220窟五代翟氏“检家谱”、莫高窟第335窟几则纪年题记。②文字内容与壁画无关。即题记所书写的文字内容与文字所在相应位置所画造像即南方天王及其眷属无任何关联。③题记时间与洞窟营建时代有出入。光化三年是瓜沙张氏归义军时期，而题记所在的洞窟即榆林窟第25窟是学界公认的中唐吐蕃期洞窟，具体的营建时间是中唐吐蕃初期的776—786年间[①]。

综合以上各因素，此题记显然是后人巡礼时的信手题写，即今天所谓之游人题记，与洞窟营建时代无关。

第二节　由题记看光化三年前后的榆林窟

光化三年即900年，榆林窟所在的瓜州正是晚唐张氏归义军张承奉任节度使时期。900年12月22日，随从“唐镇使”来“巡礼”榆林窟“圣迹”的有悬泉长使齐乞达、宁虞侯、齐萨磨，都知兵马使冯钵略，兵马使王佛奴，游奕使齐钵罗赞，兵马使杨佛奴等一行8人，另应有步兵和骑兵若干，均为驻守当地的军职人员。晚唐光化三年时期的悬泉镇，正是张氏和曹氏归义军时期严密的军镇体系“二州六镇”（后改“二州八镇”）之一的悬泉镇，早年

① 沙武田：《关于榆林窟第25窟营建时代的几个问题》，载《藏学学刊》第五辑，四川大学中国藏学研究所编，四川大学出版社，2009年，第79—104页；沙武田：《榆林窟第二五窟の造營年代に關する諸問題》，日本早稻田大学文学研究科奈良美术研究所：《奈良美术研究》第九号，2010年2月，第23—40页。

向达先生指出其地应为今瓜州县境南的破城子古城（图9—3）[①]。陈国灿先生则对唐五代瓜沙归义军军镇之悬泉镇所在地作了详细的考证，证明了今破城子古城为唐五代瓜沙归义军“二州六镇”之悬泉镇所在地的史实[②]。

作为瓜沙归义军重要军镇之一的悬泉镇驻地距当时瓜州城（即今锁阳城）西约30公里，位于榆林河下游，南控南山，南距榆林窟亦约30公里，是归义军时期瓜州城的门户（图9—4）。因此可以看出，悬泉镇所在地距榆林窟颇近，因此张承奉任节度使的光化三年十二月二十二日，镇使、长使、虞侯、都知兵马使、兵马使、游奕使等一行来此圣地巡礼。如此多的悬泉镇上下主要军官一同前来巡礼榆林窟，对我们理解当时的榆林窟的状况是有所启迪的。

榆林窟是敦煌石窟群的重要组成部分，据藏经洞写本记载，到晚唐五代宋归义军时期，瓜沙归义军境内有“三窟”、“三所禅窟”，具体又有“窟”、“窟上”、“东窟”、“西窟”之分别。据学者们考订，其中的“东窟”即为瓜州榆林窟[③]。可以看出，最晚到了归义军时期，榆林窟所在地“东窟”，成为归义军境内应由都僧统统一管辖下的“三窟”之一。但是我们从光化三年的题记中可以看到，这一时期的榆林窟虽为当地的一处“圣迹”，

---

① 向达：《记敦煌石室出晋天福十年写本〈寿昌县地境〉》，北平图书馆《图书季刊》新第五卷第四期，1944年，第1—11页；此据向达《唐代长安与西域文明》，河北教育出版社，2001年，第421—433页。

② 陈国灿：《唐五代瓜沙归义军军镇的演变》，载《敦煌吐鲁番文书初探二编》，武汉大学出版社，1990年，第555—580页；另载陈国灿：《敦煌学史事新证》，甘肃教育出版社，2002年，第384—407页；陈国灿：《唐瓜沙途程与悬泉镇》，载氏著：《敦煌学史事新证》，甘肃教育出版社，2002年，第408—422页。

③ 土肥义和：《敦煌佛教教团大寺之增建》，载池田温主编：《敦煌讲座·3·敦煌的社会》，东京大东出版，1980年；马德：《敦煌莫高窟史研究》，甘肃教育出版社，1996年，第212—216页；马德：《10世纪敦煌寺历所记三窟活动》，《敦煌研究》，1998第2期，第80—88页；湛如：《论敦煌佛寺禅窟兰若的组织及其他》，载敦煌研究院编：《段文杰敦煌研究五十年纪念文集》，世界图书出版公司，1996年，第98—99页；袁德领：《归义军时期莫高窟与敦煌寺院的关系》，《敦煌研究》，2000年第3期，第169—176页。

图9—3　瓜州破城子遗址现状

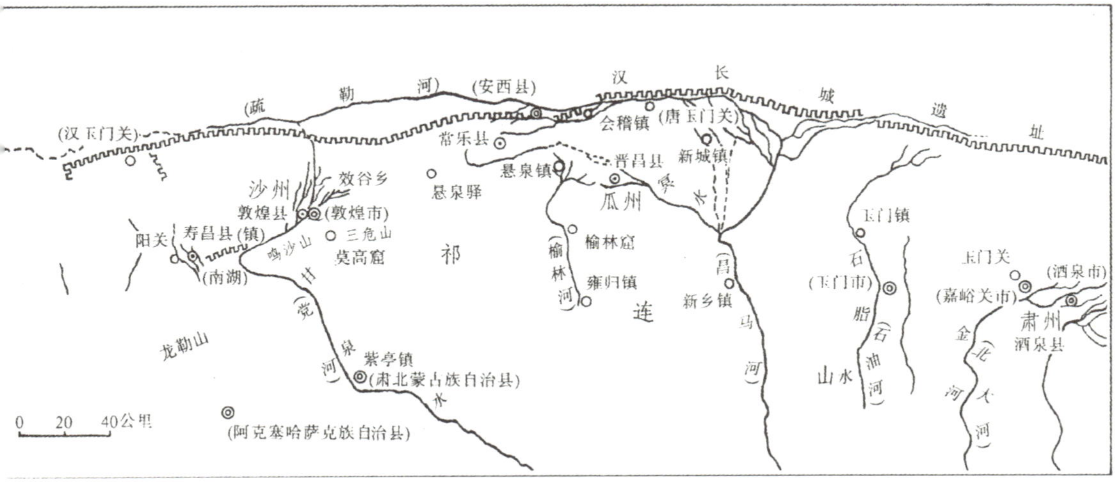

图9—4　归义军时期瓜沙地区示意图

（《敦煌学大辞典》第926页图，李并成绘）

不过似乎有些萧条的景象。因为“唐镇使”能够把他们一行来此游玩巡礼的事情随意地书写在洞窟壁画之上，已多少反映出光化三年时期榆林窟的气象不佳，同时也多少透露出无人管理的迹象来。

作为游人随意题刻性质的光化三年墨书题记的出现，至少可以说明第25窟在晚唐归义军张承奉任节度使期间处于无人看管的境况。

仔细梳理莫高窟、榆林窟、西千佛洞、五个庙等地大大小小的敦煌石窟群，我们现在看到的属于游人题记性质的文字，集中在西夏、元、明、清、民国时期，以汉文为主，也有回鹘文、蒙文、西夏文、藏文、巴思八文。其中，莫高窟洞窟中的汉文题记敦煌研究院有抄录公布[①]，西夏文题记王静如、史金波、白滨等先生很早就有公布研究[②]，回鹘文和蒙文题记在原公布释读的基础上，近年来日本学者松井太先生不断有新的研究成果[③]。目前，我们所知道的最初被认为是西夏占领时期最早的纪年题

① 敦煌研究院编：《敦煌莫高窟供养人题记》，文物出版社，1986年。

② 王静如：《新见西夏文石刻和敦煌安西洞窟夏汉文题记考释》，载《王国维学术研究论集》1，华东师范大学出版社，1983年，第210—248页；另载《王静如民族研究文集》，民族出版社，1998年，第385—425页；史金波、白滨：《莫高窟榆林窟西夏文题记研究》，《考古学报》，1982年第3期，第367—385页；另载白滨编：《西夏史论文集》，宁夏人民出版社，1984年，第416—451页；又载《中国敦煌学百年文库·文献卷》2，甘肃文化出版社，1999年，第308—325页；再载《敦煌研究文集·敦煌石窟考古篇》，甘肃民族出版社，2000年，第505—533页；又见《西夏学》，宁夏人民出版社，2007年，第80—91页。

③ 松井太：《敦煌諸石窟のウイグル語題記銘文に關する箚記》，《人文社會論叢》人文科學篇30，弘前大學人文學部，2013年8月，第29—50页。Matsui Dai: *Revising the Uigur Inscriptions of the Yulin Caves*,《内陸アジア言語の研究》23，2008年6月，第17—32页（松井太：《榆林石窟回鹘文题记重考》，《民族古籍研究》第1辑，中央民族大学中国少数民族古籍研究所，2012年，第34—44页，译：张铁山，李刚）；松井太：《敦煌莫高窟、榆林窟的回鹘文、蒙古文题记铭文续考》，2013年12月21日兰州大学敦煌学研究所演讲报告。Matsui Dai: *Uigur Buddhist Pilgrims as Seen in the Wall Inscriptions in the Dunhuang Caves*，载敦煌研究院编印：《2015敦煌论坛：敦煌与中外关系国际学术研讨会论文集》（下），2015年8月莫高窟，第652—664页。

记（原认为是庆历元年即1041年）[1]的莫高窟第444窟主室龛内南后柱上（图9—5），有一则汉文墨书题记，录文如下：

> 环庆口德寨归义人范润、裴阿朵
> 巡礼此寺，上报四恩，有三法界众生，
> 同成佛道。辛巳七月三日范润记。[2]

后经罗华庆先生考证，此题记所记为宋徽宗建中靖国元年（1101），非原认定的纪年题记，而是一般游人信手所题作品[3]。

另被史金波、白滨等西夏学专家所认定的最早的西夏人在莫高窟建窟的题记，即莫高窟第65窟西夏文西夏惠宗大安十年（1085）妆銮题记（图9—6），自公布以来一直成为莫高窟西夏洞窟分期排年的标志性时间[4]，影响颇大。但后经关友惠先生的反复观察考察，否定旧说，而认为此西夏文题记实是西夏

① 敦煌研究院编：《敦煌莫高窟供养人题记》，文物出版社，1986年，第169页；刘玉权：《西夏时期的瓜、沙二州》，《敦煌学辑刊》第二辑，1981年，第100—110页；另载白滨编：《西夏史论文集》，宁夏人民出版社，1984年，第209—229页；再载《中国敦煌学百年文库·历史卷》1，甘肃文化出版社，1999年，第503—515页。

② 敦煌研究院编：《敦煌莫高窟供养人题记》，文物出版社，1986年，第169页。参以罗华庆文，并于窟内订正校录。

③ 罗华庆：《莫高窟第444窟龛南后柱题记考辨》，《敦煌研究》，1985年第3期，第106—110页；另载《中国敦煌学百年文库·考古卷》4，甘肃文化出版社，1999年，第86—91页。

④ 白滨、史金波：《莫高窟、榆林窟西夏资料概述》，《敦煌学辑刊》第1集，1980年2月，第63—68页；载白滨编：《西夏史论文集》，宁夏人民出版社，1984年，第394—405页；史金波、白滨：《莫高窟榆林窟西夏文题记研究》，《考古学报》，1982年第3期，第367—385页；载白滨编：《西夏史论文集》，宁夏人民出版社，1984年，第416—451页；刘玉权：《敦煌莫高窟、安西榆林窟西夏洞窟分期》，载敦煌文物研究所编：《敦煌研究文集》，甘肃人民出版社，1982年，第273—318页；《中国敦煌学百年文库·民族卷》4，甘肃文化出版社，1999年，第279—298页；敦煌研究院编：《敦煌研究文集·敦煌石窟考古篇》，甘肃民族出版社，2000年，第317—359页。

图9—5　莫高窟第444窟主室西龛
（敦煌研究院提供）

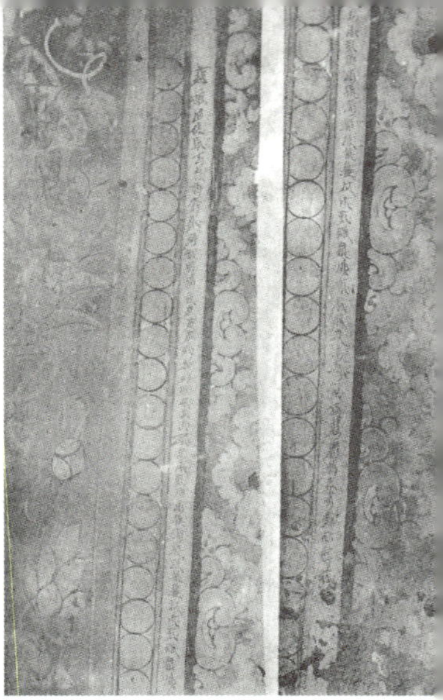

图9—6　莫高窟第65窟
龛侧西夏文题记
（《伯希和敦煌石窟图录》）

人游礼时题写的文字[1]。之后的西夏文和汉文及更晚的回鹘文、藏文等文字的各类游人题刻文字，越来越频繁地见于莫高窟、榆林窟、西千佛洞等各处石窟中。这些游人巡礼性质的题记在洞窟中的出现，某种程度上正是自西夏统治以来，敦煌石窟营建走向衰败的实际情况。而大量的元明时期游人题记出现在洞窟中，则完全是元明以来敦煌石窟营建几乎停止的表现[2]。

对于莫高窟现存最早的游人题记中，王力平先生认为系伯希和于1908年抄录于莫高窟第335窟的"长安二年六匚出初五日马宀……"[3]题记。但实际考察此题记，还不好确定是否属游人题写的文字。因为第335窟有好几处类似的题记，但并非游人所题，而是与建窟有关的纪年题记，似可证此条也非一般游人题记。

① 关友惠：《敦煌宋西夏石窟壁画装饰风格及其相关的问题》，载敦煌研究院编：《2004年石窟研究国际学术会议论文集》（下），上海古籍出版社，2006年，第1110—1141页。

② 王力平：《莫高窟汉文游人题记史料价值探析》，《敦煌学辑刊》，2014年第3期，第43—59页；陈光文、郑炳林：《莫高窟、榆林窟明代游人题记研究》，《兰州大学学报》（社会科学版），2015年第5期，第110—118页。

③ 伯希和著，耿升译：《伯希和敦煌石窟笔记》，甘肃人民出版社，1993年，第341页。

图9—7　莫高窟第251窟中心柱向面T形榜题框（敦煌研究院提供）

莫高窟北魏第251窟中心柱三个向面底层夜叉所在位置，有三条T形榜题框（图9—7），分别写藏文（横写）和汉文（竖写）题记。其中，汉文题记内容分别为"妙高宝龛寺弟子王和供养"、"妙高胜严寺弟子□神奴供养"、"妙高□□寺弟子尹□"。请教藏文专家，大意同汉文书写之意。因此，虽然是写的是供养性质的题记，并画榜题框，但没有画出相应的供养人画像来，当属吐蕃时期的游人题记性质。但这三人选择了较为隐蔽的中心柱底层空间，并以榜题框的形式较为正规地书写于原来的壁画上，不易被发现。

另有较早的莫高窟第130窟出现的唐咸通七年（866）的题记：

浙江东道弟子张□

□魏博弟子石弘载

□咸通七年三月廿日□

□□□□□耳[1]

---

① 敦煌研究院编：《敦煌莫高窟供养人题记》，文物出版社，1986年，第63页；季羡林主编：《敦煌学大辞典》，上海辞书出版社，1998年，第181页。

1．殿堂遗址全貌（东—西）　　2．西壁立面（东—西）

图9—8　莫高窟第108窟窟前殿堂建筑遗址考古原貌

（《莫高窟窟前殿堂遗址》图版五）

出现在主室东壁北侧，后被张大千剥甬道壁画时一并破坏不存，倒是有游人题写的味道。但因为无法看到实物或照片，详细不得而知。

就目前笔者所掌握的资料，最早的敦煌石窟游人题记，当属五代乾祐二年（949）六月廿三日“节度押衙张润盈”题于莫高窟第108窟窟檐南壁外侧的墙壁上，是1954年敦煌文物研究所进行窟前遗址考古挖掘和整修洞窟时发现并剥下来的（图9—8）[①]。这则题记的内容非常清楚，十分形象地表达了作为归义军节度押衙的张润盈，“久事公门应驱驰”，为尘世所累，在游访莫高窟佛教圣地后，心生感触，发誓要“从今归真教，世间浊滥誓不归”[②]。加上题记本身是题于窟檐的南山墙外侧，想必是空白无壁画处。这里又有后来天福十五年（950）五月八日敦煌佛教名僧道真“因从台驾”到莫高窟而写下的“游记之耳”大片文字，还有其他几则前后时期的游人题写[③]。似乎说明第

① 潘玉闪、马世长：《莫高窟窟前殿堂遗址》，文物出版社，1985年，第21页，图版五。

② 详细录文参见《敦煌莫高窟供养人题记》第53—54页。

③ 详细录文参见《敦煌莫高窟供养人题记》第53—55页。

108窟这处暴露在外面的山墙，正是曹氏归义军时期莫高窟游人集中题写的一处地方。窟檐没有壁画，又是在洞窟的外面，作为开放给有心的文人墨客和僧人们游访时的一处题写地，倒也增加莫高窟的“风景”。

而本文所论榆林窟第25窟光化三年题记就完全不同了，其题写的地方前室东壁门南，是中唐吐蕃时期绘制的精美壁画南方天王及其眷属。第25窟有长长的前甬道，到了前室的位置，已经完全是到了洞窟内部空间，是神圣的礼拜和礼仪空间，亦是庄严的佛教尊像所在位置。因此，要在此位置非洞窟功德主题写于洞窟壁画无关的文字，在洞窟仍有人管理经营的情况，是断不能发生的行为。即使是有可能发生，也不会在前室进门如此显眼的地方，且大幅题写三行宽9厘米、高40厘米的墨书文字。除非洞窟已经完全无人管理，游人可以自由出入并随意题写。现在看起来，光化三年之时，榆林窟可能面临着其历史上的一段营建停滞的低谷。

对于瓜州榆林窟的营建历史，据现有的洞窟遗存，保存下来最早的洞窟是初唐和盛唐的第6、17、28三窟。第6窟为大佛窟，其余二窟均为中心柱窟。根据这种窟形，和莫高窟北朝流行的中心柱窟有相似的地方，因此向达先生早年认为榆林窟或创于六朝，与莫高窟的创建年代相去不远①。但若仔细考察，第17、28二窟的形制（图9—9），与其说像莫高窟北朝中心柱窟，倒不如说与莫高窟初唐、盛唐时期的中心柱窟第332、39、44（图9—10）等窟更为接近。龛内塑像和壁画均为唐前期风格（图9—11），特别是二窟中心柱四壁龛内均有的大型彩塑刘萨诃凉州瑞像（图9—12、9—13），与莫高窟第332窟中心柱北向面壁画刘萨诃凉州瑞像（图9—14）所在位置、存在的时代、表现的方式是一致的，正是同一时期瓜沙及河西

① 向达：《莫高、榆林二窟杂考》，《文物参考资料》，1951年第5期，第83页。

图9—9　榆林窟第17窟窟形　（《中国石窟艺术·榆林窟》图版5）

图9—10　莫高窟第44窟窟形　（敦煌研究院提供）

图9—11　榆林窟第28窟唐代壁画和彩塑　（《中国石窟艺术·榆林窟》图版2、3）

图9—12　榆林窟第28窟彩塑凉州瑞像

图9—13　榆林窟第17窟彩塑凉州瑞像
（《中国石窟艺术·榆林窟》图版4、8）

图9—14　莫高窟第332窟中心柱北向面凉州瑞像壁画
（《中国石窟·敦煌莫高窟》三图版45）

走廊地区凉州瑞像流行的反映[①]。因此段文杰先生认为“榆林窟开创于初唐，盛于吐蕃时期”，并认为“根据洞窟形制和残塑、残画可以推断”，在榆林窟“建于唐代的石窟有十九个”[②]。如果按照段先生的意见，那就是说有一批现为五代宋曹氏归义军时期的洞窟，原本为唐窟，后经归义军曹氏重修改绘。但是在没有发现底层壁画等重要遗迹的情况，要作判断，推测的成分极大，具体洞窟则需具体的分析，曹氏重修个别唐窟的现象是有可

① 肥田路美著，牛源译：《凉州番禾县瑞像故事及造型》，《敦煌学辑刊》，2006年第2期，第165—180页；张善庆：《甘肃张掖市马蹄寺千佛洞凉州瑞像再考》，《四川文物》，2009年第3期，第80—84页。

② 段文杰：《榆林窟的壁画艺术》，载敦煌研究院编：《中国石窟·安西榆林窟》，文物出版社，1989年，第162页。

能的[①]。但曹氏中晚期确有重绘洞窟的传统，这一点可得到莫高窟大量曹氏时期重修重绘前期大批洞窟的佐证。

段文杰先生之所以认为榆林窟"盛于吐蕃时期"，则有第15、25窟确凿的吐蕃图像可证。但是就现有的遗存，榆林窟除吐蕃之前的唐前期第6、17、28窟外，再加吐蕃时期第15、25二窟，那么晚唐之前的洞窟只有5窟。如果按我的研究，第15、25窟作为双窟，营建的时代是吐蕃陷瓜州后、沙州前的776—786年之间[②]。那么沙州陷蕃后的786年之后，榆林窟再无新的洞窟建成。换句话说，到了这一时期榆林窟的洞窟营建活动停止了。但莫高窟在陷蕃之后洞窟营建活动不但没有受到影响，有过之而无不及，多达60余窟在786—848年建成[③]。同为吐蕃统治下，吐蕃在瓜州有节度使等重要职官设置，而在沙州吐蕃所派设的最高统治者只有节儿一级[④]，明显可以看

① 霍熙亮整理：《榆林窟、西千佛洞内容总录》，载敦煌研究院编：《中国石窟·安西榆林窟》，文物出版社、日本平凡社，1997年，第254—268页；敦煌研究院编：《敦煌石窟内容总录》，文物出版社，1996年。

② 沙武田：《一座反映唐蕃关系的"纪念碑式"式洞窟——榆林窟第25窟营建的动机、思想及功德主试析》（上、下），《艺术设计研究》，2012年第4期，第10—17页；2013年第1期，第16—23页。另载《西部考古》第7辑，三秦出版社，2013年，第276—297页。

③ 樊锦诗、赵青兰：《吐蕃占领时期莫高窟洞窟的分期研究》，《敦煌研究》，1994年第4期，第76—94页；另载敦煌研究院编：《敦煌研究文集·敦煌石窟考古篇》，甘肃民族出版社，2000年，第182—210页；沙武田：《吐蕃统治时期敦煌石窟研究》，中国社会科学出版社，2013年。

④ 王尧：《敦煌吐蕃官号"节儿"考》，《民族语文》，1989年第4期，第23—28页；载《西藏文史考信集》，中国藏学出版社，1994年，第162—173页；《中国敦煌学百年文库·民族卷》1，甘肃文化出版社，1999年，第416—422页；金雅声等主编：《敦煌古藏文文献论文集》（上），上海古籍出版社，2007年，第131—137页；邵文实：《沙州节儿考及其引申出来的几个问题——八至九世纪吐蕃对瓜沙地区汉人的统治》，《西北师范大学学报》，1992年第5期，第63—68页；《中国敦煌学百年文库·民族卷》2，甘肃文化出版社，1999年，第1—8页；杨铭：《吐蕃时期河陇军政机构设置考》，《中亚学刊》第4辑，北京大学出版社，1995年，第113—121页；陈楠：《吐蕃对河西地区的占领与管辖》，《藏史丛考》，民族出版社，1998年，第80—94页；《敦煌古藏文文献论文集》（上），上海古籍出版社，2007年，第320—329页；金滢坤、盛会莲：《吐蕃沙州节儿及其统治新探》，《中国边疆史地研究》，2000年第3期，第10—16页；金滢坤：《吐蕃瓜州节度使初探》，《敦煌研究》，2002年第2期，第20—25页。

到在吐蕃统治者的观念中，瓜州的地位比沙州要高。但让人不解的是，作为距吐蕃统治河西重地瓜州城仅有30余公里的榆林窟的营建却在这一时期停止了，其中原因颇有悬念，值得我们思考。

更加让人感到大惑不解的是，榆林窟的营建不仅在786年之后吐蕃时期毫无进展，848年之后的张氏归义军时期也无新窟增加。长时间洞窟营建的停止，必然导致整体石窟寺作为佛教圣地的衰落，因此发展到晚唐末期光化三年、瓜沙地区张氏归义军的张承奉时期，榆林窟大概是处在了半荒废或几乎无人看管的境地。故而建于110多年前的第25窟也只是供人参访的"圣迹"，无人管理，游人可以信手题写于洞窟内的壁画中。

不仅仅如此，从榆林窟现存壁画也可以看到，榆林窟洞窟营建大规模地进行是到了瓜沙归义军曹氏统治的中后期，主要是曹元忠及其后的曹延禄时期。这一点可以得到像榆林窟第19、33、35、36等窟主要功德主曹元忠及其夫人浔阳翟氏，并儿子曹延禄、女儿曹延鼐等供养像得到证明（图9—15）。包括第25窟前甬道南北壁有这一时期重绘的曹元忠及夫人供养像，在20世纪70年代之前仍可完整见到，但在70年代榆林窟部分洞窟包括第25窟被作为当地民兵的住地，前室被用白灰粉刷过，曹氏时期重绘的壁画现基本上看不到了。第20窟则有曹延禄供养题名的发现[①]，当然像第16窟曹议金与天公主李氏作为主要功窟主（图9—16），说明其建窟时间略早。而像榆林窟第12窟慕容归盈家窟的营建，其时间基本上也是在曹氏归义军前期的曹议金、曹元德时期[②]。曹元忠、曹元禄之后，曹氏又在榆林窟重修了一批洞窟，如第15、14等窟。因此，一直要到瓜沙曹氏归义军时期才再次迎来洞窟营建繁盛景象的榆林窟。在光化三年时期基本上处于无人看管的萧条景象，像第25窟这样曾经

① 罗瑶：《榆林窟第20窟新发现供养人像考》，《敦煌研究》，2004年第2期，第19—22页。

② 郭锋：《慕容归盈与瓜沙曹氏》，载氏著：《唐史与敦煌文献论稿》，中国社会科学出版社，2002年，第266—294页；陈明《慕容家族与慕容氏出行图》，《敦煌研究》，2006年第4期，第25—28页。

图9—15　榆林窟第19窟曹元忠夫妇供养像
（《中国石窟·安西榆林窟》图版62、63）

图9—16　榆林窟第16窟曹议金夫妇供养像
（《中国石窟·安西榆林窟》图版62、63）

以浓厚的汉藏题材与风格表达唐蕃友好的佛教洞窟，也成为游人信手题写留名一游的“圣迹”，说来颇让人感慨不已。

至于榆林窟到了曹氏归义军中晚期再次成为瓜沙归义军官府和当地达官显贵关注的佛教圣地，成为归义军境内“三所禅窟”或“三窟”之一的“东窟”，也经常有归义军僧团的高级僧职如僧统等前来巡礼，对此敦煌写本S.1519、S.6452等有详细记载。以至于把象征归义军和于阗友好关系的于阗国王“天子窟”选址在榆林窟[①]。究其原因，除了莫高窟不能容纳足够的新洞窟之外，也还有节度使的有意推动，以曹元忠为代表，当然也应有其他因素，尚需再探讨。

第三节　光化三年题记与第 25 窟营建时代再辨

据对洞窟整体的研究，可以明确地知道榆林窟第25窟是吐蕃陷瓜州后第一时间由当地的汉藏人士共同营建的一处有特殊象征意义的佛窟[②]，旨在以唐蕃共同信仰的佛教为纽带，通过洞窟建筑的形式来表达对汉藏友好、唐蕃和盟的纪念[③]。第25窟作为吐蕃时期营建的洞窟，也可得到窟内吐蕃样式的八大

---

① 沙武田：《敦煌石窟于阗国王“天子窟”考》，《西域研究》，2004年第2期，第60—68页。

② Matthew T. Kapstein: *The Treaty Temple of De-ga g·yu-tshal: Identification and Iconography*, Beijing, August 10—12,2002.马休·凯普斯坦：《德噶玉采的会盟寺：比定和图像》，载霍巍、李永宪主编：《西藏考古与艺术国际学术讨论会论文集》，四川人民出版社，2004年，第98—127页。沙武田：《一座反映唐蕃关系的“纪念碑式”式洞窟——榆林窟第25窟营建的动机、思想及功德主试析》（上、下），《艺术设计研究》，2012年第4期，第10—17页；2013年第1期，第16—23页。另载《西部考古》第7辑，三秦出版社，2013年，第276—297页。

③ 马俊锋、沙武田：《唐蕃清水会盟在敦煌石窟中的历史遗迹——瓜州榆林窟第25窟功德主新解》，《西藏研究》，2015年第3期，第15—22页；马俊锋、沙武田：《唐蕃清水会盟在敦煌石窟中的图像遗存——瓜州榆林窟第25窟婚嫁图绘制年代再探》，《石河子大学学报》（社会科学版），2015年第5期，第31—39页。

菩萨曼荼罗及其T形榜题框、吐蕃样式毗沙门天王像、弥勒经变婚嫁图中的吐蕃装人物、弥勒经变中的吐蕃文题记等丰富的时代信息所佐证，当无疑义。

对于榆林窟第25窟的营建时代，学者们根据窟内不同的图像有不同的观点。若按照今枝由郎先生的研究，只有窟内主室吐蕃样式的八大菩萨图像是中唐吐蕃统治时期所绘，其他各壁都是吐蕃之后即晚唐时期的作品[①]。如果此说成立，晚唐张氏归义军时期最后完成的壁画，同样在张氏归义军时期就无人管理，供游人信手题写，显然不大可能。

另若按陈于柱、张福慧据婚嫁图中藏汉联姻画面只能出现在归义军曹氏时期的观点[②]，就更加不可能了，因为光化三年游人题写文字的出现，是在曹氏之前的事情。虽然曹元忠时期再次在榆林窟大规模建窟，并重修前期洞窟的事情，包括在第25窟重修前室、前甬道，另在主室画曹氏男女供养像，但没有重绘主室主体绘画，包括光化三年题记所在的前室东壁门两侧也保持未变。曹元忠重绘时之所以要把光化三年悬泉镇镇使、长史、虞候、都知兵马使、兵马使、游奕使等人在之前的游人题记完整地保留下来，而没有重画覆盖，也正说明了曹元忠时期重修活动中尽可能保持洞窟中唐吐蕃营建之初原貌的用心所在。

引起我特别关注的是，曹氏重修活动中，经常会把窟内作全面的改绘，如榆林窟第15窟中唐洞窟，主室全作了重绘，但留下来前室中唐所画的壁画。而在第25窟则主要重绘了前甬道的前室的局部，把主室各壁壁画全部保留，前室也大多保留原貌。之所以会有如此的区别，以我们今天的眼光推测，曹氏重修之时，也特意保留了带有浓厚吐蕃色彩的壁画图像。如第

---

① Yoshiro IMAEDA: *T-shaped Inscription Frames in Mogao (Dunhuang) and Yulin Caves*,《日本西藏学会会报》第53号，2007年。

② 陈于柱、张福慧:《榆林窟第25窟“藏汉婚礼图”的再研究》,《民族研究》，2014年第2期，第86—92页。

15窟前室吐蕃特色的库藏神，第25窟吐蕃特色的八大菩萨图像，以及二窟共有的前室门两侧的吐蕃样式毗沙门天王像等内容，说明吐蕃特色内容对归义军时期的洞窟营建者们也是独特的样式题材，因此刻意保留了下来。

第四节　结　　语

晚唐张氏归义军时期悬泉镇镇使一行人到榆林窟巡礼的题记，虽然仅仅是一条游人题写性质的资料，但若结合榆林窟现存洞窟遗迹，则可为解读榆林窟的营建史提供重要的参考，也让我们看到了榆林窟较为独特的营建轨迹。榆林窟作为瓜州城（即今锁阳城）周边的佛教圣迹，如同段文杰所言“始建于初唐，盛于吐蕃”，但却在吐蕃陷沙州后一度衰落，洞窟营建处于停滞状态，榆林窟也一度处于无人管理的状态。而且这种现象持续了近140年的时间，一直到曹氏归义中晚期的曹元忠时期，榆林窟再次迎来洞窟营建的热潮，打破了百余年的寂静局面，成为瓜沙归义军“三窟”之一的“东窟”。节度使曹元忠的供养像频繁出现在榆林窟的洞窟中，可以说曹元忠时期是榆林窟的鼎盛期。到了西夏时期，榆林窟又一次成为瓜沙地区的佛教圣地，以榆林窟第2、3、4、29等窟为代表的西夏艺术在这里大放异彩。相比之下，反而使得从北朝以来营建不辍的莫高窟显得没有了昔日的光彩。此现象也是敦煌石窟研究中值得注意的有趣话题，不过学界关注不多，或可成为敦煌石窟日后研究的新问题。而近年来渐为学界开始关注的莫高窟壁画游人题记[①]，实有丰富的石窟营建信息暗含其中，亦属敦煌学的新课题。

① 王力平：《莫高窟汉文游人题记史料价值探析》，《敦煌学辑刊》，2014年第3期，第43—59页；陈光文、郑炳林：《莫高窟、榆林窟明代游人题记研究》，《兰州大学学报》（社会科学版），2015年第5期，第110—118页。

附　录

唐蕃清水会盟在敦煌石窟中的历史遗迹
——瓜州榆林窟第25窟功德主再探

马俊锋

关于榆林窟第25窟营建的动机及功德主，学界研究成果颇丰。马休·凯普斯坦（Matthew Kapstein）认为榆林窟是821—822年唐蕃双方为纪念长庆会盟而建的德葛玉采会盟寺（de ga g·yu tshal gtsigs kyi gtsug lag khang），榆林窟第25窟的绘画具有汉藏宗教调和风格，适合作为唐蕃两大政权调和的纪念[①]。但经黄维忠考订，德葛玉采会盟寺并非榆林窟而是孔古寺[②]。虽然为纪念唐蕃长庆会盟而建的德葛玉采会盟寺（de ga g·yu tahal gtsigs kyi gtsug lag khang）与榆林窟第25窟关系不大，马休本人也采纳了学者们的研究而改变了自己的观点[③]。但是先生提出榆林窟第25窟具有唐蕃宗教调和风格、唐蕃会盟或唐蕃友好意义的观点值得参考。陆离先生认为榆林窟第25窟藏文题记中的“shang shevi”只能为“尚书”的翻译，该题记表明榆林

① 马休·凯普斯坦：《De-ga g·yu-tshal（榆林窟）之会盟寺的比定与图像》，载霍巍、李永宪主编：《西藏考古与艺术国际学术讨论会论文集》，四川人民出版社，2004年，第98—127页。

② 黄维忠：《德葛玉采会盟寺（de ga g·yu tahal gtsigs kyi gtsug lag khang ）考——再论该寺非榆林窟》，《敦煌研究》，2009年第3期，第93—99页。

③ 马休·凯普斯坦：《德噶玉采会盟寺的再思考》，卢素文译，《藏学学刊》第十辑，中国藏学出版社，2014年，第35—37页。

窟第25窟是曹姓人士为尚书（吐蕃东道节度使）开凿的功德窟，有可能为长庆会盟后纪念尚乞心儿或尚腊藏促成长庆会盟而为其建造的功德窟，也有可能为长庆会盟前赞颂某位吐蕃东道节度使治理河陇地区的功绩而为其建造的功德窟[①]。业师沙武田先生认为藏文题记中提到的“尚书”为尚乞心儿，榆林窟第25窟为尚乞心儿功德窟，建窟的目的是吐蕃人为了“纪念”对瓜州的占领，又是通过佛教手段向瓜沙地区的汉人表示友好，该窟实为一具有“纪念碑”式意义的洞窟[②]。三位先生共同传达出榆林窟第25窟具有纪念唐蕃会盟或唐蕃友好意义的信息。综合来考虑，榆林窟第25窟既有纪念唐蕃会盟或表达唐蕃友好的意义，又是某位曹姓人士为吐蕃大相兼东道节度使建的功德窟，可以说这是个具有双重性质的洞窟，由此引发我们对该窟的营建动机以及功德主等问题更深层次的思考。

一、藏文题记“尚书”再辨

榆林窟第25窟北壁弥勒经变中的藏文题记，学界关注较多。谢继胜、黄维忠二位先生将该题记提升到洞窟营建时代和造像绘制确凿年代的高度，两位先生将其转写为//dzevu/devi cung gyis /phags pav khor cig /bgyis pav vdi shang shevi/sku yon du/ bsngas pav/lags so//，释读成汉文为：“曹氏幼弟施画此铺圣图，此乃回向‘尚希’之公德，甚佳!”并指出该题记中“shang shevi”可能为《拔协》中提到的“桑喜”或汉字“尚书”的翻译。这位曹姓人士为曹僧政，该窟建造于9世纪上半叶[③]。陆离先生肯定谢继胜、黄维

① 陆离：《关于榆林窟第25窟壁画藏文题记释读的两个问题》，《西北民族大学学报》，2010年第4期，第54—57页。

② 沙武田：《一座反映唐蕃关系的“纪念碑式”式洞窟——榆林窟第25窟营建的动机、思想及功德主试析》，（上、下），《艺术设计研究》，2012年第4期，第10—17页；2013年第1期，第16—23页。另载《西部考古》第7辑，三秦出版社，2013年，第276—297页。

③ 谢继胜、黄维忠：《榆林窟第25窟壁画藏文题记释读》，《文物》，2007年第4期，第70—78页。

忠二位先生对榆林窟第25窟建窟时代的判断，但他分析“shang shevi”只能为汉字“尚书”的翻译，该尚书应为总管吐蕃军政事务的吐蕃东道节度使。榆林窟第25窟是某位曹姓人士（该曹姓人士与曹英子有关）为尚书（吐蕃东道节度使）开凿的功德窟。该窟壁画最终完成时间是在吐蕃统治河陇地区，有可能为长庆会盟之后（开凿有可能为长庆会盟前），将其用来纪念和赞颂吐蕃大相兼吐蕃东道节度使尚乞心儿或尚腊藏使唐蕃和好的功德。洞窟开凿也可能为822年之前，将其用来纪念和赞颂当时某位吐蕃东道节度使治理河陇地区的功绩[①]。

需要指出的是，谢继胜、黄维忠二位先生认为该藏文题记是先按照榜题框大小写好藏文再画框，所以有个别藏文字母被边框墨线压住，这明显不符合敦煌石窟题记框的题写规则。按照他们的观点，显然认为该题记和壁画是同时期绘制，而经过笔者和业师沙武田先生现场仔细辨认，该题记明显是先画框而后再题写藏文，有的藏文字母明显在榜题框的边框上面。我们认为该题记是后面补写上去，带有追记颂扬性质的题记，其题写时间要比壁画绘制时间晚，藏文题记的题写时间并不是开窟绘制壁画的时间。所以，谢继胜、黄维忠和陆离三位先生推断的榆林25窟建窟时间或许为藏文题记题写时间，而实际建窟年代要比他们断定的时间早。不过现在看来，该藏文题记题写藏文和画题记框的先后顺序，也并不会妨碍我们对建窟时代及功德主的判断。

沙文认为藏文题记提到的“尚书”应为尚乞心儿，榆林窟第25窟是在瓜州吐蕃前期（“盛唐吐蕃期”即776—786年）[②]，身为瓜州节度使、沙州

① 陆离：《关于榆林窟第25窟壁画藏文题记释读的两个问题》，《西北民族大学学报》，2010年第4期，第54—57页。

② 沙武田：《关于榆林窟第25窟营建时代的几个问题》，载《藏学学刊》第五辑，四川大学出版社，2009年，第79—104页。

作战前沿总指挥尚乞心儿的功德窟，并指出该窟实为一具有“纪念碑”式的“秘密性”的“内修”洞窟①。诚然，首先，沙文注意到榆林窟第25窟为反映唐蕃关系的“纪念碑”式洞窟，也提及在783年唐蕃清水会盟和平氛围下营建该窟的合理性，并且783年唐蕃清水会盟也在他断定的该窟营建于776—786年时间范围内。不过非常遗憾的是，由于没有注意到这一时间段内发生在唐蕃关系上的大事件即清水会盟，及其有可能影响河西地区佛教石窟营建的事实，而未把榆林窟第25窟和清水会盟直接联系起来。其次，虽然注意到榆林窟第25、15窟吐蕃样式天王造像与清水会盟的关系、榆林窟第25窟洞窟形制以及八大菩萨曼荼罗与吐蕃中心地区桑耶寺的关系，但在洞窟功德主的考虑上只关注了尚乞心儿一个人。再次，虽然我们都认为北壁带有追记性质的藏文题记，其题写时间要比壁画绘制时间晚，因此存在开窟绘制壁画时洞窟功德主为尚书或藏文题记题写时洞窟功德主为尚书两种可能。也就是说，藏文题记题写时，藏文题记中提到的以“尚书”身份担任过吐蕃东道节度使的洞窟功德主。如果此时他正在担任吐蕃东道节度使或担任过吐蕃东道节度使，都是合理的。810年，尚乞心儿作为吐蕃大相兼东道节度使，符合藏文题记作为追记性质题写时的尚书身份，但可能并不符合开窟建造时的尚书身份，而尚结赞783年作为吐蕃大相兼东道节度使，正有尚书身份。

一般情况下，如果在洞窟功德主仍健在的话，别人要在他的功德窟中题写追记性质题记赞颂他的可能性较小。因为毕竟洞窟和主人均可见到，无需追记。但如果功德主亡故，情况就完全不一样了。因此，尚结赞796年的去世，也为题写藏文题记追记他提供了可能。诚然，藏文题记中提到的

① 沙武田：《一座反映唐蕃关系的“纪念碑式”式洞窟——榆林窟第25窟营建的动机、思想及功德主试析》，（上、下），《艺术设计研究》，2012年第4期，第10—17页；2013年第1期，第16—23页。另载《西部考古》第7辑，三秦出版社，2013年，第276—297页。

“尚书”有可能为尚乞心儿，该窟也有可能是身为吐蕃大相兼东道节度使尚乞心儿的功德窟。但是，考虑到该窟营建时间内最具纪念意义的事件即唐蕃清水会盟的历史背景，而此时主和派尚结赞①战胜了主战派尚乞心儿而担任吐蕃大相，并且主导了清水会盟，所以尚乞心儿与清水会盟关系不大，也就不大可能为藏文题记中提到的“尚书”即榆林窟第25窟的功德主。更何况，如谢继胜研究指出的那样，榆林窟第25、15窟吐蕃样式的天王像与尚结赞主导的清水会盟有很大关系。

另一方面，榆林窟第25窟洞窟形制以及八大菩萨曼荼罗均受到吐蕃中心地区桑耶寺的影响，而尚结赞作为监工制作桑耶寺图并建造红塔以供养桑耶寺，想必对其建筑形制和图像很熟悉。因此，他把如此独特并具有纪念意义的图像运用到自己的功德窟，作为对清水会盟的纪念亦在情理之中。

综合考虑，榆林窟第25窟与尚结赞关系很紧密，该窟功德主为尚结赞比尚乞心儿更有说服力。所以笔者认为藏文题记中提到的“尚书”确为尚结赞，再合适不过。

但是，沙武田先生对榆林窟第25窟营建于776—786年的时间判断②，是我们研究的基础。我们也赞同陆离先生所分析的该藏文题记中的“shang shevi”只能为“尚书”的翻译，该尚书应该为总管吐蕃军政事务的吐蕃东道节度使，该题记是822年前某位曹姓人士为尚书（吐蕃东道节度使）开凿的功德窟，将其用来纪念和赞颂当时某位吐蕃东道节度使治理河陇地区的功绩的观点③。现在看来，实际的情况是，该窟建造时代比822年早很多，

① 尚结赞（zhang-rgyal-tshan）全名为那囊·尚结赞拉囊（sNa-nam-zhang-rgyal-tshan-lha-snang），笔者全文简称尚结赞。

② 沙武田：《关于榆林窟第25窟营建时代的几个问题》，载《藏学学刊》第五辑，四川大学出版社，2009年，第79—104页。

③ 陆离：《关于榆林窟第25窟壁画藏文题记释读的两个问题》，《西北民族大学学报》，2010年第4期，第54—57页。

具体而言是纪念身为吐蕃大相兼东道节度使的尚结赞促成唐蕃清水会盟的功德。

因此，在前贤的启发下，经过仔细推敲，笔者以为藏文题记中提到的“尚书”应为尚结赞，榆林窟第25窟实为某位曹姓人士为身为吐蕃大相兼吐蕃东道节度使的尚结赞（783年任大相兼东道节度使）而建，纪念和赞颂他促成唐蕃清水会盟使唐蕃和好的功德，具体建窟时间应在783年唐蕃清水会盟前后。

二、尚结赞及其主导的清水会盟

尚结赞，全名那囊·尚结赞拉囊，他出身于著名大姓那囊氏家族，而那囊氏、没庐氏、綝氏及大臣贝并称“三尚四论”，并且该家族一直与王室联姻。据林冠群先生研究，那囊·尚结赞拉囊之名各书记载不同：敦煌文献大相年表上及墀松德赞兴佛证盟诏敕上所记为sNa-nam-zhang-rgyal-tshan-lha-snang;《大臣遗教》与《大王遗教》所记为sNa-nam- rgya-tsha-lha-snang，因此汤玛斯氏具rgya-tsha认为其具有汉人血统;《贤者喜宴》所记为sNa-nam- rgyal-tsha-lha-snang;《西藏王统记》所记为sNa-nam-rgyal-tsha-lha-gnang；汉文史料所载尚结赞即为zhang-rgyal-tshan之对音。《贤者喜宴》记载，尚结赞担任监工，为桑耶寺制作桑耶寺图及造红塔以供养桑耶寺，可见其信奉佛教之虔诚。尚结赞在担任大相之前默默无闻，而敦煌文献吐蕃大事纪年记载，在755—763年有一位非常活跃名为zhang-stong-rtsan（尚东赞）的人不但主持会盟，而且经常率领军队对唐作战，更为762年攻陷长安的四大将领之一。stong-rtsan和rgyal-tshan可能是他在不同时期具有的称号而已，其本名未改，仍为lha-snang[①]。现在看来，尚东赞极有可能为

① 林冠群：《吐蕃赞普墀松德赞研究》，台湾商务印书馆，1989年，第198—200页。

后来出任大相的尚结赞。不过目前我们可以肯定的是尚结赞作为监工制作桑耶寺图并建造红塔以供养桑耶寺，在799年桑耶寺建成后，赤松德赞的兴佛证盟诏书上有众相九人，其位居第三，至少在799年他已经为宰相。

776年吐蕃占领瓜州，780年唐德宗继位后，采取对内镇压藩镇、对外与吐蕃和平外交的措施，意欲改变与吐蕃的敌对状态。而吐蕃也因长期对唐作战，力不从心，尤其大历后期战争接连失利，大有言和之意。于是，双方互放俘虏，关系缓和。781年，双方使臣往来频繁，唐蕃积极谈判，为清水会盟作准备。782年尚结赞利用赤松德赞的言和之意，战胜主战派尚乞心儿并代替他出任大相。据《旧唐书·崔汉衡传》记载："时（建中三年，782年）吐蕃大相尚结息忍而好杀，以尝覆败于剑南，思刷其耻，不肯约合。其次相尚结赞有才略，因言于赞普，请定界明约以息边人。赞普然之，竟以结赞代替结息为大相，约和好，期以十月十五日会盟于境上。"因双方在边界及土地归属问题上有争议，最终定于783年正月十五日在清水会盟。据《旧唐书·吐蕃传》记载："四年，正月，诏张镒与尚结赞盟与清水。将盟，镒与结赞约，各以二千人赴坛所，执兵者半之，列于坛外二百步，散从者半之分立坛下。镒与宾佐齐映、齐抗及会盟官崔汉衡、樊泽、常鲁、于頔等七人皆朝服；结赞与其本国将相论悉颊藏、论藏热、论利陁、斯官者、论力徐等亦七人，俱升坛为盟。结赞请出羚羊，镒出犬及羊，乃于坛北刑之，杂血二器而歃盟。盟文还规定了双方的边界问题，唐蕃有兵马处各自守护。"清水会盟仪式举行得很隆重，是唐蕃友好的象征。在此次会盟的祭坛上出现的吐蕃式天王像与榆林窟第25、15窟吐蕃式的天王像有很大关系，容后文详论。

吐蕃统治河陇时期，为了加强对河陇地区统治，交涉对唐事务，吐蕃设置了东道节度使。其驻地大多设置在距离唐边境较近的河州，权力较大，指挥河陇五节度使，特殊情况下还可以指挥其他诸道节度使。吐蕃诸道节度使，一般会由众相兼。而吐蕃东道节度使，其地位特殊，大多会由吐蕃大相兼任。尚结赞782年作为吐蕃大相，783年又作为吐蕃大相兼东道节度使，为吐蕃赞普对唐交涉之全权代表，由其执行所有对李唐之重要谈判[①]，并且其胆识过人，善用谋略，担任大相一职务，是吐蕃王国在东部的最高指挥官员，决策了对唐的一系列政策[②]，对促进汉藏友好交往作出了很大贡献。从780年到786年，唐蕃围绕清水会盟展开了一系列交往，出现了短期的和平，双方之间没有发生军事冲突。身为吐蕃大相兼东道节度使的尚结赞积极推动了唐蕃关系的改善，在他主导下唐蕃先后进行了783年清水会盟（后又在长安和逻些会盟确定会盟的合法性）和奉天会盟。尚结赞还出兵助唐平定784年的朱泚叛乱，唐德宗答应以安西、北庭等地作为吐蕃助唐平定朱泚之乱的回报，但承诺并没有兑现，双方关系再次恶化。

从清水会盟的影响来看，唐蕃从神龙盟誓（706）到长庆会盟（821—822）的十次会盟中，规格礼仪最高、最重要且影响深远的莫过于清水会盟和长庆会盟[③]。但从实质内容来讲，清水会盟是这十次会盟中最重要的会盟。从建中元年（780）唐德宗君臣商议会盟到建中四年（783）春正式盟于清水，而后双方又分别在长安西郊和逻些再次定盟，前后历时四年。清水会盟是唐蕃十次会盟中唯一举行告庙仪式的会盟，足见其庄严郑重。唐蕃十次会盟中，无论在什么情况下达成，其主要内容之一就是划定双方边界，783年的唐蕃清水会盟是唐蕃之间唯一一次最清楚地划定各段边界的会盟，821—822年的长庆会盟亦是以清水会盟划定的边界为准，直到842年吐蕃王朝崩溃，双方边界未发生实质性变化。长庆会盟划定的边界是以清水会盟为基础，也就是说没有清水会盟的成果，长庆会盟也就不可能很快

① 林冠群：《吐蕃赞普墀松德赞研究》，台湾商务印书馆，1989年，第194—199页。

② 才让：《吐蕃史稿》，甘肃人民出版社，2007年，第150页。

③ 石硕：《吐蕃政教关系史》，四川人民出版社，2000年，第357页。

顺利达成甥舅和盟[①]。清水会盟具有重大意义，它使吐蕃自占领瓜州（776）以来，双方紧张的关系得到改善，使沙州危机得到暂时缓解，延缓了沙州陷蕃时间（786）[②]，阎朝才得以孤守沙州十年[③]。

当时唐蕃都在大力发展佛教，在处理唐蕃关系时，共同的佛教信仰起了重要作用。双方会盟时往往会选择在寺庙举行，并且有建寺纪念的传统。此外，吐蕃东道节度使也会循例来河陇地区的瓜州榆林窟礼佛及处理政务，由他出资布施，当地僧俗人士为其修建功德窟也是顺理成章之事[④]。既然榆林窟第25窟藏文题记中提到的“尚书”为尚结赞，汉藏又有会盟建寺纪念的传统，那么作为促成清水会盟的吐蕃大相兼东道节度使的尚结赞必然会得到包括瓜沙等地在内的藏汉人民的颂扬。为了纪念和赞颂他促成唐蕃清水会盟的功德，建造榆林窟第25、15窟作为其功德窟，亦在情理之中。

三、榆林窟第25、15窟吐蕃样式的天王像与清水会盟

榆林窟第25窟前室东壁北侧吐蕃武士装样式的毗沙门天王像和榆林窟第15窟前室北壁画在北方天王位置并履行传统北方天王职能的吐蕃库藏神造像，实为清水会盟前后尚结赞或洞窟设计者将其运用到洞窟中的结果。榆林窟第25、15窟为同时营建，具有汉式和吐蕃式特征的双窟，共同

---

① 陈楠：《藏史丛考》，民族出版社，1998年，第167—182页。

② 关于沙州陷蕃的时间，主要有建中二年（781）和贞元二年（786）两种意见。本文取学界广泛流行的贞元二年之说，详见陈国灿：《唐朝吐蕃陷落沙州城的时间问题》，《敦煌学辑刊》，1985年第1期，第1—7页；邓文宽：《三篇敦煌邈真赞研究——兼论吐蕃统治末期的敦煌僧官》，载中国文物研究所编：《出土文献研究》第4辑，中华书局，1988年，第81—87页。

③ 陈国灿：《唐朝吐蕃陷落沙州城的时间问题》，《敦煌学辑刊》，1985年第1期，第1—7页。

④ 陆离：《关于榆林窟第25窟壁画藏文题记释读的两个问题》，《西北民族大学学报》，2010年第4期，第54—57页。

表达独特的“纪念”意义[①]。据《寺塔记》记载：“静域寺，佛殿内，西座番神甚古质，贞元已前西番两度盟，皆载此神立于坛而誓，相传当时颇有灵。”[②]谢继胜先生认为此处贞元以前（785—804）两度盟的“番神”为吐蕃毗沙门天王像，具体则是像榆林窟第15窟库藏神形象。“西番两度盟”是指唐蕃开元二十二年（734）赤岭会盟和建中四年（783）唐蕃清水会盟。吐蕃将赞普比作毗沙门天王，故唐蕃会盟时天王作为吐蕃神立于祭坛。因清水处于长安正东，丝绸之路主道，而净域寺是唐京城名寺，所以唐蕃783年清水会盟后将吐蕃式的毗沙门天王像留到净域寺合情合理[③]。沙武田先生亦认为榆林窟第15窟完全吐蕃特色的库藏神以及榆林窟第25窟吐蕃武士装样式的毗沙门天王像的出现与783年清水会盟有关[④]。陆离先生认为，敦煌石窟中着虎皮衣式的神祇和武士形象与吐蕃军队武士着装、吐蕃民族的虎崇拜以及吐蕃王朝的大虫皮制度有密切关系，吐蕃占领河陇后，将大虫皮制度带入这一地区。陆离先生结合相关背景推断，榆林窟第15窟前室北壁吐蕃式库藏神造像中身着完整虎皮的力士大致绘制于779—836年或者842—848年[⑤]。显然榆林窟第25窟前室东壁北侧吐蕃武士装样式的毗沙门天王造像中着虎皮帽者也受到吐蕃大虫皮制度的影响。

根据以上分析，结合清水会盟出现的吐蕃式毗沙门天王像以及沙武田

① 沙武田：《一座反映唐蕃关系的“纪念碑式”式洞窟——榆林窟第25窟营建的动机、思想及功德主试析》，（上、下），《艺术设计研究》，2012年第4期，第10—17页；2013年第1期，第16—23页。《西部考古》第7辑，三秦出版社，2013年，第276—297页。

②（唐）段成式：《寺塔记》，人民美术出版社，1964年，第23—24页。

③ 谢继胜：《榆林窟15窟天王像与吐蕃天王图像演变分析》，《装饰》，2008年第6期，第54—59页。

④ 沙武田：《一座反映唐蕃关系的“纪念碑式”式洞窟——榆林窟第25窟营建的动机、思想及功德主试析》，（上、下），《艺术设计研究》，2012年第4期，第10—17页；2013年第1期，第16—23页。另载《西部考古》第7辑，三秦出版社，2013年，第276—297页。

⑤ 陆离：《敦煌、新疆等地吐蕃时期石窟中着虎皮衣饰神祇、武士图像及雕塑研究》，《敦煌学辑刊》，2005年第3期，第110—120页。

先生对榆林窟第25窟营建于776—786年[1]的判断，笔者认为，榆林窟第15窟前室北壁画在北方天王位置并履行传统北方天王职能的吐蕃库藏神造像，以及榆林窟第25窟前室东壁北侧吐蕃武士装样式的毗沙门天王像应绘制在783年清水会盟前后。

作为纪念和赞颂身为吐蕃大相兼东道节度使的尚结赞促成唐蕃清水会盟使得唐蕃和好而建的榆林窟第25、15窟，其前室东壁北侧吐蕃武士装样式的毗沙门天王像以及前室北壁画在北方天王位置并履行传统北方天王职能的吐蕃库藏神造像，显然与783年清水会盟有很大关系。吐蕃特色的毗沙门天王像出现在清水会盟的祭坛上，继而出现在为纪念唐蕃清水会盟而建的榆林窟第25、15窟中，显得合情合理，正是唐蕃清水会盟历史的反映。

四、榆林窟第25窟洞窟形制及八大菩萨曼荼罗

八大菩萨曼荼罗首次出现在敦煌石窟榆林窟第25窟，以及榆林窟第25窟独特形制的出现绝非偶然，而是与洞窟功能以及洞窟功德主尚结赞有密切关系。榆林窟第25窟八大菩萨曼荼罗图像样式来自吐蕃中心地区桑耶寺。赤松德赞（742—797）成年后，抑制苯教，大力引进和发展佛教，在印度莲花生和寂护等人主持下，以古印度波罗王朝时期在摩揭陀国所建的欧丹达菩黎寺（密宗曼荼罗结构形式）为蓝本，779年在吐蕃中心地区建成了桑耶寺[2]。而尚结赞、达札路恭等几个重臣作为监工分别建造红塔和黑塔以供养桑耶寺。赤松德赞两次颁布兴佛诏书，定佛教为国教，并选拔七名吐蕃贵族子弟，出家为僧，是为“七试人”。首批吐蕃僧人产生了，吐蕃建立了

① 沙武田：《关于榆林窟第25窟营建时代的几个问题》，载《藏学学刊》第五辑，四川大学出版社，2009年，第79—104页。

② 王森：《西藏佛教发展史略》，中国藏学出版社，2002年，第9页。

自己的僧伽组织，桑耶寺也成为佛、法、僧齐全的真正的佛教寺院[①]。榆林窟第25窟洞窟形制、中心佛坛窟形以及洞窟表现出的内修和秘密性等特点，作为一类全新洞窟形制出现在敦煌石窟中，明显受到了以桑耶寺及其后大昭寺、小昭寺为代表的吐蕃中心地区建筑形制的影响[②]。

另外，我们从陈粟裕博士研究可知，桑耶寺三层正殿从上到下存在着吐蕃、汉、印度三种样式的毗卢遮那佛与八大菩萨，其没有限定造像样式。但毗卢遮那与观音、弥勒、虚空藏、普贤、金刚手、文殊、除盖障、地藏八菩萨的组合是固定的，表现出吐蕃对此图像的重视。陈粟裕博士还发现益西央804年开凿的西藏昌都仁达摩崖和806年建造的青海玉树大日如来佛堂。由于益西央本人属于莲花生一系，这两处一佛八菩萨造像可能受到来自吐蕃中心地区桑耶寺的影响，反映了吐蕃社会对一佛八菩萨的信仰和崇拜以及该题材在吐蕃的流行，通过比较认为榆林窟25窟采用的图本与仁达摩崖近似[③]。而我们知道，榆林窟第25窟作为尚结赞的功德窟，建于783年清水会盟前后，比仁达摩崖要早很多。而据田中公明先生研究，最早在桑耶寺创建时，吐蕃就出现了胎藏大日八大菩萨[④]。所以笔者认为榆林窟第25窟的八大菩萨曼荼罗所采用的图本来自吐蕃中心地区桑耶寺，正因为如此，它才具有比较纯正和浓郁的印度波罗艺术风格样式[⑤]。

榆林窟第25窟洞窟中心佛坛窟形以及八大菩萨曼荼罗，明显受到了吐蕃中心地区桑耶寺的影响。而身为吐蕃大相兼东道节度使的尚结赞，作为

---

① 石硕：《吐蕃政教关系史》，四川人民出版社，2000年，第267—268页；才让：《吐蕃史稿》，甘肃人民出版社，2007年，第175—177页。

② 沙武田：《一座反映唐蕃关系的“纪念碑式”式洞窟——榆林窟第25窟营建的动机、思想及功德主试析》，（上、下），《艺术设计研究》，2012年第4期，第10—17页；2013年第1期，第16—23页。另载《西部考古》第7辑，三秦出版社，2013年，第276—297页。

③ 陈粟裕：《榆林25窟一佛八菩萨图研究》，《故宫博物院院刊》，2009年第3期，第56—82页。

④ 田中公明：《敦煌出土胎藏大日八大菩萨像》，刘永增译，《敦煌研究》，2010年第5期，第67页。

⑤ 张亚莎：《印度·卫藏·敦煌的波罗—中亚艺术风格论》，《敦煌研究》，2002年第3期，第2页。

监工，制作桑耶寺图并建造红塔以供养桑耶寺，参与了桑耶寺建成的兴佛证盟，想必对其仪式、仪理、仪轨以及以桑耶寺为代表的吐蕃中心地区佛教建筑形制及其图像很熟悉。因此，他把吐蕃中心地区桑耶寺流行的中心佛坛窟形以及八大菩萨曼荼罗图像用到自己的功德窟中，是对唐蕃清水会盟更好的纪念。由于尚结赞大相兼东道节度使的身份，在榆林窟第25窟八大菩萨曼荼罗影响下，川青藏交界地区出现了大量的八大菩萨曼荼罗造像遗迹①。此外，北壁弥勒经变中的唐蕃婚嫁图，现在看来，其出现在具有纪念和赞颂尚结赞促成清水会盟而建的功德窟中，意义也非常明确。汉藏本来就有联姻，有甥舅关系，其反映的是汉藏联姻、汉藏友好的历史，是对清水会盟更好的纪念。

五、结语

榆林窟第25窟具有明显的汉藏结合特色。榆林窟第25窟前室东壁北侧吐蕃武士装样式的毗沙门天王像以及榆林窟第15窟前室北壁画在北方天王位置并履行传统北方天王职能的吐蕃库藏神造像，是在清水会盟前后将其运用到这两个洞窟中的结果。榆林窟第25窟洞窟形制以及八大菩萨曼荼罗的出现很可能受到来自吐蕃中心地区桑耶寺该题材流行的影响，其出现在榆林窟第25窟是作为监工制作桑耶寺图并建造红塔以供养桑耶寺的洞窟功德主——吐蕃大相兼东道节度使尚结赞的选择，是对汉藏清水会盟更好的纪念。北壁弥勒经变唐蕃婚嫁图的出现，反映的是唐蕃友好和唐蕃会盟的历史，其出现在纪念和赞颂尚结赞促成清水会盟的功德窟中再合适不过了。榆林窟第25窟实为某位曹姓人士为吐蕃大相兼吐蕃东道节度使尚结赞而建，

① 谢继胜：《川青藏交界地区藏传摩崖石刻造像与题记分析——兼论吐蕃时期大日如来与八大菩萨造像渊源》，《中国藏学》，2009年第1期，第129页；霍巍：《青藏高原东麓吐蕃时期佛教摩崖造像的发现与研究》，《考古学报》，2011年第3期，第353—384页。

纪念和赞颂他促成唐蕃清水会盟使唐蕃和好的功德，具体建窟时间应在783年唐蕃清水会盟前后。

榆林窟第25窟不仅仅是尚结赞的功德窟，其同样具有纪念唐蕃清水会盟的意义。它是对马休先生提出该窟具有汉藏调和风格，适合作为唐蕃两大政权调和的一个合适纪念，具有唐蕃会盟、唐蕃友好意义[①]观点的有力支持。也是对业师沙武田先生提出榆林窟第25窟建于776—786年，为反映唐蕃关系的“纪念碑”式的“秘密性”的“内修”洞窟观点的进一步说明[②]。榆林窟第25、15窟是同时营建的双窟，功德主为尚结赞，其作为唐蕃清水会盟在敦煌石窟中的遗迹，将会成为汉藏历史上永远的“纪念碑”。

---

① 马休·凯普斯坦：《De-ga g·yu-tshal（榆林窟）之会盟寺的比定与图像》，载霍巍、李永宪主编：《西藏考古与艺术国际学术讨论会论文集》，四川人民出版社，2004年，第98—127页。

② 沙武田：《一座反映唐蕃关系的“纪念碑式”式洞窟——榆林窟第25窟营建的动机、思想及功德主试析》，（上、下），《艺术设计研究》，2012年第4期，第10—17页；2013年第1期，第16—23页。另载《西部考古》第7辑，三秦出版社，2013年，第276—297页。

参考文献

一、典籍文献

1.《大正新修大藏经》，新文丰出版公司影印本。

2. 慈怡主编：《佛光大辞典》，佛光山出版社，1989年，书目文献出版社影印本。

3.（唐）段成式：《寺塔记》，人民美术出版社，1964年。

4.（唐）李吉甫撰：《元和郡县图志》，中华书局，1983年。

5.（唐）张彦远：《历代名画记》，人民美术出版社，1963年。

6.（唐）白居易著，顾学颉校点：《白居易集》，中华书局，1979年。

7.（后晋）刘昫等撰：《旧唐书》，中华书局，1975年。

8.（宋）欧阳修、宋祁撰：《新唐书》，中华书局，1975年。

9.（宋）王溥撰：《唐会要》，中华书局，1995年。

10.（清）曹寅等编：《全唐诗》，中华书局，1960年。

11.（清）董诰等编：《全唐文》，中华书局，1983年。

二、敦煌文献与敦煌图录

1. 俄罗斯国立艾尔米塔什博物馆编：《俄罗斯国立艾尔米塔什博物馆藏敦煌艺术品》I，上海古籍出版社，1997年。

2. 敦煌研究院编：《敦煌莫高窟供养人题记》，文物出版社，1986年。

3. 敦煌研究院编：《敦煌莫高窟内容总录》，文物出版社，1982年。

4．敦煌研究院编：《中国石窟·安西榆林窟》，文物出版社，1989年。

5．敦煌研究院编：《中国石窟·敦煌莫高窟》五卷本，文物出版社、日本平凡社，1987年。

6．敦煌研究院编：《敦煌石窟艺术·榆林窟第二五窟附第一五窟（中唐）》，江苏美术出版社，1993年。

7．敦煌研究院编：《敦煌石窟艺术·莫高窟第158窟》，江苏美术出版社，1998年。

8．敦煌研究院编：《敦煌石窟内容总录》，文物出版社，1996年。

9．敦煌研究院编：《敦煌石窟全集》全26卷，香港商务印书馆。

10．韦陀主编：《西域美术·大英博物馆斯坦因收集品》三卷，日本讲谈社，1982—1984年。

11．中国壁画全集编辑委员会编：《中国敦煌壁画全集9敦煌五代·宋》，天津人民美术出版社，2006年。

12．中国壁画全集编辑委员会编：《中国敦煌壁画全集7敦煌中唐》，天津人民美术出版社，2006年。

三、论著

1．巴卧·祖拉陈瓦：《贤者喜宴》藏文本，民族出版社，1986年。

2．白滨编：《西夏史论文集》，宁夏人民出版社，1984年。

3．伯希和著，耿升译：《伯希和敦煌石窟笔记》，甘肃人民出版社，1993年。

4．才让：《吐蕃史稿》，甘肃人民出版社，2007年。

5．陈楠：《藏史丛考》，民族出版社，1998年。

6．陈国灿：《敦煌学史事新证》，甘肃教育出版社，2002年。

7．曹意强：《艺术与历史》，中国美术学院出版社，2001年。

8．戴密微：《吐蕃僧诤记》，甘肃人民出版社，1984年。

9．段文杰：《敦煌研究文集》，甘肃人民出版社，1982年。

10．段文杰：《敦煌石窟艺术论集》，甘肃人民出版社，1988年。

11．段文杰：《段文杰敦煌石窟艺术论文集》，甘肃人民出版社，1994年。

12．段文杰：《敦煌石窟艺术研究》，甘肃人民出版社，2007年。

13．段文杰：《中国敦煌学百年文库·艺术卷》(1)，甘肃文化出版社，1999年。

14．段文杰：《中国敦煌学百年文库·艺术卷》(2)，甘肃人民出版社，2007年。

15．敦煌文物研究所编：《敦煌译丛》第一辑，甘肃人民出版社，1985年。

16．敦煌文物研究所编：《莫高窟窟前殿堂遗址》，文物出版社，1985年。

17．敦煌研究院编：《段文杰敦煌研究五十年纪念文集》，世界图书出版公司，1996年。

18．敦煌研究院编：《敦煌研究文集·敦煌石窟考古篇》，甘肃民族出版社，2000年。

19．郭锋：《唐史与敦煌文献论稿》，中国社会科学出版社，2002年。

20．金雅声等主编：《敦煌古藏文文献论文集》，上海古籍出版社，2007年。

21．霍巍：《吐蕃时代考古新发现及其研究》，中国社会科学出版社，2012年。

22．黄维忠：《8—9世纪藏文发愿文研究——以敦煌藏文发愿文为中心》，民族出版社，2007年。

23．海瑟·噶尔美：《早期汉藏艺术》，河北教育出版社，2001年。

24．季羡林主编：《敦煌学大辞典》，上海辞书出版社，1998年。

25．姜伯勤：《唐五代敦煌寺户制度》，中华书局，1987年。

26. 李静杰：《卢舍那法界图像研究》，佛教文化期刊社，1999年。

27. 林冠群：《吐蕃赞普墀松德赞研究》，台湾商务印书馆，1989年。

28. 林冠群：《唐代吐蕃史论集》，中国藏学出版社，2006年。

29. 林冠群：《唐代吐蕃史研究》，台湾联经出版社，2011年。

30. 李浴：《榆林窟佛教艺术内容调查》，稿本，1946年。

31. 赖鹏举：《敦煌石窟造像思想研究》，文物出版社，2009年。

32. 马德：《敦煌莫高窟史研究》，甘肃教育出版社，1996年。

33. 欧阳琳：《敦煌壁画解读》，甘肃文化出版社，2006年。

34. 彭金章：《敦煌石窟全集·密教画卷》，商务印书馆，2003年。

35. 荣新江编：《向达先生敦煌遗墨》，中华书局，2010年。

36. 史苇湘：《敦煌历史与莫高窟艺术研究》，甘肃教育出版社，2002年。

37. 宿白：《藏传佛教寺院考古》，文物出版社，1982年。

38. 沙武田：《敦煌画稿研究》，民族出版社，2006年。

39. 沙武田：《吐蕃统治时期敦煌石窟研究》，中国社会科学出版社，2013年。

40. 石硕：《吐蕃政教关系史》，四川人民出版社，2000年。

41. 邵文实：《敦煌边塞文学研究》，甘肃教育出版社，2007年。

42. 托马斯：《西域古藏文社会历史文献》，民族出版社，2003年。

43. 谭蝉雪：《敦煌石窟全集·民俗画卷》，商务印书馆，1999年。

44. 谭蝉雪：《敦煌石窟全集·服饰画卷》，商务印书馆，2005年。

45. 谭蝉雪：《敦煌民俗》，甘肃教育出版社，2006年。

46. 王惠民：《敦煌石窟全集·弥勒经画卷》，商务印书馆，2002年。

47. 巫鸿：《中国古代艺术与建筑中的“纪念碑性”》，上海人民出版社，2009年。

48. 巫鸿：《礼仪中的美术·巫鸿中国古代美术史文编》，生活·读书·新知三联书店，2005年。

49. 王静如：《王静如民族研究文集》，民族出版社，1998年。

50. 王森：《西藏佛教发展史略》，中国藏学出版社，2002年。

51. 王尧：《吐蕃金石录》，文物出版社，1982年。

52. 王尧：《西藏文史考信集》，中国藏学出版社，1994年。

53. 王尧、陈践：《敦煌吐蕃文书论文集》，四川民族出版社，1988年。

54. 王尧、陈践：《敦煌本吐蕃历史文书》，民族出版社，1992年。

55. 王重民等：《敦煌变文集》（上册），人民文学出版社，1957年。

56. 王森：《西藏佛教发展史略》，中国藏学出版社，2002年。

57. 向达：《唐代长安与西域文明》，三联书店，1957年。

58. 向达：《安西榆林窟记录》，载北京大学考古系编：《考古学研究》（一），文物出版社，1992年。

59. 谢稚柳：《敦煌艺术叙录》，上海出版公司，1955年。

60. 谢继胜：《西夏藏传绘画——黑水城出土西夏唐卡研究》，河北教育出版社，2002年。

61. 谢继胜主编：《藏传佛教艺术发展史》（上、下），上海书画出版社，2010年。

62. 谢生保：《敦煌民俗研究》，甘肃人民出版社，1995年。

63. 杨富学、李吉和辑校：《敦煌汉文吐蕃史料辑校》，甘肃人民出版社，1999年。

64. 杨铭：《吐蕃统治敦煌与吐蕃文书研究》，中国藏学出版社，2008年。

65. 佚名：《安西万佛峡（榆林窟）石窟志》，稿本。

66. 于小冬：《藏传佛教绘画史》，江苏美术出版社，2003年。

67. 张亚莎：《11世纪西藏佛教的艺术——从扎塘寺壁画研究出发》，中国藏学出版社，2008年。

68．张伯元：《安西榆林窟》，四川教育出版社，1995年。

69．张广达、荣新江：《于阗史丛考》，上海书店出版社，1993年。

70．郑炳林：《敦煌碑铭赞辑释》，甘肃教育出版社，1992年。

71．郑炳林、郑阿财主编：《港台敦煌学文库》，甘肃人民出版社，2015年。

四、论文

1．白滨、史金波：《莫高窟、榆林窟西夏资料概述》，《敦煌学辑刊》，1980年第1期。

2．陈国灿：《唐五代瓜沙归义军军镇的演变》，载《敦煌吐鲁番文书初探二编》，武汉大学出版社，1990年。

3．陈国灿：《唐朝吐蕃陷落沙州城的时间问题》，《敦煌学辑刊》，1985年第1期。

4．陈于柱、张福慧：《榆林窟第25窟“藏汉婚礼图”的再研究》，《民族研究》，2014年第2期。

5．陈粟裕：《榆林25窟一佛八菩萨图研究》，《故宫博物院院刊》，2009年第3期。

6．陈明：《慕容家族与慕容氏出行图》，《敦煌研究》，2006年第4期。

7．陈光文、郑炳林：《莫高窟、榆林窟明代游人题记研究》，《兰州大学学报》，2015年第5期。

8．曹洪勇：《敦煌石窟T形题记叙论》，《陕西社会科学论丛》，2001年第4期。

9．崔中慧：《敦煌弥勒经变中的“老人入墓”的印度文化源流试探》，载敦煌研究院编：《2014敦煌石窟研究国际学术研讨会论文集》（下），敦煌莫高窟，2014年8月。

10．段文杰：《榆林窟第25窟壁画艺术探讨》，《敦煌研究》，1987年第

4期。

11．段文杰：《藏于幽谷的艺术明珠——榆林窟第二五窟壁画研究》，载敦煌研究院编：《敦煌石窟艺术·榆林窟第二五窟附第一五窟》，江苏美术出版社，1993年。

12．段文杰：《榆林窟壁画艺术》，载敦煌研究院编：《中国石窟·安西榆林窟》，文物出版社，1997年。

13．段文杰：《形象的历史——谈敦煌壁画的历史价值》，《敦煌学辑刊》，1980年第1期。

14．段文杰：《敦煌莫高窟唐代艺术中的服饰资料》，载《中国敦煌学百年文库·艺术卷》，甘肃文化出版社，1999年。

15．段文杰：《敦煌壁画中的衣冠服饰》，载《敦煌研究文集》，甘肃人民出版社，1982年。

16．敦煌文物研究所编：《安西榆林窟勘察简报》，《文物参考资料》，1956年第10期。

17．敦煌研究院考古研究所、内蒙古师范大学蒙文系：《敦煌石窟回鹘蒙文题记考察报告》，《敦煌研究》，1990年第4期。

18．豆格才让：《论玉树贝沟大日如来庙吐蕃摩崖造像及石刻》，载《藏族历史宗教研究》第一辑，中国藏学出版社，1996年。

19．大岛幸代：《九世纪吐蕃毗沙门天信仰的诸相——以甘肃四川两地造像的比较为中心》，载敦煌研究院编：《敦煌吐蕃统治时期石窟与藏传佛教艺术研究》，甘肃教育出版社，2012年。

20．樊锦诗：《敦煌石窟研究百年回顾与瞻望》，《敦煌研究》，2000年第2期。

21．樊锦诗、赵青兰：《吐蕃占领时期莫高窟洞窟分期研究》，载敦煌研究院编，《敦煌研究文集·敦煌石窟考古篇》，甘肃民族出版社，2000年。

22. 肥田路美著，牛源译：《凉州番禾县瑞像故事及造型》，《敦煌学辑刊》，2006年第2期。

23. 冯力：《榆林窟第25窟壁画的几点认识》，《南通师专学报》，1996年第3期。

24. 冯力：《榆林窟第25窟壁画研究》，《齐鲁艺苑》，1998年第4期。

25. 关友惠：《敦煌宋西夏石窟壁画装饰风格及其相关的问题》，敦煌研究院编，《2004年石窟研究国际学术会议论文集》（下），上海古籍出版社，2006年。

26. 郭祐孟：《敦煌石窟卢舍那并八大菩萨曼荼罗初探》，《敦煌学辑刊》，2007年第1期。

27. 公维章：《敦煌画榜书存在的几个问题》，载《麦积山石窟艺术文化论文集》（下），兰州大学出版社，2004年。

28. 霍巍：《突厥王冠与吐蕃王冠》，《考古与文物》，2009年第5期。

29. 霍巍：《试析西藏东部新发现的两处早期石刻造像》，《敦煌研究》，2003年第5期。

30. 霍巍：《青藏高原东麓吐蕃时期佛教摩崖造像的发现与研究》，《考古学报》，2011年第3期。

31. 黄维忠：《关于唐代吐蕃军事占领区建制的几个问题》，《西北民族大学学报》，2010年第4期。

32. 黄维忠：《敦煌藏文发愿文研究概述》，《敦煌学辑刊》，2007年第1期。

33. 黄维忠：《德葛玉采会盟寺（de ga g. yu tshal gtsigs kyi gtsug lag khang）考——再论该寺非榆林窟》，《敦煌研究》，2009年第3期。

34. 黄维忠：《关于P.T.16、IOL TIB J 751 I的初步研究》，载《贤者新宴》5，上海古籍出版社，2007年。

35．黄文焕：《跋敦煌365窟藏文题记》，《文物》，1980年第7期。

36．黄颢：《贤者喜宴》摘译（十三），《西藏民族学院学报》，1984年第1期。

37．贺世哲：《敦煌莫高窟第285窟西壁内容考释》，《敦煌研究》，1988年第2期。

38．哈密顿、杨富学、牛汝极：《榆林窟回鹘文题记译释》，《敦煌研究》，1998年第2期。

39．黄剑波：《"叉手"礼图像考》，《美术与设计》，2014年第4期。

40．今枝由郎：《敦煌莫高窟和安西榆林窟的T形题记框》，载《藏学学刊》第五辑，四川大学出版社，2009年。

41．金维诺：《吐蕃佛教图像与敦煌的藏传绘画遗存》，《艺术史研究》，第二辑，中山大学出版社，2000年。

42．金申：《佛教美术上的仁兽》，《敦煌学辑刊》，2007年第1期。

43．金滢坤、盛会莲：《吐蕃沙州节儿及其统治新探》，《中国边疆史地研究》，2000年第3期。

44．金滢坤：《吐蕃节度使考述》，《厦门大学学报》，2001年第1期。

45．金滢坤：《吐蕃瓜州节度使初探》，《敦煌研究》，2001年第2期。

46．贾玉平：《藏传佛教美术中多闻子图像及其信仰——以夏鲁寺为例》，《考古与文物》，2011年第3期。

47．勘措吉：《莫高窟第75窟藏文题记考》，载敦煌研究院编：《敦煌吐蕃文化学术研讨会论文集》，甘肃民族出版社，2009年。

48．刘玉权：《西夏时期的瓜、沙二州》，《敦煌学辑刊》，1981年第2期。

49．刘玉权：《敦煌莫高窟、安西榆林窟西夏洞窟分期》，敦煌文物研究所编：《敦煌研究文集》，甘肃人民出版社，1982年。

50. 刘永增：《敦煌石窟八大菩萨曼荼罗图像解说》上、下，《敦煌研究》，2009年第4、5期。

51. 林冠群：《唐代吐蕃军事占领区建制之研究》，《中国藏学》，2007年第4期；

52. 林冠群：《唐代前期唐蕃竞逐青海地区之研究》，载《唐代吐蕃史论集》，中国藏学出版社，2006年。

53. 林冠群：《论唐代吐蕃之对外扩张》，载《唐代吐蕃史论集》，中国藏学出版社，2006年。

54. 罗瑶：《榆林窟第20窟新发现供养人像考》，《敦煌研究》，2004年第2期。

55. 李其琼：《论吐蕃时期的敦煌壁画艺术》，《敦煌研究》，1998年第2期。

56. 赖文英：《唐代安西榆林25窟之卢舍那佛》，《圆光佛学学报》，1999年第4期。

57. 赖文英：《榆林25窟药师佛及其相关问题——兼论正壁的卢舍那佛与八菩萨》，载敦煌研究院编：《敦煌吐蕃统治时期石窟与藏传佛教艺术研究》，甘肃教育出版社，2012年。

58. 赖文英：《榆林窟第25窟研究》，兰州大学敦煌学研究所博士学位论文，2014年。

59. 赖鹏举：《唐代莫高窟的多重“华严”结构与“中心坛场”的形成》，《圆光佛学学报》，2002年第7期。

60. 赖鹏举：《中唐榆林25窟密法“卢舍那佛”与佛顶尊胜系造像的形成》，《中国藏学》，2007年第4期。

61. 陆离：《张议潮史迹新探》，《中国边疆史地研究》，2011年第3期。

62. 陆离：《敦煌、新疆等地吐蕃时期石窟中着虎皮衣饰神祇、武士图像及雕塑研究》,《敦煌学辑刊》,2005年第3期。

63. 陆离:《关于榆林窟第25窟壁画藏文题记释读的两个问题》,《西北民族大学学报》,2010年第4期。

64. 李翎:《大黑天图像样式考》,《敦煌学辑刊》,2007年第1期。

65. 李翎:《图像辨识习作之一——以榆林窟第25窟前室毗沙门图像阶段性认识为中心》,载敦煌研究院编:《敦煌吐蕃统治时期石窟与藏传佛教艺术研究》,甘肃教育出版社,2012年。

66. 罗寄梅:《安西榆林窟的壁画》(研究计划成果)(The Mural Paintings of the Yu-Lin Cave at Anshi),《中国东亚学术研究计划委员会年报》第3卷,(台北)中国东亚学术研究计划委员会,1964年。

67. 罗寄梅:《榆林窟壁画研究报告书》,台湾《中国学术年报》单行本,1964年。

68. 罗华庆:《莫高窟第444窟龛南后柱题记考辨》,《敦煌研究》,1985年第3期

69. 刘颖:《莫高窟吐蕃后期洞窟建造年代判定——以蕃装人物为中心》,《中华文化论坛》,2013年第5期。

70. 李妍容:《敦煌壁画中的婚嫁图》,《文化月刊》,2013年第8期。

71. 铃木隆一:《吐谷浑与吐蕃之河西九曲》,《民族译丛》,1985年第3期。

72. 罗世平:《身份认同:敦煌吐蕃装人物进入洞窟的条件、策略与时间》,《美术研究》,2011年第4期。

73. 李永宁、蔡伟堂:《敦煌壁画中的弥勒经变》,《敦煌研究》,1988年第2期。

74. 马休·凯普斯坦:《De-ga g.yu-tahal(榆林窟)之会盟寺的比定和图像》,载霍巍、李永宪主编:《西藏考古与艺术国际学术讨论会论文集》,

四川人民出版社，2004年。

75. 马休·凯普斯坦：《德噶·玉蔡会盟寺的再思考》，《藏学学刊》第十辑，中国藏学出版社，2014年。

76. 马德：《论敦煌石窟崖面上的“王公窟”现象》，载《麦积山石窟艺术论文集》（上），兰州大学出版社，2004年。

77. 马德《10世纪敦煌寺历所记三窟活动》，《敦煌研究》，1998第2期。

78. 马德：《敦煌莫高窟“报恩吉祥窟”考》，《敦煌研究》，1999年第4期。

79. 马德：《西藏发现的喇蚌经为敦煌写经》，《敦煌研究》，2009年第5期。

80. 马德：《小议敦煌壁画中的蕃装人物》，载敦煌研究院编：《敦煌吐蕃统治时期石窟与藏传佛教艺术研究》，甘肃教育出版社，2012年。

81. 马德：《“特蕃”考》，《兰州大学学报》，2006年第5期。

82. 马德：《吐蕃国相尚纥心儿事迹补述——以敦煌本羽77号为中心》，《敦煌研究》，2011年第4期。

83. 马德：《从敦煌史料看唐代陇右地区的后吐蕃时代》，载郑炳林、樊锦诗、杨富学主编：《丝绸之路民族古文字与文化学术讨论会文集》（上），三秦出版社，2007年。

84. 马林：《仁达摩崖石刻考证》，《青海民族学院学报》，1988年第1期。

85. 梅林：《莫高窟第365窟汉文题记重录并跋》，载《佛教物质文化：寺院财富与世俗供养国际学术研讨会论文集》，上海书画出版社，2003年。

86. 聂贡·贡却次旦、白马奔：《玉树吐蕃时期的摩崖造像》，《中国藏学》（藏文版），1988年第4期。

87. 彭杰：《敦煌兜跋毗沙门天王像刍议》，载敦煌研究院编：《敦煌吐蕃统治时期石窟与藏传佛教艺术研究》，甘肃教育出版社，2012年。

88. 恰白·次旦平措：《简析新发现的吐蕃摩崖石文》，《中国藏学》，1988年第1期。

89. 阮丽：《敦煌石窟曼荼罗图像研究》，中央美术学院博士学位论文，2012年。

90. 荣新江：《惊沙撼大漠——向达的敦煌考察及其学术意义》，载《国际敦煌学学术史研讨会论文集》，北京理工大学，2002年。

91. 邵文实：《尚乞心儿事迹考》，《敦煌学辑刊》，1993年第2期。

92. 施萍婷：《敦煌随笔之一》，《敦煌研究》，1985年第3期。

93. 史金波、白滨：《莫高窟榆林窟西夏文题记研究》，《考古学报》，1982年第3期。

94. 史苇湘：《地方因素是研究佛教艺术的起点和基础——兼论榆林窟25窟壁画》，载《敦煌历史与莫高窟艺术研究》，甘肃教育出版社，2002年。

95. 史苇湘：《敦煌佛教艺术在历史上是反映现实的一种形式》，《敦煌研究》，1986年第2期。

96. 史苇湘：《地方因素是研究佛教艺术的起点和基础》，载《敦煌历史与莫高窟艺术研究》，甘肃教育出版社，2002年。

97. 史苇湘：《丝绸之路上的敦煌与莫高窟》，载敦煌文物研究所编：《敦煌研究文集》，甘肃人民出版社，1982年。

98. 史苇湘：《吐蕃王朝管辖沙州前后——敦煌遗书S1438背《书仪》残卷的研究》，《敦煌研究》创刊号。

99. 史苇湘：《河西节度使覆灭与吐蕃王朝管辖沙州前后》，载《敦煌历史与莫高窟艺术研究》，甘肃教育出版社，2002年。

100. 沙武田：《敦煌石窟于阗国王"天子窟"考》，《西域研究》，2004年第2期。

101．沙武田：《敦煌石窟历史的重构——敦煌吐蕃期洞窟诸现象之省思》，《圆光佛学学报》，2007年第11卷。

102．沙武田：《敦煌遗书〈壁画表录〉研究》，《兰州学刊》，2007年第5期。

103．沙武田：《敦煌佛教艺术之社会性表现》，《普门学报》，2007年第42期。

104．沙武田：《榆林窟第25窟八大菩萨曼荼罗图像补遗》，《敦煌研究》，2009年第5期。

105．沙武田：《关于榆林窟第25窟营建时代的几个问题》，载《藏学学刊》第五辑，四川大学出版社，2009年。

106．沙武田：《吐蕃统治时期敦煌石窟研究综述》，《西藏研究》，2011年第3期。

107．沙武田、赵蓉：《吐蕃人与敦煌石窟营建——以莫高窟第93窟为中心》，载《中国藏学》第7辑，四川大学出版社，2011年。

108．沙武田：《吐蕃统治时期敦煌石窟供养人画像考察》，《中国藏学》，2003年第2期。

109．沙武田：《榆林窟第25窟T形榜子再探》，《敦煌研究》，2011年第5期。

110．沙武田：《文化认同与艺术选择——以榆林窟第15窟、25窟为例看吐蕃密教艺术进入敦煌的尝试》，载《首届大兴善寺与唐密文化国际学术研讨会论文集》，陕西师范大学出版总社有限公司，2012年。

111．沙武田：《一座反映唐蕃关系的“纪念碑式”式洞窟——榆林窟第25窟营建的动机、思想及功德主试析》（上、下），《艺术设计研究》，2012年第4期，2013年第1期。

112．沙武田：《莫高窟盛唐未完工中唐补绘洞窟之初探》，《敦煌研究》，2002年第3期。

113. 沙武田：《敦煌莫高窟第158窟与粟特人关系试考》（上、下），《艺术设计研究》，2010年第1、2期。

114. 沙武田：《敦煌莫高窟“报恩吉祥窟”再考》，《敦煌研究》，2008年第2期。

115. 邵文实：《尚乞心儿事迹考》，《敦煌学辑刊》，1993年第2期。

116. 邵文实：《沙州节儿考及其引申出来的几个问题——八至九世纪吐蕃对瓜沙地区的汉人的统治》，《西北师大学报》，1992年第5期。

117. 汤惠生：《青海玉树地区唐代佛教摩崖考述》，《中国藏学》，1998年第1期。

118. 谭蝉雪：《“老人入墓”与民俗》，载《“二十一世纪敦煌文献研究回顾与展望研讨会”论文集》，中华自然文化学会，1999年。

119. 田中公明：《敦煌出土胎藏大日八大菩萨像》，《敦煌研究》2010年第5期。

120. 王静如：《新见西夏文石刻和敦煌安西洞窟夏汉文题记考释》，载《王国维学术研究论集》1，华东师范大学出版社，1983年。

121. 王尧：《敦煌吐蕃官号“节儿”考》，《民族语文》，1989年第4期。

122. 王尧：《青海玉树地区贝考石窟摩崖吐蕃碑文释读》，载《唐研究》第10卷，北京大学出版社，2004年。

123. 乌瑞：《吐蕃统治结束后甘州和于阗官府中使用藏语的情况》，《亚细亚学报》，1981年第1、2期。

124. 王中旭：《敦煌吐蕃时期〈维摩变〉新样研究》，载《全国美术学博士生论坛论文集》，陕西师范大学出版社，2011年。

125. 王力平：《莫高窟汉文游人题记史料价值探析》，《敦煌学辑刊》，2014年第3期。

126. 魏健鹏：《敦煌壁画中幞头的分类及其断代功能刍议》，《艺术设计研究》，2013年第2期。

127. 向达：《记敦煌石室出晋天福十年写本〈寿昌县地境〉》，《图书季刊》，1944年第4期。

128. 向达：《莫高、榆林二窟杂考》，《文物参考资料》，1951年第5期。

129. 谢继胜：《涉及吐蕃美术的唐宋画论》，《文艺研究》，2006年第6期。

130. 谢继胜：《榆林窟15窟天王像与吐蕃天王图像演变分析》，《装饰》，2008年第6期。

131. 谢继胜：《川青藏交界地区藏传摩崖石刻造像与题记分析——兼论吐蕃时期大日如来与八大菩萨造像渊源》，《中国藏学》，2009年第1期。

132. 谢继胜、黄维忠：《榆林窟第25窟壁画藏文题记释读》，《文物》，2007年第4期。

133. 李玉珉：《法界人中像》，《故宫文物月刊》，1993年第1期。

134. 殷光明：《敦煌卢舍那法界图像研究之一》，《敦煌研究》，2001年第4期。

135. 殷光明：《敦煌卢舍那法界图像研究之二》，《敦煌研究》，2002年第1期。

136. 杨铭：《吐蕃时期河陇军政机构设置考》，《中亚学刊》第4辑，北京大学出版社，1995年。

137. 杨铭：《敦煌藏文写本岱噶玉园会盟寺愿文研究》，周伟洲主编：《西北民族论丛》第六辑，中国社会科学出版社，2008年。

138. 阎文儒：《榆林窟调查记》，《西北文化周刊》，1945年第37期。

139. 阎文儒：《安西榆林窟调查报告》，《历史与考古》，1946年第10期。

140．袁德领：《归义军时期莫高窟与敦煌寺院的关系》，《敦煌研究》，2000年第3期。

141．张延清：《吐蕃敦煌抄经制度研究》，兰州大学敦煌学研究所博士学位论文，2010年。

142．张亚莎：《扎唐寺壁画与敦煌艺术》，《中国藏学》，2001年第4期。

143．张亚莎：《印度·卫藏·敦煌的波罗—中亚艺术风格论》，《敦煌研究》，2002年第3期。

144．张先堂：《敦煌莫高窟“报恩吉祥窟”三考》，《敦煌研究》，2008年第5期。

145．张善庆：《甘肃张掖市马蹄寺千佛洞凉州瑞像再考》，《四川文物》，2009年第3期。

146．赵小明：《敦煌婚礼图中的少数民族因素》，《新疆艺术学院学报》，2010年第3期。

147．湛如：《论敦煌佛寺禅窟兰若的组织及其他》，敦煌研究院编：《段文杰敦煌研究五十年纪念文集》，世界图书出版公司，1996年。

148．佐藤有希子：《敦煌吐蕃时期毗沙门天王像考察》，《敦煌研究》，2013年第4期。

五、外文文献

1. Amy Heller: Ninth century Buddhist images carved at lDan-ma-brag to commemorate Tibeto-Chinese negotiations, in P. Kvaerne (ed.), *Tibetan Studies*, 1994.Oslo.

2. Amy Heller: Early Ninth Century Images of Vairochana from Eastern Tibet, *Orientations*25/6 .1994.

3. Amy Heller: Buddhist images and rock inscription from Eastern

Tibet, Part IV, in E.Steinkellner,ed.*Tibtan Studies*, *Austrian Academy of Science*,Vienna, 1997.

4. 奥山直司:《敦煌の密教美术》, 载立川武藏、赖富本宏编:《ツリーズ密教·3·中国密教》, 春秋社, 1999年。

5. 池田温主编:《敦煌讲座·3·敦煌的社会》, 东京大东出版, 1980年。

6. 宫治昭等:《インドから中国への仏教美術の伝播と発展に関する研究》, 名古屋大学美術史研究室, 2001年。

7. 赖富本弘:《八大菩萨像について》, 载佐和隆研编:《密教美术の原像》, 法藏馆, 1982年。

8. 赖富本宏:《密教佛の研究》, 法藏馆, 1990年。

9. M.Aurel Stein: *Serindia-detailed report of explorations in central Asia and westernmost China*, K.C.I.E.By arrangement with Oxford University Press,London,First Edition:Oxford 1921.Reprint:Delhi,1980.

10. Matthew T.Kapstein: *The Treaty Temple of De-ga g·yu-tshal*: *Identification and Iconography,* Beijing, August 10—12,2002.

11. Matthew T.Kapstein: *The Treaty Temple of the Turquoise Grove,Buddhism Between Tibet and China*, Edited by Matthew T. Kapstein, Wisdom Publications, Boston,2009.

12. Matthew T. Kapstein: *The Treaty Temple of De ga.yu tshal: Reconsiderations*

13. Langdon Warner: *Buddhist Wall-Paintings: A Study of a Ninth-Century Grotto at Wan Fo Hsia*, Harward University Press, 1938.

14. Matsui Dai: *Revising the Uigur Inscriptions of the Yulin Caves*,《内陸アジア言語の研究》23, 2008年。

15. Matsui Dai: *Uigur Buddhist Pilgrims as Seen in the Wall*

Inscriptions in the Dunhuang Caves，载敦煌研究院编印：《2015敦煌论坛：敦煌与中外关系国际学术研讨会论文集》（下），2015年8月莫高窟。

16．松井太：《敦煌諸石窟のウイグル語題記銘文に關する箚記》，《人文社會論叢》人文科學篇30，弘前大學人文學部，2013年。

17．松井太：《榆林石窟回鶻文題記重考》，《民族古籍研究》第1輯，中央民族大學中國少數民族古籍研究所，2012年。

18．松井太：《敦煌莫高窟、榆林窟的回鹘文、蒙古文题记铭文续考》，2013年12月21日兰州大学敦煌学研究所演讲报告。

19．山口瑞凤：《吐蕃支配期后の诸文书》，《讲座敦煌6·敦煌胡语文献》，大东出版，1985年。

20．田中公明：《敦煌出土の胎藏大日八大菩萨像》，《敦煌密教と美术》，法藏馆，2000年。

21．田中公明：《敦煌密教と美术》，京都法藏馆，2000年。

22．武内绍人：《归义军期から西夏时代のチベット语文书とチベット语使用》，《东方学》第104辑，2002年。

23．Yoshiro IMAEDA: *T-shaped Inscription Frames in Mogao (Dunhuang) and Yulin Caves*，《日本西藏学会会报》第53号，2007年。

24．佐和隆研：《オリッサにおける主要密教尊像》，《密教美术の原像》，法藏馆，1982年。

后　记

对于瓜州榆林窟第25窟的思考，是我近年来一直从事的课题“吐蕃统治时期敦煌石窟研究”的一部分，作为阶段性成果的《吐蕃统治时期敦煌石窟研究》专著于2013年作为国家哲学社会科学成果文库系列成果，已在中国社会科学出版社出版。当时虽然对榆林窟第25窟的研究主体工作已经完成，但仍觉得好多问题不清楚，疑问颇多。因此，只把对榆林窟第25窟营建时代和八大菩萨曼荼罗图像补遗的两个问题作为对敦煌吐蕃石窟整体研究的一部分收入书稿中。

自从我1996年7月到莫高窟敦煌研究院工作至今，将近20年的时间，敦煌学的研究发生着日新月异的变化，新的研究领域不断涌现，不同的研究方法和研究视角相互激荡。其中，美国芝加哥大学巫鸿教授提出对敦煌石窟“原创性”洞窟的个案研究在艺术史学界引起较大的反响，我本人深受启发。榆林窟第25窟可以作为我在这方面思考的一个尝试。因此，十多年来我一直在思考敦煌石窟个案研究的诸多问题，如研究的方法、思路，面对一个洞窟时如何梳理自己研究的理路等问题。

学术研究虽然是个人精神创造和活动的结果，但总是有这样那样的因缘或人与事，促使研究工作不断向前推进。大概是在2008年的夏天，时任《中国藏学》编审的黄维忠学兄和我商量，拟编一本有关榆林窟第25窟研究的论文集，把当时能够收集到的涉及对榆林窟第25窟研究的文章收集到一起编本书。此计划也得到中国人民大学沈卫荣教授的支持，沈卫荣教授还特意让我陪同他于2010年9月考察了莫高窟和榆林窟。因为后来和敦煌研究院的工作有冲突，此计划不了了之，但勾起了我对榆林窟第25窟研究的强烈兴趣。

机缘巧合，2008年的12月，受敦煌研究院公派我到日本东京艺术大学访学，受早稻田大学肥田路美教授邀请，作了一次报告，讲的就是榆林窟第25窟营建时代的问题。我记得当时肥田老师为了配合我的讲座，特意找了一张反映河西走廊唐代前期形势的地图，把河西走廊各地从东到西被吐蕃攻陷的时间标在了上面，发给前来听讲座的老师和学生们，并事先让她的留学生庚地把我的文章翻译成日文发给大家（后来全文发表在她主持的《奈良美术研究》第九集上）。肥田老师认真细致的工作和她对我研究的认可、鼓励，对我触动很大，也促使我后来一直长时间坚持对榆林窟第25窟的研究。

对榆林窟第25窟的研究，很大程度上一直受法国巴黎高等研究实践学院和芝加哥大学神学院的马休·凯普斯坦（Matthew T. Kapstein）教授持续相关研究的启示，一直到2015年5月受郭丽英教授的邀请、敦煌研究院公派，在法国远东学院我作了有关第25窟营建思想、动机和功德主的报告。凯普斯坦教授作了大篇的评论，在批评的同时鼓励我继续研究。而对我印象同样深刻的是为了准备发表的PPT，在法兰西学院的敦煌研究小组资料室，和郭丽英老师、牟和谛博士（Costantino Moretti）在电脑前每每修改到深夜11点多，然后和张元林先生去赶最后一班地铁。期间郭老师多有指点，而郭老师认真细致的工作，使我受益匪浅。

鉴于以上的因缘，对榆林窟第25窟的专题研究，虽然是我对吐蕃时期敦煌石窟整体研究的一部分，之所以没有一并抛出，而是想单独提出来。一则给自己留出更多的时间和空间来认真推敲一些疑问，二则想借此来推动近年来比较热门的敦煌石窟个案研究的整体进展。

榆林窟第25窟无疑是敦煌石窟中的代表窟，保存较为完好，壁画非常精美，加之和吐蕃艺术密切的关联，长期以来颇受学界关注，研究成果较多，属于敦煌石窟的热门话题。事实上，我个人从2008年最早尝试撰写对洞窟时代探讨的第一篇文章至今，已有八年的时间，要说八年的时间也不短暂，但却仅完成了20余万字的写作分量，略显单薄了些，或许正可反映我个人在研究过程中的愚笨，或也可说明研究问题本身的复杂性。当然，期间学界对此洞窟的关注仍在继续，其中台湾佛教图像研究中心赖文英研究员也把研究的焦点锁定在对榆林窟第25窟的专题研究上，她于2014年6月在兰州大学敦煌学研究所提交了博士学位论文。她的工作非常优秀，重点揭示的是洞窟图像思想、义理和洞窟功能的研究，刚好可以和我关注的重点方向如洞窟营建时代、洞窟功德主、历史背景、唐蕃关系、图像本身研究等作一些互补，应该说这样的研究对学术进步是有意义的。

非常幸运的是，我个人对榆林窟第25窟尝试性的研究，先后得到相关的项目与课题资助。2011年首先列入甘肃省文物局“文化遗产保护领域省级科学技术与学术研究课题”自筹经费课题，后得到敦煌研究院配套资助，经费虽然不多，却是对我研究榆林窟第25窟这样一个小题目的有力支持。2012年在时任敦煌研究院副院长王旭东研究员的推荐下，列入国内多所高校和科研院所联合攻关的“国家重点基础研究计划（973计划）（项目编号：2012CB725300）”，其中清华大学承担的子课题“文化遗产保护的方法验证与典型示范”第六子课题下分课题的理论研究。在课题要求和规范的带动下，促使我对本课题的研究继续深入。

本课题的研究，自2014年以来，先后得到我指导的西北师范大学硕士研究生马俊锋和王雨的协助。其中，本书第七章婚嫁图年代再探部分文字，主要是由马俊锋完成的；第八章把婚嫁图和老人入墓图结合的研究，主要是由王雨完成的。作为附录的那篇文章，是马俊锋把榆林窟第25窟的营建历史背景和783年的唐蕃清水会盟联系在一起，同时他把功德主比定为主导唐与吐蕃清水会盟的吐蕃大相尚结赞，提出了和我不一样的观点，作为一家之言，列入本成果的一部分，提供给学术界，旨在倡导百花齐放、学术争鸣之精神。

因个人和家庭缘故，2014年10月我调到陕西师范大学历史文化学院工作，人虽然离开了敦煌，但敦煌的事业仍在继续，敦煌研究院的领导和同事们仍一如既往地支持我的工作，每次回到敦煌都有一种回家的感觉。在此特别感谢敦煌研究院院长王旭东研究员，副院长张先堂研究员、赵声良研究员，以及张元林研究员、杨秀清研究员、李国副研究员、孙志军副研究员、赵晓星研究员、魏文捷副研究员、张小刚研究员、王建军副研究员、张景峰副研究员、吴军馆员、赵蓉馆员、黄京馆员等对我考察洞窟和研究的大力支持。

因课题研究的需要，近年来频繁到榆林窟实地考察，每次都会看到榆林窟保护管理所昔日同事们热情的面孔。宋子贞所长军人出身，多年来坚守榆林峡谷佛窟，古道热肠，有求必应。感谢李新、张增龙、杜建君、李霞等榆林窟同仁提供的各种帮助。每次看完洞窟，还可得宋所长厚爱，品尝榆林窟职工食堂富有特色的美味臊子面，并每每抽空和宋所长在榆林河边漫步一叙，或在河边的石桌听涛品茗，沐浴着总是清澈的阳光，想来惬意之至，这些均是我研究榆林石窟过程中永远值得铭记的人与事。

感谢谢继胜教授、霍巍教授、张建林研究员、熊文彬教授多次邀请我参加藏学会议，促使我的研究工作不断深入。

感谢我的研究生杨冰华、马丽、杨丹在最后阶段，协助我完成书稿的校对、编目等工作。教学相长，回想这多年来，或在敦煌研究院文献所宽敞的阅览室，或在陕西师大丝绸之路历史文化研究中心，坐拥书城，和我的研究生们一起看书、学习、写作，一起讨论写作过程中遇到的问题，经常有思想的火花，使得本书稿最后得以完成。

感谢陕西师范大学历史文化学院资助本成果的出版，帮助我完成在敦煌未竟的事业。感谢何志龙院长和他领导的团队的大力支持，使我在新的环境中顺利而愉快地工作。

感谢葛承雍先生向商务印书馆推荐本成果。感谢商务印书馆杜非编审、颜廷真编审认真负责的态度，他们敬业的精神，保证了本书的质量。

感谢把我引入敦煌学大门的马德研究员长期以来的支持，并感谢他能够为本书赐序。

借此书出版之际，感谢在甘肃期间工作、学习、研究过程中给予各种各样关心、关怀的领导、同事、朋友和学生们。

最后要感谢我的家人！

沙武田　谨识

2016年3月3日于长安寓所